中国上市公司无形资产指数研究报告（2016）

苑泽明　金　宇　李　田等　著

科　学　出　版　社

北　京

内 容 简 介

本书分为三篇：第一篇为理论基础，详述了无形资产的起源与发展、相关理论基础及指数模型的构建；第二篇为评价报告，以“十二五”期间中国上市公司作为研究对象，通过总体评价，以及依据A股上市公司性质细分的行业、区域、板块、产权性质的分报告研究，使读者全面了解中国上市公司无形资产综合实力现状；第三篇为专题研究，主要内容是重点经济区域上市公司无形资产发展研究，“十三五”相关政策给无形资产带来的机遇与挑战，以及本书的研究结论与发展对策及展望。

本书可为相关领域学者进行研究、各地政府及监管部门进行政策制定提供借鉴，并为机构分析师和外部投资者对上市公司进行价值分析提供依据。

图书在版编目（CIP）数据

中国上市公司无形资产指数研究报告. 2016 / 苑泽明等著. —北京：科学出版社，2018

ISBN 978-7-03-056202-9

Ⅰ. ①中… Ⅱ. ①苑… Ⅲ. ①上市公司-无形固定资产-经济管理-研究报告-中国-2016 Ⅳ. ①F279.246

中国版本图书馆 CIP 数据核字（2017）第 323112 号

责任编辑：王彦刚 王 琳 / 责任校对：陶丽荣
责任印制：吕春珉 / 封面设计：东方人华平面设计部

科学出版社出版
北京东黄城根北街 16 号
邮政编码：100717
http://www.sciencep.com
三河市骏杰印刷有限公司印刷
科学出版社发行 各地新华书店经销
*
2018 年 6 月第 一 版 开本：787×1092 1/16
2018 年 6 月第一次印刷 印张：14 1/2
字数：358 000

定价：88.00 元

（如有印装质量问题，我社负责调换〈骏杰〉）
销售部电话 010-62136230 编辑部电话 010-62135397-2016（BF02）

版权所有，侵权必究

举报电话：010-64030229；010-64034315；13501151303

前言

近几年，信息技术飞速发展引起了全球范围内的产业结构巨变，阿里巴巴集团、腾讯公司、京东商城等新兴产业的代表在“互联网+”时代纷纷崛起，苹果、华为等品牌影响力不断扩大，使我们对企业价值进行评价的标准有了新的认识。如今，以固定资产为代表的有形资产在企业发展战略中的作用和地位大幅减弱，而以专利、人才、品牌、声誉和文化为代表的无形资产越来越受到企业经营者的重视。但由于无形资产具有难以识别和评估的特点，其价值不易及时被投资者发现，这从侧面导致了无形资产价值流失的问题。因此，寻找适合的工具和方法，对无形资产蕴藏在企业中的综合实力进行科学评价就显得尤为迫切和重要。

天津市无形资产研究会、天津现代无形资产研究所及天津财经大学无形资产评价协同创新中心从 2010 年开始对无形资产指数的概念框架、理论分析、评价指标与模型进行系统性研究，历时七年，先后进行了三次专家库成员的拓展。最终，包含高校学者、政府相关部门资深工作人员、企业及评估机构的资深管理者在内的 31 位专家，经过对不同方案的对比、讨论、数据检验和修正，于 2015 年首次构建并推出上市公司无形资产指数，并于 2016 年进行了完善，提出从无形资产价值链视角对上市公司的创新能力、市场竞争力和可持续发展能力进行综合评价。无形资产指数旨在对隐藏在企业生产经营过程中的知识、技术、人才、管理、文化等抽象概念或过程予以科学量化，以发掘和评价无形资产这一隐性资源对企业所发挥的核心作用。基于本书无形资产指数指标体系，天津市无形资产研究会、天津现代无形资产研究所及天津财经大学无形资产评价协同创新中心共同发布“十二五”期间中国境内上市公司无形资产综合实力 100 强排名。

目前，无形资产作为知识、技术、人才、管理、文化等抽象内容的载体，对于企业的作用愈发重要，本书依托天津财经大学无形资产评价协同创新中心构建的上市公司无形资产指数，从无形资产价值链的角度对企业的创新能力、市场竞争力和可持续发展能力进行综合评价分析，是一部基于无形资产视角对企业创新能力、市场竞争力和可持续发展能力进行综合评价研究的著作。全书在内容设置上分为三篇。

第一篇详述了无形资产相关研究状况、无形资产指数的理论基础及指数模型的构建。首先，对无形资产理论、概念及无形资产会计与评估的发展脉络进行了回顾，并从纵向研究与横向研究两个方面对无形资产的现有研究进行梳理，提出无形资产指数构建的可行性及相关文献基础；其次，分别对创新理论、核心竞争力理论和可持续竞争优势理论进行概述与分析，提出无形资产指数构建的理论依据；最后，对无形资产指数的构建、研究目的及相关指标与计算方式进行介绍，为评价工作提供明确的工具方法。第一篇侧重于理论分析，相对系统地呈现无形资产的起源、发展与研究现状，并从理论出发，提出无形资产价值链的形成过程，是本书的重要基础。

第二篇由一个主报告和四个分报告组成。主报告方面，总体评价可以反映 A 股上市公司在无形资产相关信息披露上的变化趋势、无形资产整体状况的变化情况、A 股上市公司无形资产整体状况，以及创新能力、市场竞争力和可持续发展能力三个单项能力在不同年份的变化情况；分报告方面，通过细分行业、区域、板块和产权性质等内容，呈现了样本分布及信息披露情况、无形资产发展状况、重点排名分析，以及创新能力、市场竞争力和可持续发展能力的各单项能力排名与分析。第二篇侧重于无形资产指数的应用，通过对“十二五”期间A股上市公司进行评价，发掘不同分类下上市公司在无形资产方面的优势与不足。这对政府部门的政策制定、上市公司的经营管理及外部投资者的相关决策具有重要参考价值。

第三篇主要由重点经济区域上市公司无形资产发展研究、“十三五”相关政策给无形资产带来的机遇与挑战，以及研究结论与发展对策及展望三部分组成。首先，在重点经济区域研究中，以京津冀、长江三角洲和东北三省等区域作为典型区域进行分析，考察各经济区域作为一个整体的发展水平及无形资产现状，并对区域内部主要省份进行了对比分析（珠江三角洲地区作为重要的经济发展区域，主要局限于广东省内部，由于本书在区域划分时以企业所在省份为层级，因而无法进行省内各地区之比较，故未将其单独作为专题进行分析）；其次，对“十三五”期间明确实施的“一带一路”倡议、“中国制造2025”及“大众创业、万众创新”对于无形资产发展产生的潜在影响进行了讨论；最后，得出研究结论，并对不同主体提出了相关政策建议。第三篇整体侧重于政策建议，是本书的最终落脚点。

本书主要由天津财经大学无形资产评价协同创新中心的部分师生合著完成。其中，无形资产评价协同创新中心主任苑泽明负责全书的研究方案制定和书稿统稿工作；金宇负责项目分工与协调、第一篇的主体撰写，以及整体书稿的复核工作；李田负责第二篇行业、板块与产权性质的分报告撰写，以及第三篇重点经济区域一部分的复核工作；刘冠辰负责第二篇总体评价与区域分报告的撰写、第三篇重点经济区域一部分的复核工作；富钰媛负责第三篇重点经济区域一部分内容及“十三五”相关政策给无形资产带来的机遇与挑战等专题的撰写与复核工作；孙钰鹏负责第三篇结论与政策建议的撰写工作；宁金辉负责第三篇重点经济区域一部分内容的撰写工作；徐成凯负责全部书稿整合与检查工作。此外，孟杰、李佳佳、赵亚、王培林、王瑾、宋雪梅、梁霄练、孙乔丹等参与了本书的撰写与复核工作，王红、马涛等为本书提供了技术帮助。

在“互联网+”科技创新时代，无形资产将成为企业未来价值创造的核心内容，对企业优劣的评判标准将不同于以往，规模、体量、营业额等因素已经不再是企业发展的目标，技术优势、品牌优势和超额利润获取能力即将成为企业和投资者关注的重点，因此无形资产指数更能适应当前的时代背景和未来的发展要求。无形资产指数的最终目标是实现科学化和国际化，即实现不同国家之间上市公司无形资产综合实力的比较，以了解中国企业的国际地位及其优劣势。未来无形资产指数的相关研究将持续进行，希望不断得到完善，作者也期待本书能给相关读者提供切实的参考价值。

目　　录

第一篇　理论基础

第二篇　评价报告

第一篇 理论基础

第一章 无形资产相关研究

第一节 无形资产研究的起源与发展

不同于厂房、设备等具有实物形态的有形资产，无形资产所具有的无形性特征决定了其以知识形态存在的必然性。不可否认的是，无形资产是客观存在的，但受限于经济社会的发展水平，无形资产被大众所认知、接受经历了一个漫长的历史过程。回顾中国的悠久历史，无形资产的相关意识早有体现。

春秋时期齐国管仲提出的“官山海”一策，是我国古代施行盐铁专卖的开端；到了汉朝初期，政府对盐铁经营实行开放政策，从而产生一批盐铁富商，后汉武帝迫于与匈奴作战的财政压力，而重新将盐铁经营权收归政府所有。盐铁专卖可谓“特许经营权”的典型体现，而由政府垄断经营以寓税于价的方式既可以为财政创收，又可使民不觉于税负，可称治国理政之良策。“著作权”的思想始于北宋年间，宋神宗继位（1068 年）之前，曾下令禁止常人刻印《九经》监本，须经由国子监审批方可印制，此举被视作“著作权”的早期体现。清朝宣统年间颁布的《大清著作权律》（1910 年）标志着我国首部著作权专有保障法的诞生。在知识产权方面，中国古代四大发明可谓创新之作的典型体现，但早期限于社会发展程度和法律意识的落后，四大发明仅为大众所用，以改善生活方式，但未能及时形成知识产权予以保护和创造财富。我国历史上第一个专利现于清朝光绪年间，由《盛世危言》一书作者郑观应提出。19 世纪 80 年代初期，郑观应在参与李鸿章主持的新式工矿企业项目中，深觉国外纺织品大规模向中国倾销造成白银外流，并对传统布艺造成严重冲击，从而提出“富强之道不外二端，彼需于我者，自行贩运，我需于彼者，自行制造诚哉”。此后，郑观应参与了中国第一间纺织工厂——上海机器织布局的项目筹建，并于 1881 年向李鸿章提议申请“专利”，建议十至十五年内洋商不得在华另设纺织厂。由此，中国近代第一个“专利”正式诞生，该专利对当时民间实业人员和技术人员鼓舞之效巨大，一时间形成了专利兴盛的态势，随后清政府颁布了中国近代第一部专利法规《振兴工艺给奖章程》（1898 年）。与“著作权”“知识产权”等意识不同，“品牌”意识在我国的形成并不乐观。晚明时期，上层社会对奢华生活的追求刺激了一批民间品牌商品的出现，如陆子冈的治玉、张鸣岐的手炉等。其字号、品牌均为个人署名，这与欧美知名品牌（如福特、阿玛尼、路易威登等）以人名作为品牌的方式颇为相似，不难看出我国民族品牌是存在的。但不幸的是，进入清朝后诸多自主品牌改为“大清康熙年制”“大清乾隆年制”等官方大一统之名称，弱化了品牌意识。直至清朝“同光中兴”时期（19 世纪六七十年代），一批民间品牌（如“狗不理包子”“泥人张”等）才得以兴起，亦流传至今。

无形资产的意识在我国历史上虽然出现得较早，但由于无形资产本身具有非实物性的特征，因此其发展势必要依赖于法律的确权和保护，因此在无形资产的系统发展上，法律制度和法律环境起步较早的西方国家表现得更为突出。其中，威尼斯在 1474 年颁布了世界上第一部专利法，由此也成为全球范围内第一个建立专利制度的国家；英国在 1624 年颁布的《垄断法规》对于各国的专利发展具有重大影响，该法规也被德国法学家科勒称为“发明人权利之大宪章”；1873 年，奥匈帝国成功举办了国际发明博览会，并于会上同时召开了专利改革会议，要求世界各国尽快就专利保护问题达成一致。在之后的一百年时间内，西方国家陆续签订、颁布了一系列公约、协定，如 1883 年签署的《保护工业产权巴黎公约》、1886 年签署的《保护文学和艺术作品伯尔尼公约》、1891 年签署的《商标国际注册马德里协定》、1952 年签署的《世界版权公约》、1967 年签订的《建立世界知识产权组织公约》等。从相关公约、协定的签订时间和保护内容可以看出，西方国家整体对于无形资产更为重视，这也许正是英国科技史学家李约瑟所提出的著名难题之解。李约瑟在对中国晚明时期进行考究，以及对当时知名著作进行研习后，困惑于中国既有诸如《天工开物》之著作，却为何未发生工业革命。究其根源，恐在于中国同西方国家相比在无形资产关注与保护方面的欠缺。

在对无形资产意识的起源和发展进行梳理后，本节分别就无形资产理论与概念的形成、无形资产概念的辨析、无形资产会计的发展、无形资产评估的发展四个方面进行深入探讨。

一、无形资产理论与概念的形成

最早将无形物质视作资本的思想出现于亚当·斯密的《国富论》(即《国民财富的性质和原因的研究》)。亚当·斯密在书中提出“国民所有的有用能力可以作为资本”的观点，使大众对无形资本有了初步认识。后来马克思提出的科学技术是生产力的命题，引起了世人的关注。按照马克思在《资本论》中的阐述，生产力由劳动者、劳动工具和劳动对象三个要素构成，劳动者掌握着科学技术形成劳动生产力，劳动工具和劳动对象经由科学技术的物化和升级形成物质生产力，由此将科学技术视作提升企业劳动生产率的重要因素。随后，马歇尔的《经济学原理》(1890 年)、费雪的《利息理论》(1930 年)将知识归纳为资产，这也是无形资产概念的雏形。

对无形资产概念的形成具有重要推动意义的是法律。1890 年，美国法院在审理明尼苏达铁路运费一案时，将铁路委员会所剥夺的定价权作为“财产剥夺”进行宣判，这是将无形资产作为有形财产进行宣判的重要突破。从 19 世纪末开始，“无形资产”一词逐渐被司法部门所认同，在经济纠纷案中逐渐被强化。

在两次世界大战期间，技术密集型产业为各国科技发展和军事国防提供了大量支持，技术秘密、专利和品牌等无形资产也被视作国家竞争力的核心内容。实务对于无形资产的迫切需求推动了理论的发展，因此 20 世纪初期也成为无形资产理论发展的重要时期。在此期间，诞生了无形资产会计理论的丰碑——《无形资产论》。1926 年，杨汝梅以论文《商誉及其他无形资产》获取美国密歇根大学博士学位，该论文被译为多种文字版本，中文译本名为《无形资产论》。该著作奠定了无形资产作为会计重要内容的研究价值，更有无形资产理论“圣经”之称。凭借《无形资产论》，杨汝梅也成为国际著名会计学者，与佩顿、哈特菲尔德等齐名，也是我国会计学人之骄傲。《无形资产论》

构建了一套相对完整的无形资产理论与核算方法，为后人的研究奠定了重要基础，其中涉及的商誉会计，时至今日仍被视为会计研究的难题之一。其后几十年，学术界对于无形资产的概念形成了百家争鸣之势，而更多学者的关注也推动了无形资产研究的迅速发展。

二、无形资产概念的辨析

在无形资产理论的发展过程中，先后出现了无形资源、无形资本、无形资产和智慧资产等概念，因而对相关概念进行辨析，厘清它们之间的关系尤为重要。

无形资源落脚于资源范畴，侧重体现了经济学概念。在传统经济学中，资源有狭义与广义之分，狭义的资源仅仅指自然资源，如土地、石油、天然气等；广义的资源除了自然资源外还包含社会资源，如信息、人力、物质、关系、文化等，可以看出无形资源与后者息息相关。体现社会性的无形资源主要包括内外关系、企业文化、组织网络等，这些大多依附于企业或特定的组织形态，且隐藏性更强，难以有效辨认与核算。体现技术性的无形资源主要包括信息技术、人力资源、智力资源、知识产权等，这些因素大多可以独立存在，且具有可辨识与核算的特征。

无形资本落脚于资本范畴，同样突出了经济学的概念特征。马克思在《资本论》中将资本定义为“能够带来剩余价值的价值”，资本并没有实物形态，但是具有特定的存在形式。在企业中，货币、厂房、设备等都是资本的存在形式，但是其本身均不是资本，只有在创造剩余价值时才转化为资本。就无形资本而言，是否具有增值能力、是否归属特定主体所拥有，以及是否具有非实物形态特征是其存在的三大前提。在企业实际经营中，品牌、特许权等在创造价值增值的过程中均可转化为无形资本。

不同于无形资源与无形资本，无形资产更侧重于管理学范畴，强调财务会计学的概念特征。近几十年，随着各国法律制度的不断完善和会计理论的进一步发展，无形资产的确认与计量有了长足的突破，如今各国均在各自的会计准则中对无形资产进行了明确。中国在无形资产方面的最新准则是由财政部在 2006 年颁布的《企业会计准则第 6 号——无形资产》，它提出无形资产是企业拥有或控制的没有实物形态的可辨认非货币性资产。是否可辨认，也成为中国无形资产发展的重要问题。当前可辨认无形资产主要包括专利权、非专利技术、商标权、著作权、土地使用权、特许权等，不可辨认无形资产主要包括商誉。虽然 2014 年对会计准则进行了大规模修订，但在无形资产部分未作实质性改变。由此可以看出，虽然无形资产包含内容较多，但在会计学中进行确认时，多数内容难以满足要求。

智力资本是伴随着经济学理论的不断发展而形成的，以马歇尔和索罗为代表的新古典经济学强调外生技术对经济增长的重要作用，因此知识和智力也被经济学家广泛关注。在知识经济环境下，智力资本包含人力资本与结构资本，指具有特定知识、技术和经验的人，通过与环境、制度、组织形式相结合而产生价值增值的过程，与之相对应的是智慧资产。西方国家对于智慧资产的重视尤甚于无形资产，但从二者的概念和内容来看，无形资产对于无实物性特征的强调，以及所包含内容的广度均强于智慧资产，因而在概念内涵上，智慧资产与无形资产之间存在一定的隶属关系。

通过对不同概念进行辨析，可以发现如下结论：首先，在包含范围上，无形资源涵盖最广，无形资产次之，而智慧资产范围最小；其次，从相互关系来看，无形资产是无形资源的会计化内容，无形资本体现了无形资产的权益属性和增值特征，而智慧资产则是无形资产的重要组成；最后，关于无形资产的概念，不同学者曾提出过不同观点，总体来看基本涵盖三大要素，即非实物形态、被特定主体拥有或控制、预期能带来经济收益。从中国现有的会计准则来看，多数无形资产难以有效确认入账，这导致了中国企业整体存在价值被低估的问题。因此，会计准则所明确的无形资产与学术研究中的无形资产存在较大的差异。解决这一问题的根本途径在于对无形资产计量与评估方法的创新，只有更多的无形资产能被有效辨识和计量，才能实现会计上的精准确认与核算。而本书所涉及无形资产之概念均为学术研究之内涵，旨在实现无形资产理论与应用的更多贡献。

三、无形资产会计的发展

由于无形资产不具有实物形态，因而在会计核算上存在较高的难度。纵观全球无形资产会计的发展，整体可以分为三个时期。

（1）无形资产会计的启蒙期（19 世纪末至 20 世纪 70 年代初）。早期的无形资产会计主要着眼于对概念界定、内涵范畴及分类特征的研究。其中在概念界定上，代表性观点包括 Paton（1922）使用特征归纳法提出的“无形资产是不具有实物形态、归属于企业且持续时间较长的价值补偿物或要素”；杨汝梅（2009）①使用本质描述法强调“无形资产是一种剩余价值，附属于整个营业所有一切具有正当价值事物之全体，而为超出各项有形事物所具总值之余额”。可以看出，在无形资产会计的启蒙时期，学者们主要围绕着无形资产的本源进行探究，而杨汝梅（2009）在《无形资产论》中涉及了一些商誉无形资产会计的探讨，这在无形资产会计的早期发展中尤为珍贵。首先，杨汝梅否定了无形资产与有形资产相对立进行分类的观点，并以应收账款等不具实物形态亦不属于无形资产的实例予以阐述。其次，将消费者对商标的好感归于商誉，并将专利权、版权等专有权利作为商誉的组成部分，指出创造额外收益是商誉形成的基本前提。这就为企业合并、改组等过程中的无形资产核算提供了依据。最后，将无形资产划分为购入与非购入，对于购入超过实际财产支付的部分记入“商誉”或“额外获利能力成本”账户，这也成为后来商誉会计处理的重要思想。

（2）无形资产会计的成熟期（20 世纪 70 年代至 90 年代末）。该时期的主要特点是世界各国开始制定无形资产相关准则与制度，以规范无形资产的会计核算。美国会计原则委员会（Accounting Principle Board，APB）在 1970 年发布的第 16 号文件《关于企业合并的准则》中涉及商誉的会计处理。APB 于 1970 年发布的第 17 号文件涉及无形资产的会计处理。美国财务会计准则委员会（Financial Accounting Standards Board，FASB）于 1974 年发布了财务会计准则第 2 号公告，涉及研发费用的会计处理。FASB 于 1985 年发布的财务会计准则第 86 号公告涉及计算机软件的会计处理。英国会计准则委员会

① 杨汝梅的观点于 1926 年首次提出，本书在对相关内容进行借鉴时以 2009 年再版的《无形资产论》为主要依据。

在1985年1月正式实施了第22号公告，对无形资产和商誉的相关会计处理予以规范化，并于1990年开始对第22号公告进行修订，在1996年正式发布了第12号财务会计报告征求意见稿《商誉与无形资产》（该文件明确了商誉的处理方式、处理流程和摊销年限等）。国际会计准则委员会（International Accounting Standards Committee，IASC）于1978年发布了第9号文件，对研究与开发活动的会计处理进行了规范；1983年第22号文件对企业合并中的商誉问题进行了规定；1993年对上述两个文件进行了修订，以细化对无形资产和商誉的相关会计处理。中国相对成熟的会计准则是伴随着市场经济体制的确立而逐渐形成的，在1992年颁布的《企业会计准则》和《企业财务通则》中，首次对无形资产进行了完整的定义，并初步对相关会计核算进行了规定。可以看出，无形资产会计在成熟期表现出了更多的规范性，无形资产会计核算愈发科学，更凸显其作为企业重要战略资源的重要性。

（3）无形资产会计的拓展期（20世纪90年代末以后）。此时期主要体现出两大特点，一是各国对无形资产会计准则进行了完善，二是学术界对无形资产内涵与外延进行了深入的挖掘与拓展。在会计准则的完善方面，国际会计准则委员会于1998年发布了第38号文件，即《IAS 38——无形资产》，对无形资产的内容及核算方式进行了进一步细化。美国财务会计准则委员会于2001年发布了《商誉和其他无形资产》（SFAS 142），其与其他国家的最大区别在于将商誉纳入无形资产进行核算。英国会计准则委员会于1998年正式实施的《FRS 10：商誉和无形资产》，在无形资产方面基本保持了与国际会计准则的趋同。中国财政部在2006年颁布的《企业会计准则第6号——无形资产》中，对无形资产的内涵、确认与核算方式进行了细化规定，该准则与其他国家的最大差异在于将土地使用权纳入无形资产的核算内容。除了在准则上的不断完善，近二十年各国学者在无形资产的研究上也有飞速发展，包括对无形资产内涵的不断扩展，如在原有专利权、著作权、商标、特许权等内容的基础上，增加了顾客群、品牌、人才、供应链、组织结构、管理能力、企业文化等主题的研究；同时还着眼于无形资产经济后果的相关研究，为企业的经营决策提供了更多的依据。

四、无形资产评估的发展

无形资产由于具有无实物形态的特征，因此无形资产的评估显得尤为重要。无形资产评估是会计处理与核算的基本前提，会对企业价值和资本市场的信贷产生重要影响。在全球范围内，无形资产评估同无形资产会计相比起步较晚。20世纪的50年代，西方发达国家就开始了无形资产评估，而当时的评估基于会计准则和税法要求对无形资产进行摊销以实现精准核算的目的，具有代表性的是美国于1954年颁布的税法第167节对无形资产的规定。到20世纪60年代，由于技术创新和服务业的大幅发展，第三产业在世界经济中的地位愈发重要，在国家税收和资本市场的信贷活动中，政府部门和金融机构逐渐开始对各类无形资产（如专利权、专有技术、著作权、特许权、商标等）进行单独评估，这就推动了无形资产评估的发展。同时，这一时期产生了一些评估类的机构和企业，如英国的InterBrand品牌咨询公司、美国评估师协会（American Society of Appraisers，ASA）等，也促使无形资产评估逐渐走向专业化。20世纪末，各国先后将无形资产评估正式纳入评估行业，并各自出台了相关政策或制度文件予以规范。发达国家随着信用体系的不断建设，对无形资产评估的需求更为强烈，推动了无形资产评估方法的突破。

中国的无形资产评估发展可以分为三个阶段：第一阶段是无形资产评估理念的形成阶段（1978～1992 年）。中国在十一届三中全会后，开始逐渐实行对外开放政策，在进行外资引进的初期，由于缺乏评估意识和先进评估方法，合作过程中国有资产特别是无形资产大量流失。对此，中国在 1982 年和 1984 年先后颁布了《中华人民共和国商标法》和《中华人民共和国专利法》对无形资产予以保护。随着市场经济的进一步深化，资本市场的信贷需求刺激了政企对无形资产评估的关注，财政部于 1992 年正式颁布了《企业会计准则》，将无形资产正式纳入会计核算，并将无形资产划分为专利权、非专利技术、商标权、著作权、商誉和土地使用权等，为无形资产内容的单独评估提供了保障。第二阶段是无形资产评估兴起与发展阶段（1993～2003 年）。这一时期中国的民营经济飞速发展，且伴随着国有企业（以下简称国企）的深化改革，出现了大量的企业兼并、租赁、股份制改革、抵押和担保等经济活动，无形资产评估行业开始兴起，各类金融机构开始单独设立资产评估部门，同时也诞生了一批资产评估公司。此外，2001 年，中国加入世贸组织对于无形资产评估也产生了一定影响，在引入了更多国外先进技术资源的同时也迫使各方面标准逐步实现与国际的趋同，这也推动了无形资产评估的进一步发展。第三阶段是无形资产评估方法的开拓阶段（2004 年至今）。由于信息技术的不断发展，当前无形资产在内容上呈现出更多的技术性和复杂性，如基于互联网而衍生的大数据、软件、网站访问量、用户等，这些内容相较传统的无形资产在知识性和隐蔽性上体现得更为充分，这也为无形资产评估带来了挑战。当前学术界在无形资产评估方法上开始进行跨学科尝试，将定性与定量评价相结合，综合使用统计学、计量学、评价学、运筹学等不同学科技术进行评估方法的拓展。

无形资产评估发展至今，在实务工作中被广泛认可与使用的定量评估方法主要有四种：一是成本法，主要通过重置成本的思想，以无形资产的研究开发成本作为评估依据；二是市场法，通过相似资产的可比性观点，以相似资产价格为评估依据；三是收益法，主要依据现值收益思想，对无形资产未来预计现金流量现值进行估算；四是期权法，依据期权估价原理和相关模型，对无形资产进行评估。从无形资产评估的现有方法来看，其在精确性、操作性和适用性上仍存在一定缺陷，因此无形资产评估方法的创新是未来无形资产发展的关键。

第二节　无形资产的分类与特征

当前世界各国的会计准则都在逐渐趋同，以应对国际贸易中的核算差异问题，无形资产虽然在确认范围与核算方法上略有差异，但总体来看无形资产在具体分类上呈现出一些共性的特点。此外，学术界虽然在无形资产的概念界定上尚未形成较为统一权威的结论，但从不同学者的观点亦可总结出无形资产所共有的特征。本节将对无形资产的分类与特征进行简要介绍。

一、无形资产的分类

按照不同的标准，无形资产可以划分为不同的类别。总体来看，企业无形资产的分类方式共有六种。

（1）以能否独立辨识为标准，可将无形资产划分为可辨识无形资产和不可辨识无形资产。其中，可辨识无形资产大多可以独立存在、转让和出售，包括专利权、非专利技术、商标权、著作权、特许权、土地使用权等；不可辨识无形资产大多需依附于企业或产品，本身不能独立存在或交易，如品牌和商誉等。多数国家的会计准则以能否独立辨识为分类依据，将可辨识的各部分无形资产单独进行核算，而对不可辨识的部分不确认为无形资产，或在并购等交易中进行特殊处理。

（2）以无形资产的内容特性为标准，可将无形资产划分为技术型无形资产和非技术型无形资产。提到企业的无形资产，具有代表性的就是反映创新能力的知识产权，且在企业的实际经营中，无形资产的技术特性最为突出，因而有学者提出将无形资产按照技术特性进行划分。技术型无形资产主要包括专利权、非专利技术等；非技术型无形资产主要包括商誉、商标权、特许权等。

（3）以无形资产的获取途径为标准，可将无形资产划分为外购无形资产和自创无形资产。此分类的依据主要是无形资产的交易相对频繁，特别是专利权、非专利技术的购买、转让和租赁等活动对于企业的实际经营至关重要。此外，外购与自创无形资产在会计核算方面也存在重要的差异，故形成了以获取途径为依据的分类方式。

（4）以无形资产的经济寿命为标准，将无形资产划分为具有经济寿命的无形资产和无明确经济寿命的无形资产。无形资产包含的内容比较复杂，其中既有土地使用权等类似于固定资产的部分，也有品牌、商誉等完全无实物形态的内容，以经济寿命为划分标准主要出于会计核算中对相关无形资产的摊销。通常具有明确经济寿命的无形资产具有可辨识性，如土地使用权；无明确经济寿命的无形资产则既有可辨识亦有不可辨识的内容，前者如非专利技术，后者如商誉等。

（5）以无形资产的产生来源为标准，可将无形资产划分为知识产权类、契约权利类、关系类和综合类四种无形资产。知识产权类无形资产是企业价值创造和超额收益的源泉，主要包括专利权、非专利技术、软件、著作权和商标；契约权利类无形资产是指企业通过签订合同或契约而形成的相关资产，如特许经营权、土地使用权，以及与其他机构签订的各类优惠合同等；关系类无形资产体现在企业实际经营的各个方面，从外部关系资源，到内部组织结构、管理流程、人才培养均包含在内，如技术人员、供销网络等；综合类无形资产是指必须依附于企业而不能单独存在的相关资产，如商誉、商业机密等。

（6）以是否受到法律保护为标准，可将无形资产划分为法律保护类和非法律保护类无形资产。对于专利、商标等无形资产均有明确的相关法律予以保护，而对于非专利技术等内容现阶段还难以实现有效的法律保护机制。法律与无形资产具有十分紧密的关系，法制环境是无形资产发展的有效保障，相关法律的缺失会使企业由于技术人员的流动而产生的调整成本大幅提升，这对于社会的整体创新意识及资本市场的健康发展均有严重影响，因此法律因素也作为无形资产划分的重要标准之一。

上述六种分类方式在当前各国的会计准则和学者的相关研究中被广泛使用，除此之外，还有学者提出了其他分类方式。例如，从财务会计的角度将无形资产划分为账内有价无形资产、账上有价无形资产和账外无价无形资产三类；从营销学的角度将无形资产划分为市场资产、人力资产、知识资产和管理资产等。随着“互联网+”时代的来临，无形资产必将涉及新的内容，无形资产的分类方式也必将伴随经济社会的发展而不断完善。

二、无形资产的特征

无形资产作为企业超额利润的源泉，同固定资产与金融资产相比具有更为鲜明的特征。总体来看，无形资产的特征主要体现在八个方面。

（1）无实物形态，即无形性。无形性是无形资产的首要特征。所谓无形，即没有形状、没有形态、没有实体，难以使人产生触感，只能从观念意识上予以感知，这也使无形资产同其他类型资产相比更为神秘。通常，无形资产需通过特定载体方能呈现，如专利、商标均有注册认定书，专有技术则需要通过设备、厂房等得以实现。但无形资产的研发和创造过程难以明确体现，这也成为无形资产评估最为重要的难题。由于会计本身具有客观性、谨慎性等基本特征，因此无形资产作为看不见、摸不到的特殊资产能够在会计核算中占据一席之地是难能可贵的，这充分体现了人类智慧的价值。

（2）垄断独占性。无形资产一旦形成，则为特定主体所单独占有，且这种垄断占有性通常会受到法律保护，如商标权、著作权、专利权等。但这种垄断占有并非绝对，而是在一定时空范围之内的，如商标和品牌的注册需要在不同国家和不同地区分别进行；而专利权根据不同内容可以享有十年或二十年的保护。无形资产的垄断性并非消极或负面的特性，这主要表现在两个方面：一方面，他人无法有效使用其天然特性，如商誉等；另一方面，依靠特定法律或制度予以保障，这恰恰反映出法制环境的重要性及无形资产的核心竞争优势。正是由于无形资产具备该特征，企业才会投入大量人力、物力进行研发和创新活动，从而推动全社会的进步与发展。

（3）环境依存性。与有形资产不同，无形资产通常难以独立存在，需借助特定载体予以体现，且在不同环境下无形资产的价值会存在差异。例如，专利技术需要相匹配的设备和人才方能彰显其价值，商标同样需要依托企业和产品方能得以体现。一旦脱离了特定的环境，无形资产的收益与价值就难以准确估量。

（4）不确定性。有形资产的价值通常是固定的，由于其存在是独立的，其价值不会随主体的转移而发生大幅度变动。而无形资产价值的影响因素相对较多，大体可以分为四类：一是无形资产自身在研发风险、技术特点和使用年限上的影响；二是外部环境和同类技术与品牌的影响；三是内部经营与管理上的变动；四是资本市场利率或通货膨胀率通过影响资本化率对无形资产产生影响。正是由于过多影响因素的存在，使无形资产及其收益均有高度的不确定性。

（5）长期持续性。无形资产的长期持续性主要表现在三个方面：首先，无形资产的形成周期较长，如专利权需要技术人才的持续性投入，品牌和商誉则需要产品影响力和客户口碑的日积月累。其次，无形资产的运营与维护是一个长期持续投入的过程。无形资产具有环境依存性，硬件设备与人才的变化均会对无形资产价值产生影响，因此无形资产在使用过程中需要持续性的投入，以确保其创造更大的价值。最后，无形资产的价值收益是长期的。对于逐渐形成的商誉与品牌，竞争对手难以有效复制，故该收益是长期稳定的。对于确权的专利、商标、著作等，由于受到法律保护，在一定范围内具有垄断性，亦能为企业创造长期的价值。

（6）资源性。有形资产大多具有明确的使用寿命，且在使用过程中其自身价值会不断损耗直至为零。而无形资产大多并非如此，其更像是诸多的可再生资源，“取之不尽，用之不竭”。例如，专利权蕴含大量的智力资本，在使用和更新过程中，随着经验和技术的不断累积，最终影响专利的根本在于知识，而知识是不会消耗殆尽的；再如，品牌是客户忠诚度和市场口碑的反映，能为企业提供源源不断的收益。因而无形资产更具有资源的特性。

（7）规模报酬递增性。依据生命周期理论，企业处于不同的周期，其规模报酬会有不同变化。在初创期，企业多数呈现规模报酬递增的状态；在成长期，企业的规模报酬递增幅度会逐渐下降，趋于平缓；在成熟期，企业的规模基本成形，市场份额和客户群体相对稳定，因而规模报酬开始下降。而无形资产侧重于知识、技术与经验的积累，这一过程往往是潜移默化的，故无形资产成果越丰厚，企业的核心竞争力越强，规模报酬越大。

（8）超额收益性。由于无形资产具有垄断性，且能改善企业的劳动生产率，使产品的个别劳动时间低于社会必要劳动时间，从而提高单位时间的生产效率；同时，无形资产为企业产品注入了更多的技术含量，使得产品在市场上与同类商品相比具有价格与技术优势，因此无形资产能为企业带来超额收益能力。所谓超额收益能力，是指商品的营收利润水平超过行业平均利润水平的部分。多数学者认为，无形资产能为企业创造核心竞争优势的关键便是无形资产的超额收益性。

第三节　无形资产相关研究回顾

对无形资产的研究始于 19 世纪末期，当时的学者大多在进行会计理论的相关研究中或多或少涉及一些无形资产方面的内容，且早期研究大多着眼于无形资产概念和内涵范畴的探讨（Paton，1922；杨汝梅，2009）。真正开始对无形资产价值评估和经济影响进行的相关研究始于 20 世纪 30 年代，以 Preinreich（1937）的研究最具代表性。我国学者从 20 世纪 80 年代开始关注无形资产相关内容，针对我国特殊的制度背景和市场环境，逐步将无形资产从传统的会计科目发展成为系统的研究领域。从无形资产包含的内容来看，研发投入决定了企业从事创新活动的意愿和力度，知识产权代表了企业创新能力和形成差异化竞争优势的潜力，品牌蕴含了企业长期发展的商业化价值，而人力资本直接影响着企业各项活动。因此对无形资产进行探究与评价，有利于了解企业的创新能力、竞争优势（Ivanov et al.，2015）、盈利能力（Benjamin，2014）和市场价值（Golec et al.，2014）。通过对国内外无形资产现有研究进行梳理，我们可以发现除了形成无形资产会计和无形资产评估两大研究领域外，现有研究成果在内容上既有对无形资产具体内容的深入探索，又有无形资产同其因素间的关系研究，整体呈现出纵向与横向的趋势。其中，无形资产的纵向研究是指着眼于无形资产的各部分构成内容，将各内容作为独立的研究主题，对其影响因素和评价方式进行探讨，其中最具代表性的包括知识产权、智力资本、品牌等；无形资产的横向研究主要着眼于无形资产对企业产生的经济后果，如对创新能力、竞争力、发展水平、公司治理和企业价值等内容的影响。下面将分别从纵向与横向两个方面对无形资产的现有文献进行回顾。

一、无形资产的纵向研究：各主题内涵的延伸

作为无形资产最关键的组成部分，知识产权始终是学者关注的重点，在实际研究中，知识产权往往作为企业创新产出的最终成果。从现有研究来看，对企业知识产权产出具有影响的主要因素可以分为两大类：一类是企业内部因素，如高管特征（Hambrick et al.，1984）、企业营运水平（鞠晓生等，2013）、企业规模、产权性质等（冯根福等，2012）；另一类是外部因素，如法律制度与环境（Chen et al.，2005）、区域市场化程度（Chava et al.，2013）、产业政策（黎文靖等，2016）等。而在知识产权的评价方面，则呈现出宏观与微观的不同视角。宏观评价主要针对国家或地区的知识产权水平，如世界知识产权组织（World Intellectual Property Organization，WIPO）自 2009 年开始对不同国家专利申请量、商标注册量等指标进行统计排名和分析，逐年发布的《世界知识产权指数》是评价各国知识产权质量的重要参考依据；Campi 等（2015）构建了知识产权保护指数，发现 GDP（gross domestic product，国内生产总值）、制度背景、市场环境、城市化水平和教育水平是影响不同国家知识产权保护力度的主要因素；王正志（2014）通过编制《中国知识产权指数报告》，对中国不同地区的知识产权综合实力进行排名；也有学者通过引用 *h* 指数（官建成等，2008）、自建指数（吴菲菲等，2014；刘凤朝等，2009）等对不同地区、行业及企业的专利质量进行综合评价。此外，在知识产权研究的基础上，还出现了依托于专利、著作、研发与人力资本等核心指标而形成的创新指数，如 WIPO 发布的全球创新指数、欧洲联盟（简称欧盟）推出的欧盟创新指数、国家统计局社科文司构建的中国创新指数，以及北京统计局发布的中关村指数等，其目的均在于评价不同国家、地区或企业之间的创新能力。知识产权评价的微观研究大多集中于对企业创新能力的评价上，如 Guan 等（2003）从技术能力入手，对企业的创新能力进行评价；Porter（1980）从战略管理的角度入手，对企业的创新能力和竞争优势进行研究，在评价体系中侧重强调技术对于竞争力的重要作用；曹洪军等（2009）通过分析企业的自主创新过程，分别从创新意识、创新投入、创新产出、创新管理和创新方式五个方面构建了企业自主创新能力的评价体系。

智力资本的概念最早由 Galbraith（1969）提出，他认为智力资本是一种动态的知识性资本。此后，学者们对智力资本的内涵进行了深入探究，如 Chosh 等（2007）提出智力资本是创造企业核心竞争力的全部“知识”与“能力”等。从现有研究来看，智力资本的影响因素主要有以下四类：一是信息技术。信息的获取数量决定了企业知识水平的高低，信息的获取速度决定了企业掌握新知识的时间，这对于智力资本的形成与提升具有重要影响。二是精神意识。人力资源理论认为智力资本与人力资本密切相关，员工的

能力、工作态度、意志品质和精神对于智力资本会产生重要影响。三是管理水平。知识管理理论认为智力资本是通过企业日常生产经营活动中产生并形成的经验知识，因此管理流程与管理水平至关重要（Engström et al.，2003）。四是外部环境，如行业因素、区域因素等。智力资本作为企业获取竞争优势的重要无形资源（Robb et al.，2010），在日常经营中其“隐藏性”较一般无形资产更强，Zéghal 和 Maaloul（2011）指出在财务报表中难以辨认的无形资产和智力资本，将对市场资源配置和企业价值提升造成阻碍，故对智力资本进行识别与评价显得尤为重要。现有研究评价智力资本的指标主要包括三个方面：以员工精神、教育背景、行业特长等为代表的人力资本，涵盖组织计划、运作程序等内容的结构资本，以及客户关系、政府关系等关系资本（Cricelli et al.，2014；Corvello et al.，2013；Alcaniz et al.，2011）。智力资本的评价方式分为两大类：一是基于战略管理视角，对不同维度指标进行赋权构建的智力资本指数（谢晖等，2010）；二是基于财务管理视角，将无形资产市场价值与账面价值之差作为企业智力资本的价值（Edvinsson et al.，1997）。智力资本定量化研究的发展对于无形资产评价有着重要意义。

品牌是无形资产中较为特殊的内容，由于其价值完全依赖于市场口碑和长期形象，因此在会计准则的确认核算中并不包含品牌，而与之相似的商誉也被单独进行核算处理。但品牌是企业核心竞争力的重要载体（陈柳，2012），从当今全球知名品牌的商品来看，品牌所蕴含的价值已大大超出了商品本身的使用价值，这表明对品牌无形资产进行研究具有极强的现实意义。从现有研究来看，品牌的影响因素可以分为三大类：一是资源因素。Gatignon 等（1990）曾指出企业的资源决定了品牌建设的基础，而相关资源主要包括财力资源、人力资源（Holsapple et al.，2001）和社会资源（Renko et al.，2001）。其中财力资源为品牌建设提供物质基础，如固定资产（林锐，2004）、企业资本等（Kapferer，1997）；人力资源为品牌建设提供技术与经验基础，如研发人员、员工素质等（韩润娥等，2008）；社会资源为品牌建设提供了条件与环境，如社会网络、营销网络、客户关系等（李坚飞，2010）。二是能力因素。宣烨等（2011）指出企业动态能力可以促进品牌建设与提升，其中最重要的动态能力为创新能力与营销能力（王朝辉等，2013）。自主创新能力是企业品牌建设的根基（刘志彪，2005），而营销渠道、营销策略等有助于产品市场占有率的提升（谢小宇等，2011），实现品牌价值的增长。三是利益相关者因素，如供应商、顾客、股东、债权人及政府和大众等（孔晓春等，2014）。由于品牌是一个集创造、使用、管理和保护于一体的战略性资源，现有研究大多通过构建综合评价体系的方式对品牌进行评价与度量。例如，Zeinalpour 等（2013）提出了国家和城市品牌指数的构建方案；刘红霞等（2009）基于中国国情构建了中国企业品牌指数；韩福荣等（2008）从品牌知晓度、知名度、美誉度、忠诚度和联想度五个方面对品牌价值进行了度量。此外，与品牌具有相似特征的声誉，同样引起了学者的关注。Schwaiger 等（2009）认为无形资产中对企业影响程度最大的是声誉，好的口碑能提升忠诚度（Walsh et al.，2009），而声誉的评价同样取得了一定进展（Sarstedt et al.，2013；方征，2008）。这些都为品牌的评价研究提供了依据。

二、无形资产的横向研究：相关性的多视角探讨

伴随着研究方法多元化和研究内容跨学科趋势的发展，近些年学者们开始探索无形资产同其他因素之间的联系，并取得了丰富的研究成果。在宏观层面，多数学者已经证实无形资产对于国家和区域经济的发展具有重要意义（Carol et al.，2009），且相关成果已经成为各国政府进行政策制定的依据；在微观层面，无形资产对企业经济后果的相关研究涵盖范围较广，既包括对创新能力、竞争能力、发展能力等企业能力的影响，又包括对企业价值与经营业绩的影响，还包括对公司治理水平发挥的作用。为了更好地了解无形资产对企业发挥的作用，以下将着重从微观视角对相关横向研究进行回顾。

无形资产与创新能力具有十分紧密的联系，其中发挥重要作用的是研发与专利（苑泽明等，2017）。专利权和非专利技术的形成直接受到创新水平的影响，而研发投入可以通过形成特定无形资产转化为企业的创新能力。在创新能力的影响因素中，涉及无形资产的主要包括三个方面的内容：第一，智力资本因素。Barton（1992）认为技术人才是企业创新的核心，张炜等（2007）对中国的中小企业进行研究发现智力资本能促进创新能力的提升。第二，R&D（研究与试验发展）投入水平。研发活动是创新的起始，企业的 R&D 投入能反映出企业在创新方面的投入力度（苑泽明等，2015）。第三，内部管理与企业文化。高效的管理流程和良好的企业文化有利于创新活动的顺利实施。可以看出，无形资产既是创新活动的潜在资源又是其主要成果。

企业竞争力的概念最早由 Hymer（1960）提出，该主题对企业的成长发展具有重要的现实意义，近几十年得到了学者的广泛关注。当前关于企业竞争力的影响因素，存在着内生论和外生论。外生论的代表人物是 Porter，他强调产业竞争强度对企业竞争力的影响，并提出了著名的五因素模型（Porter，1980）；内生论更强调企业内部知识、能力等因素对竞争力的影响，代表人物包括 Wernerfelt、Barney 等。可以看出，对企业竞争力具有影响的内部因素大多涉及无形资产。Prahalad 和 Hamel 在 1990 年首次提出了“核心竞争力”的概念，指出核心竞争力具有多市场准入途径、为客户带来价值感知及竞争对手难以复制三大特点，而无形资产正是企业核心竞争力取得的关键。近几年，有学者从资源异质性的角度，考察了无形资产对企业竞争力的作用（Ivanov et al.，2015），得出无形资产对于企业竞争力具有显著的提升意义（汤湘希，2004）。

企业的发展能力源于可持续竞争优势，即 Wernerfelt（1984）和 Barney（1991）依据资源基础观所提出的具有稀缺性、价值性和不可复制性的异质性资源，因而无形资产对于企业的可持续发展能力具有重要作用。现有代表性研究包括：Hall（1993）指出企业与同类企业之差异即为可持续发展优势的根本，而这一差异往往体现于对无形资产的管理；Grant（1991）对企业内部资源进行了划分，将技术资源、人力资源、创新资源、组织资源和商誉资源作为重要的异质性资源，指出其中所包含的知识、技术、经验、判断力、组织管理等内容是可持续竞争优势存在的基石。由此可见，无形资产有利于企业可持续发展水平的提升（Arrighetti et al.，2014）。

在无形资产经济后果的相关研究中，价值相关性的研究最为丰富，且在结论上显示出多元性特征。一方面，多数研究认为无形资产有利于企业价值的提升。例如，Aboody

和 Lev（1998）以信息技术公司为样本得出软件开发成本与股票回报率具有正向影响；薛云奎等（2001）以中国 A 股上市公司为样本，发现无形资产能提升企业的市场价值；李寿喜等（2005）发现无形资产投资能提升企业价值，表现为股价的显著提升。此外，还有学者以总资产收益率（Bridgman，2014）、托宾 *Q* 值（Bardhan et al.，2013）、经营利润（王化成等，2005）、投资回报率（Golec et al.，2014）等指标作为企业价值或业绩的考察方式，得出了无形资产对企业价值和经营业绩具有显著的提升作用。另一方面，也有研究发现无形资产对企业价值具有负向影响。例如，刘振宇（2011）对农林牧渔业上市公司进行考察，发现无形资产与股票价格具有负向影响。现有研究结论之差异主要源于三个方面：首先，对无形资产与企业价值的计量指标选择存在差异，如无形资产的账面价值与实际内涵存有差距，而股票价格、经营利润等指标在反映企业价值上可能存在偏差；其次，无形资产对企业价值的贡献可能存在时间上的滞后性，如知识产权在形成后要充分商业化才能为企业带来利润，因而考察的不同时间点可能会带来结论的差异；最后，无形资产对企业价值的影响会根据行业和区域的不同有所差异，外部环境会起到一定作用。但从已有研究可以发现，无形资产与企业价值确实存在千丝万缕的联系。

除上述研究外，少数学者尝试对无形资产在公司治理中发挥的作用进行考察，发现无形资产对于公司经营（盛晓娟，2014）、股权结构（黄晓红等，2006）和高管报酬（王一平，2010）等因素会产生一定影响。

三、现有研究评述

通过对无形资产已有研究成果的回顾，可以看出近些年相关研究呈现出以下四大特点。

（1）研究内容更为精细化。在无形资产研究的早期，学者们大多着眼于对其概念、内涵的探讨；随着无形资产范围边界的逐渐清晰，学者们开始对其内部各组成部分进行单独的研究，如知识产权、商誉、品牌等。近几年，借助于数据库的发展和跨学科的研究趋势，相关研究内容也更为精细，如知识产权中的不同专利类型、人力资本的人口学特征、研发投入的不同阶段等。研究内容的精细化推动了无形资产作为相对独立的研究领域可以长期保持可研性和时代性。

（2）现有文献在研究视角与层次上更为多元化。最为常见的包括：①以国家为研究对象的宏观视角，如考察某一国家的知识产权或创新能力、检验无形资产对某一国家经济发展或整体竞争力的作用；②以区域为研究对象的中观视角，如特定地区的无形资产现状、知识产权对特定地区经济发展的意义；③以企业为研究对象的微观视角，如各种无形资产的影响因素、评价方式与价值相关性研究等。不同层次的研究，有利于更好地发掘、发挥无形资产的现实价值。

（3）无形资产的评价与度量更加科学化。从无形资产各部分内容的纵向评价可以看出，无论是知识产权、创新能力、智力资本还是品牌价值，学者们均提出了相应的度量手段。借助于统计学、计量学、评价学、运筹学等方法模型的运用，“无形”资产“有形化”的方法变得更为科学。

（4）由“质”性研究向实证研究转变。无形资产的早期研究大多集中于理论模型的构建，由于受限于无形资产估值与数据采集问题，无形资产研究中“质”性研究的比重相较其他会计领域而言更大。但近几年，随着数据挖掘技术的发展、资本市场制度的完善，加之企业无形资产信息披露更为丰富严谨，使得无形资产领域开始出现实证研究，这从无形资产横向的相关性研究中可见一斑。这就为相关推理和结论的数据检验提供了依据。

虽然以往研究取得了丰富的成果，但当前的研究具有系统性，并未具有深入性，特别是针对企业层面的无形资产评价，多数侧重考察某一方面能力，在技术创新、智力资本、品牌等内容不断丰富和深化的同时，以上市公司为对象从无形资产的角度对企业综合实力进行评价的研究尚不多见，本书的研究就具有了必要性和现实意义。本书基于创新理论、核心竞争力理论与可持续竞争优势理论，对上市公司无形资产指数进行研究，力图从无形资产价值链的角度对中国上市公司的整体质量进行考察。

第二章　无形资产指数的理论基础

第一节　熊彼特创新理论

一、创新理论的背景与起源

19 世纪初期，古典经济学创始人亚当・斯密将经济增长归结于生产性劳动量的增加及生产效率的提升，由此开创了经济学家对经济增长问题的探索。大卫・李嘉图提出经济增长会随着收益的逐渐递减最终停滞。此后，英国经济学家托马斯・罗伯特・马尔萨斯对人口增长与经济增长的关系进行了研究，发现要维持经济增长就要限制人口的增长速度。早期的经济增长理论更注重资本、土地、人口等资源类因素的作用。

创新理论最初起源于 19 世纪末人们对资本主义的周期性经济危机进行的思考，由于资本主义经济在当时发展极其迅速，且伴随着由自由竞争向垄断经济的转变，因而资本主义社会内部产生了多种矛盾，使得经济发展的摩擦与阻力日渐增加。20 世纪初，世界大战的爆发直接给各国经济带来重创，激发了众多经济学家和思想家对资本主义形态的思考。这一时期，以马歇尔为代表的新古典经济学开始兴起，其在原有的经济增长因素基础上，引入了智力水平、技术进步等要素，从而打破了经济增长最终会停滞的推论。在新古典经济理论形成的过程中，“创新”要素的发现及其概念理论的形成至关重要。

1912 年，奥地利经济学家熊彼特在《经济发展理论》一书中首次提出了“创新理论”，并在随后的《景气循环论》（1939 年）和《资本主义、社会主义与民主》（1950 年）著作中对创新理论进行了完善，从而成为创新理论的创始人。创新理论的出现，揭示了资本主义经济周期与发展规律的深层原因，为新古典经济理论的拓展提供了基础。熊彼特的创新理论不仅实现了理论上的重大突破，还为此后一百多年的经济发展与企业经营提供了思想依据。随着信息技术、计算机的发展而兴起的第三次技术革命使企业家们对创新理论产生了新的认识，“创造性破坏”的思想也成为企业经营者所信奉的信条。

二、创新理论的主要内容

熊彼特在其《经济发展理论》一书中对创新的概念进行了界定，主要包括五种情形：一是采用新产品或产品的某一种新特性；二是采用新的生产方法；三是开拓新的产品市场；四是取得新的供应源；五是形成新的工业组织。从创新的不同情形可以看出，创新的实质是对旧结构的破坏和新结构的形成。熊彼特在创新理论中强调“破坏”的作用，指出创造就蕴含在“破坏”之中。同时，他认为脱离了经济的创新并不能称为真正的“创新”，只有将技术进步与经济发展相结合（即将创新成果运用到经济活动中），创新才得以产生。

通过对熊彼特创新理论进行梳理，可以发现其相关内容主要涵盖四个方面内容：首先，论述了创新对经济发展的作用，指出创新是经济增长的根本动力，而经济发展本质上是经济活动的创新性变动，亦为创新的表现形式。这一观点为当时研究经济增长理论的主流经济学界提供了极为独特的视角。其次，详述了创新的作用机制，其本质是新技术替代旧技术的“创造性破坏”过程，并在新旧替代的过程中促进经济的发展。再次，提出企业家是创新活动的主体，创新活动蕴含于微观企业的经营活动中，而企业家可以为创新的实现提供必要的条件。最后，解释了资本主义经济周期产生的原因。

（1）创新对经济发展的作用——“新组合”的作用。创新理论强调创新就是“一种新的生产函数”，即生产要素与生产条件的重新组合，而经济发展正是建立在“新组合”之上的。“新组合”是相对于“组合”的概念而言的，“组合”是指通过特定的方式将物质、力量等对象进行结合的过程，也是生产活动的手段；而“新组合”着眼于企业家的力量，指企业家通过新的生产手段实现经济活动的正常运行，以推动整体经济的发展。只有“新组合”连续不断地出现并开始实现质的变化时，旧组合才会被彻底打破，从而实现创新。

（2）创新的作用机制。所谓创新的机制，实质就是“创造性破坏”的全过程，其核心在于打破传统。创新即主体通过审视自身发展的各个阶段，找出发展过程中的弱点、漏洞，对其不断进行淘汰与更新，形成循环的动态过程。对于企业而言，对旧生产方式与技术的破坏才能实现生产力的变革；对于市场而言，优胜劣汰对企业进行不断更替亦是创新的过程；对于国家而言，传统行业的衰落与新兴行业的兴起同样蕴含着“创造性破坏”的过程。而创新会逐渐从技术创新、产品创新发展到产业革新，最终对经济结构产生影响，从而实现经济的创新发展。

（3）创新活动的主体——企业家的作用。企业家是企业的经营管理者，但并非所有的经营管理者都是企业家，满足创新主体条件的企业家必须具有冒险精神。值得注意的是，企业家的核心作用在于将创新过程赋予经济活动中，因此单纯的发明家或创造者并不能称为企业家。企业家作为企业创新活动的主体和执行者，具有以下四种品质：一是善于观察。优秀的企业家总能从日常活动中发现问题、看出机遇，这为创新提供了前提。二是具有知识水平。这里的知识并非指理论深度，而是对专业知识和行业环境的掌握与熟识，它为创新提供了必要条件。三是具有探索精神。若不追求创造革新、不勇于探索，就只能墨守成规。探索精神并非迫于生存或压力而产生的阶段性状态，而是内化于企业家品质的行动宗旨，因而探索精神是创新的原动力。四是勇于面对失败与挫折。创新的过程必然会面对各种风险，而失败与挫折更是创新过程的重要组成部分，当遇到困难时，只有勇于面对挫折才能在失败中总结经验，最终实现创新突破。此外，企业家的意志力、理智性和好胜心等对于创新活动也至关重要。

（4）资本主义经济周期产生的原因。创新理论对资本主义发展的周期性作出了自己的解释，即企业家为了追逐利润最大化，会不断进行创新活动，使生产函数不断更新。当“新组合”的经济活动形成后，原有的经济模式和轨迹将会发生改变，此时部分企业家将获得丰厚的利润。这会带来相同行业的模仿和资本主义的投机行为，当同类新产品供大于求时，该产品在市场上的利润将逐渐稀薄直至消失，使得经济进入萧条时期。此时，老企业面临消亡，新企业也将接受考验，整个市场会优胜劣汰，表现出经济的不景气；直至市场洗牌结束，新的企业家和创新活动出现，然后新一轮的经济周期再次反复。创新理论从创新的角度将经济周期划分为三个阶段，即创新兴起、创新模仿和创新适应。该理论由此推断，经济周期的变化与创新周期的三个阶段相吻合。

三、创新理论的发展演化

创新理论是随着第三次技术革命的爆发而被广大学者关注的。20 世纪 70 年代，西方经济学界开始意识到技术对于企业的重要意义，因而出现了技术创新理论，旨在探究技术在企业创新中的作用及其运行规律。到 80 年代，一些西方传统工业国家开始衰落，而如日本等国家的兴起，使人们意识到技术对于宏观经济同样具有重要作用，由此产生了技术进步理论。随着数十年的发展演化，创新理论逐渐发展并出现了两大学派：一是新古典经济学派，二是新熊彼特学派。

新古典经济学派的两位代表人物 Merton 和 Romer 先后作出了重要贡献。1957 年，Merton 在《技术变化与总量生产函数》中以科布-道格拉斯函数为基础，首次将技术进步因素纳入了经济增长模型。Merton 强调技术进步是经济增长重要的外生变量，因而其模型又称为外生经济增长模型，该模型可衡量技术进步对经济发展产生的贡献率。Romer 在《收益增长与长期增长》（1986 年）一文中，首次提出将技术作为经济发展的内生变量，而形成与传统收益递减模型相反的收益递增模型，并指出知识积累是经济发展的根本原因。新古典经济学派推动了创新作为经济发展重要因素的步伐，也使创新理论被更多人所了解。

新熊彼特学派重要的代表人物包括 Mansfield、Kamien 和 Schwartz。其中，Mansfield（1985）提出了技术推广模型，以研究创新中的模仿与守成行为，其对于技术创新与模仿二者的关系与相对变动速度的论述对于创新理论的发展意义重大；Kamien 和 Schwartz（1982）则着眼于垄断与竞争中的创新活动，将垄断强度、产业竞争度和企业的规模等因素作为条件，考察了技术与市场结构的关系，使创新理论的适用条件与适用环境得到了拓展与丰富。

第二节　核心竞争力理论

一、核心竞争力理论的产生与发展

企业竞争力有外生论与内生论的争辩，外生论更强调环境因素的影响，如产业竞争度等，代表人物为 Porter；内生论则强调企业内部知识、能力对竞争力的作用，相较于外生论，内生论的观点与结论更为丰富，具有代表性的包括资源学说、能力学说、动态能力学说等。从竞争力理论的整体发展来看，核心竞争力理论属于内生论中企业能力学说的一个阶段性成果。由 Prahalad 和 Hamel 在 1990 年首次提出，主要强调技术对于形成企业竞争优势的重要作用，同时指出商业利润的最终源泉是企业的核心竞争力。他们通过树形理论，将企业整体比作大树，主枝与树干为各项业务，更细的分枝为决策单元，而果实和树叶则作为端点代表最终的结果，在整棵大树内部发挥核心作用的树根即为核心竞争力。树根既是企业发展的根本，同时又要经过一系列的变化才能反映到果实，因而树形理论在描述核心竞争力上较为形象、生动、准确。由于核心竞争力理论深入揭示了企业竞争优势的根源，因而该理论逐渐成为战略管理领域的重要参照。

核心竞争力理论的出现引起了学者的广泛关注，因而该理论也不断被发展与演化。Porter 对核心竞争力的概念进行了完善，并对核心构成要素进行了全面的解析。Heene 等（1997）基于核心竞争力的概念，从智力资本的角度提出了“知识观”，指出企业核心能力应具有系统性、认知性和动力性，通过对各类资源进行有效整合与配置实现竞争优势的获取。“知识观”强调知识对企业两个方面能力的作用，一是通过自我组织学习提升资源配置能力，二是通过经验积累对外部环境具有适应和洞察能力。“知识论”强化了核心要素中智力与技术的重要性，推动了核心竞争力理论的部分发展。此后，Teece 进一步对核心竞争力理论进行发展，并提出了动态能力理论。他指出，由于企业所处的外部环境不断变化，因而企业在进行内部资源整合的过程中需根据外部环境不断进行调整，即动态的过程。企业内部的生产要素与特定资源相结合而形成组织管理能力，加之通过知识经验积累形成的技术与认知，合为企业的无形资源。这种无形资源正是企业核心竞争力之所在。

核心竞争力理论为现代企业的经营提供了三个重要思想：第一，该理论首次揭开了长期竞争优势之谜。以往的竞争力学说大多着眼于新产品的开发和经营战略的突破，而核心竞争力理论将这一观点又向更深层次探索了一步，即核心竞争力源自于知识和技能，这对于企业的经营发展和关注方向具有重要意义。第二，树立了核心竞争力的“根基”作用。通过树形理论，强调核心竞争力是企业的根本，这就使核心竞争力成为企业战略的核心内容。第三，将企业和行业之间的一般性竞争上升到核心竞争力的竞争。以往着眼于产品服务的竞争意识在核心竞争力理论提出后逐渐被摒弃，由于知识、经验、能力等内容的寿命较一般产品服务的优势期更长，因而企业家为了避免短视行为，开始关注核心竞争力的提升。

二、核心竞争力理论的主要内容

Prahalad 和 Hamel 在提出核心竞争力理论时，将其定义为“在一个组织内部对知识与技能的整合，亦为经济主体积累性的学识”。核心竞争力理论强调内部整合、能够实现客户价值、竞争对手难以模仿的特点，由此可以看出核心竞争力与企业的异质性资源存在紧密联系。

核心竞争力主要包括以下六大特征：①价值创造性。无论多么先进的技术、理念还是知识，如果不能很好地与经济活动相结合，它们就无法形成有效的核心资源。企业的核心竞争力能为企业创造价值并获得超额收益，所创造价值的大小及核心优势的持续时间则是考察核心资源优劣的评判标准。只有能创造出符合市场需求的、通过市场检验的产品与服务的知识、经验和技术，才能称为企业的核心竞争力。而该知识、经验与技术越多，创造的价值越大，则企业竞争力越强。②难以模仿性。核心竞争力与一般竞争力的本质区别在于模仿的困难程度，由于产品与服务所蕴含的技术可以被迅速模仿，因而一般竞争力难以形成长期的竞争优势。而核心竞争力着眼于组织内部通过不断学习、磨炼而形成的知识、经验与技能，所形成的核心资源难以在短期内被模仿，因此核心竞争力具有一定的独特性。③延伸性。核心竞争力能为企业进入不同的市场提供条件，当核心资源在产品服务中体现出优势时，难以模仿的特点会使企业的竞争优势持续较长一段时间，并伴随有一定的溢出效应。当企业在生产产品、提供服务时，基于相同或相似的知识与技术，可以创造出多种形式的成果，使企业不断进入新的市场与领域，加速企业知识技术革新，保持强大的竞争力。④长期性。企业的核心竞争力在三个方面表现出长期性特征：一是核心竞争力的形成周期较长，即知识、经验的形成源自企业长期经营与探索的结果；二是核心竞争力被模仿的周期较长，即由于核心资源主要通过内部组织形成，因而模仿者对核心能力的追逐与效仿需要经历相同的过程；三是核心优势的持续时间较长，即核心竞争力一旦形成，能为企业带来长期的收益和发展。⑤综合性。单一的技术不能形成核心竞争力，企业的核心能力强调对内部资源的整合，因而核心资源亦为多种知识、经验与技术的综合结果。从知识的角度来看，核心竞争力的形成意味着多学科、多专业的长期结合而形成最终成果。⑥动态性。由于外部竞争环境和市场中顾客的需求在不断变化，这就决定了核心竞争力必然处于动态变化过程中。因此，核心竞争力本身具有一定的相对性特征，一旦被竞争对手超越则核心优势便不复存在。这就要求企业需进行持续性的创新学习，随着竞争环境、技术发展、外部资源的变化做好实时应对，维护自身已形成的核心优势，并积极探索新的核心资源，确保企业的持续发展。

构成核心竞争力的关键要素包括以下四种：①学习能力。指个人或组织通过在理论或实践中获取知识资源，并将知识资源转化为知识资本的能力。学习能力是企业创新能力与竞争力的重要来源，具有自主性、能动性和创造性。对于企业而言，员工和组织的学习能力至关重要，因而需注重对员工的培训及内部学习氛围的形成，学习能力也是企业核心竞争力的基础。②技术能力。指企业通过学习、获取、研究、开发、应用与改进等手段对技术进行培育与建立的过程。技术能力对有形资源与无形资源同时提出了要求，即既需要硬件设备的配合，也需要技术人才的驾驭。技术能力的核心在于技术体系的确立，这是各层次设计与技术革新的基础。技术能力是企业核心竞争力获取的重要突破环节。③管理能力。核心竞争力作为企业战略管理的重要内容，决定了企业的发展目标和关注重点，企业能否制定完善的战略体系并顺利实施，其最终的决定因素即为管理能力。管理能力主要体现在三个方面：一是对人力资源的管理。员工作为知识的载体和主要操作实践者，是企业最重要的资源，对其进行管理需要管理者具备发掘问题、洞察细节、管理技巧、人格魅力等方面品质，才能建立强大的团队、培养优秀的人才。二是对发展战略的管理。由于外部环境的不确定性，因此企业的战略规划对于未来的发展至关重要，而管理能力可以对组织战略及时实施、修正、完善与更新，保证战略的科学可行。三是对信息的管理。随着第三次技术革命的爆发，信息战成为当今企业成败的关键，信息的获取渠道、编码速度、使用效率均会对核心竞争力产生影响。④组织能力。组织的核心在于整合与协调，即对企业内部资源的整合及各项能力的协调过程。企业具有知识、人才、经验和技术等核心资源，尚不具备形成核心竞争力的必然条件，只有通过良好的组织能力，才能将资源转化为优势，提升效率获取超额收益。

第三节　可持续竞争优势理论

一、可持续竞争优势理论的概念与特征

可持续竞争优势理论最早由 Hofer 和 Schendel 在 1978 年提出，认为企业的可持续发展源自市场竞争优势的持续获取。随着学者们的进一步发展，可持续竞争优势的内涵也在不断丰富，当前对企业可持续竞争优势的探讨，既包括内部因素也包含外部因素。Porter（1980）指出当一个企业的收益率能够长期超过所在行业的平均收益水平，则该企业具备了可持续竞争优势。Porter 的观点为可持续竞争优势提供了两个标准：一是超额收益水平，这与以往单纯考虑企业自身利润率的思想具有根本差异，只有与同行业企业进行比较才能反映企业的真实经营状况；二是优势的长期性，即可持续竞争优势的形成是一个长期的过程，需要在行业中长期处于领先地位。吴应宇等（2003）认为知识与能力的不可复制性和不可替代性是形成可持续竞争优势的基础，而外部环境与内部资源的相互作用极为重要。赵骅等（2004）指出企业内部资源与外部环境的物质能量交换是创造可持续竞争优势的根源，并提出特异能力、异质性资源、创新水平与产业环境作为可持续竞争优势考察的主要因素。

从可持续竞争优势理论及其演化成果看，可持续竞争优势具有四个主要特征：①长期持续性。可持续竞争优势理论强调竞争优势在较长的周期内得以保持，这与追求投机创造价值的“机会主义观点”相反。可持续竞争优势既包括特定时点上的保持，也包含连续时段上短暂优势的叠加，尤其强调已获取的优势在被竞争对手模仿或学习后能够依然存在。长期持续性特点是区分可持续竞争优势同一般竞争优势的最重要差异。②超额收益性。超额收益率的创造主要源自企业的核心异质性资源，如知识、经验、技术、能力、人才等。可持续竞争优势首先要体现出与同行业企业相比的领先优势，因而超额收益性是可持续竞争优势形成的前提条件。③动态调整性。由于外部环境与行业竞争程度在不断变化，企业要维持已有的竞争优势必须不断进行自我调适与自我更新。从已有的经济理论来看，无论市场属于何种结构（垄断市场、寡头垄断、垄断竞争、完全竞争），一成不变的竞争优势都不能永久的存在。因此，企业要不断创造新的优势点，实现自我超越。④二元组织性。近几年，有学者指出对于企业而言要同时保持竞争优势并开发探索新的优势在实际操作中是非常困难的，因而提出了可持续竞争优势的二元组织性特点。他们将现有优势集中于企业内部，并设立独立部门或单位专门从事新优势的探索工作，并将两个部门作为一个整体的组织进行管理。二元组织性作为可持续竞争优势最新拓展的特征，对于推动企业实践操作具有重要意义。

二、可持续竞争优势理论的划分

自可持续竞争优势理论提出后，经过不同学者的补充、完善与发展，当前可持续竞争优势理论共形成四种认知。

（1）产业基础观。以 Porter 为代表，认为企业的可持续竞争优势来自整体产业结构及企业在行业中的相对地位，并将产业竞争力量分为五种形式，即新兴竞争对手进入市场、产品或服务的替代者、买方议价能力、供方议价能力及现有竞争者的威胁。当企业面临行业竞争时，通过降低成本、形成特异优势、迎合客户价值等方式获取超额收益即可取得持续竞争优势。

（2）资源基础观。以 Wernerfelt 和 Barney 为代表，认为企业是由特定资源束所形成的集合，而企业的持续性竞争优势来自于内部具有稀缺性、价值性、不可模仿与替代性的异质性资源。资源基础观将企业的资源进行了重新划分，指出异质性资源是企业获取超额收益的根本。异质性资源主要指企业的隐性资源，如知识、人才、经验、技能等。由于市场具有信息不对称、要素不完全及有限流动性等特征，因此企业的异质性资源大多具有持久性。但在面临外部环境变化时，资源基础观也强调异质性资源的自我更新与发展，确保竞争优势的长期存在。

（3）能力基础观。代表人物为 Prahalad 和 Hamel，该视角亦是核心竞争力理论与可持续竞争优势理论的重要结合。该观点认为企业的竞争优势来自内部产生的“核心能力”，并且该能力具有竞争对手难以模仿、使企业进入多个市场、为顾客创造价值三个特征。企业的核心能力主要包括学习能力、管理能力、技术能力与组织能力。

（4）动态基础观。代表人物为 Teece 等，强调可持续竞争优势的动态调整特征。由于产业基础观、资源基础观和能力基础观最终得到的竞争优势均具有静态性，因而动态基础观主要针对静态优势的局限性进行了相应拓展。其中，影响企业动态调整的外部因素主要包括产业变动、宏观经济形势及资本市场的不确定性。动态基础观更突显了技术创新的重要性，强调技术更新与发展是动态调整的基础。

虽然可持续竞争优势具有不同的学说观点，但在整体思想上具有很多共性。在对可持续竞争优势理论进行发展与应用时，应结合不同学说之长，对特定问题进行分析。

三、可持续竞争优势理论对企业可持续发展能力的影响

随着 Porter 在战略管理领域提出了可持续发展概念，并将其应用于国家或地区的竞争力的探讨，可持续发展的思想开始深入经济活动各个方面。对于企业而言，可持续发展能力意味着长期竞争优势的确立，即异质性资源的获取。企业的可持续发展能力可通过长期的超额收益水平、行业领先地位、稳定的规模扩张及先进的组织管理予以体现。可持续竞争优势理论对于企业可持续发展能力的影响主要体现在以下四个方面。

（1）促进企业的技术创新。可持续竞争优势强调技术创新的作用，作为企业自我更新、自我超越的基础，技术的发展提升对于企业产品服务的升级具有直接作用，从而使企业产品的市场份额不断扩增，促进企业规模的不断发展。

（2）提升企业品牌形象。可持续竞争优势强调内部组织管理能力的提升，以及团队精神与企业文化的构建，这对于企业的整体形象具有促进作用。此外，异质性资源所形成的低成本、高技术含量的产品服务，对于企业的品牌价值具有积极影响，而品牌价值的提升有利于企业的长期发展。

（3）引领绿色经济。可持续竞争优势理论同以往低成本无差异化竞争的发展模式具

有本质上的差异，其在投入上弱化了自然资源的作用，强调知识、人才、经验技术等异质性资源的贡献，而异质性资源本质上可以称为绿色资源，其对环境和自然资源不会产生破坏与压力，因而可持续竞争优势的思想对于企业和国家绿色经济的发展具有引导作用。而绿色经济与绿色产品迎合了环境与社会发展的需求，有利于企业的长期发展。

（4）提升企业的资源整合能力。可持续竞争优势强调内部资源的动态整合，这有利于企业内部对资源进行更好地利用，更有利于整个资本市场的资源优化配置。因而资源整合能力的提升有助于企业的可持续发展。

第三章　无形资产指数模型的构建

信息技术飞速发展引领“互联网+”时代的开启，使世界各国经济格局和产业结构发生巨变。“十三五”期间我国将创新置于经济发展的核心位置，提出了转换经济发展动力、转变经济增长方式的“新常态”。Ståhle 等（2015）通过对 2001～2011 年 48 个国家的调查发现，无形资产 11 年间贡献了全球 GDP 的 45%。Ocean Tomo 公司对美国标准普尔 500 样本公司的研究显示，截至 2015 年无形资产在企业资产中的比例已高达 84%（图 3.1）。由此可见，无形资产对宏观经济和微观主体都发挥着重要作用。然而，无形资产作为“隐性”资源，往往通过技术、人才和管理资本等抽象概念或过程在企业生产经营活动中发挥作用，无形资产的异质性对企业构建与维护核心竞争力极为重要。因此，对无形资产蕴藏在企业中的综合实力进行系统挖掘与科学评价，有助于新常态下企业向价值链高端迁移，实现其作为创新主体的功能定位。

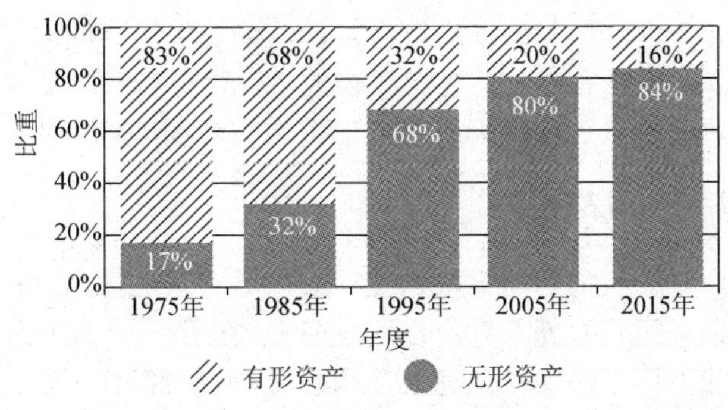

图 3.1　标准普尔 500 上市公司无形资产比例变化图①

在当前创新驱动发展战略越来越重要的宏观背景下，我国经济增长驱动因素正在从重视资源和要素投入向科技、管理、制度、文化创新及人力资本转变。作为经济发展支柱的上市公司，其未来发展也将经历由“量”到“质”的转变过程，以创新形成核心竞争力并创造可持续价值将成为公司发展的最终目标。近年来，随着研究的多元化发展和跨学科趋势，我国学者在无形资产确认与计量、信息披露、内容与结构、评估方法、法律保护等方面取得了巨大进展。纵观国内外无形资产领域的现有成果，发现研究的深度有余而系统性不足，特别是针对企业基于无形资产视角的综合性评价指数和体系尚不多见。天津市无形资产研究会和天津现代无形资产研究所从 2010 年开始对无形资产指数进行系统研究，于 2015 年 5 月成功构建并推出“上市公司无形资产评价指数”，提出从无形资产视角对我国上市公司的创新能力、市场竞争力和可持续发展能力进行综合评

① 数据来自 Ocean Tomo 公司官方网站。

价，力图对隐藏在企业生产经营过程中的知识、技术、人才与管理等抽象概念或过程予以科学量化，以发掘和评价无形资产这一“隐性”资源对企业所发挥的核心作用。

第一节 无形资产指数的研究历程

天津市无形资产研究会和天津现代无形资产研究所从 2010 年开始对无形资产指数进行系统研究，并着手进行指数的构建、上市公司综合实力评价报告的撰写，以及上市公司无形资产数据库的建立工作。指数研究从初始开展到如今形成阶段性成果，先后经历了五个关键阶段。

一、明确指数构建的基本原则

在指数研究的最初阶段，首先明确的是基调。由于无形资产相对于其他会计信息而言在信息披露方面存在一定的“后天劣势”，加之其本身具有隐蔽性、难以量化的“先天缺陷”，决定了在指标选取和数据采集上难以获取规模化资源。因此，无形资产指数构建的首要原则为可操作性原则，即指标须有可靠的数据支持和精准的量化方法，同时指标数量不宜过多，以便于操作；在此基础上，指数应满足对上市公司能进行系统有效评价的全面性原则；评价过程与结果应符合可被监测、重复与被检验的科学性原则；不同行业、地区上市公司应具有横向与纵向比较的可比性原则；以及评价内容应侧重无形资产的突出性原则。上述五大原则为日后无形资产指数的构建工作确定了基调。

二、提出假定前提与划分无形资产

在经济学与管理学范畴内的研究成果往往难以具有普适性，因而须明确指数适用的假定前提。考虑到企业间获取外部异质性资源能力的差异、不同地区经济发展不均衡，以及部分外部信息的不可获得性，课题组在构建无形资产指数之前提出两大假定前提：①内生性假定，即剔除外部资源（如政府关系、优惠政策等）影响，假定企业之间获取外部异质性资源能力相同，企业之间的差异主要源于内部。②均衡性假定，即假定企业所处地区在经济发展水平、产业结构和自然资源分布上相对均衡，以排除外部环境对企业的影响。

此外，中国会计准则同国际会计准则相比在无形资产的确认范围上存有较大差异，突出表现为对土地使用权的处理。基于会计准则趋同和国际可比性的考虑，本书参照相关学者研究，将无形资产划分为技术型无形资产和非技术型无形资产，以准确评价无形资产不同内容对创新能力、市场竞争力和可持续发展能力的贡献。其中，技术型无形资产主要包括知识产权中的专利权、非专利技术、商标权和著作权等；非技术型无形资产主要包括土地使用权、特许经营权等权证类资产。提出假定前提及明确无形资产划分标准，是研究的前期准备工作，为指数构建奠定了基础。

三、理论模型构建与指标选取

由 Penrose（1959）提出的企业内部成长理论，将企业发展归结于内部技能与知识的积累，是早期继 Schumpeter（1912）提出创新理论之后又一着眼于“无形知识与技术”的理论体系；Wernerfelt（1984）提出的资源基础理论直接指出企业内部资源的特殊性是获取超额利润的最终来源；Prahalad 等（1990）认为企业核心能力应具有价值性、异质性，以及难以模仿和替代性；Barney（1991）通过均衡分析得出企业获取持久性竞争优势的条件；Patel 等（1997）认为企业异质性最终来源于技术创新。基于上述成果演化所形成的企业能力理论诠释了对财力、物力、人力和智力等静态资源进行动态化整合的过程。无形资产既包括技术、人力等战略性资源，又涵盖组织结构、管理模式等知识能力，是企业特殊性和异质性的根本源泉。因此，无形资产指数对企业综合实力的考察，实质是基于无形资源对“创新—竞争力—可持续竞争优势”这一核心能力形成过程的动态考核。

依托于创新、核心竞争力和可持续竞争优势的复合理论框架，无形资产指数分别从创新能力、市场竞争力和可持续发展能力三个维度进行指标的选取。通过对已有研究的梳理、指标频次的统计、经典理论的拓展及对专家意见的咨询，课题组最终提出研发投入率、技术人员密度等 10 个评价指标，并于 2014 年 3 月进行了第一次问卷调查，向 16 位高校和实务部门的专家学者就指标体系的合理性、科学性、有效性等问题进行了咨询。通过问卷回收和数据处理，得到内部一致性 α 系数[①]为 0.748>0.7，显示调查结果具有可靠性；同时在内容效度的检验中，16 位专家中有 14 位认为指标体系可以有效实现评价目的，CV[②]=0.75>0.7 满足内容效度的检验标准，最终形成了无形资产评价指数的指标体系。

四、权重确定与算法生成

指标权重设置是综合评价至关重要的环节，通过对国内外评价学的研究成果进行梳理，发现主观和客观赋权法在一定程度上各存利弊。单纯使用主观赋权方式确定的结果会影响到数据本身的客观性与科学性，而以客观数据挖掘方式得到的权重往往可能与实际经验相悖。基于此，课题组在对专家意见进行咨询的基础上，以主客观赋权相叠加的方式进行权重设置。主观赋权法选取当前发展较为成熟、使用最为广泛的层次分析法，通过有效集中专家意见构建指标重要程度的判别矩阵，对权重进行计算；客观赋权法选取能有效反映原始数据且具备较强可操作性的熵权法进行确认。在主客观权重相叠加的部分，为了缓解专家经验不足或判断有误导致的主观偏差，同时减少数据不完全或脱离实际所产生的客观偏差，课题组最终采用等权重方法将二者进行复合。赋权方法作为综合评价的工具，其对于评价的科学性有着重要影响，组合赋权法能同时满足主观经验与客观事实，是一种相对有效的方法。

① $\alpha=\frac{K}{K-1}\left(1-\frac{\sum S_i^2}{S^2}\right)$；其中 K 为评价指标数量，S_i^2 为第 i 个指标方差，S^2 为总分方差。α 系数介于 0 到 1 之间，数值越大则信度水平越高，通常认为超过 0.7 即为满足要求。

② $\mathrm{CV}=\frac{N_i-N/2}{N/2}$；其中 N_i 为调查中认为能有效实现评价目的的专家人数，N 为调查总人数。

五、数据检验与指数优化

课题组利用 2010～2013 年创业板上市公司的数据对无形资产指数进行数据检验，分别以相关性分析、效标关联效度检验及跨样本有效性检验（以信息技术业作为替代样本）对无形资产的可行性与有效性进行了验证。结果表明，无形资产指数能够对上市公司综合实力进行评价，且结论满足全面性、科学性、可比性、突出性等原则。

由于无形资产指数构建的目的在于对我国整体上市公司进行评价与考察，因而在对指数进一步研究中，先后进行了两次专家库的扩增。第一次于 2016 年 7 月，在原有 16 名专家的基础上增加了 6 名高校相关领域专家，并对所有 22 位专家进行了第二次问卷调查与访谈；第二次于 2017 年 3 月，专家库在 22 位专家的基础上进一步增加了 9 名具有长期从业经验的实务人员及高校相关领域的专家教授，从而将无形资产指数专家库扩增至 31 人。通过 31 位专家的研讨，依据专家意见和基础阶段数据测试结果，对初步形成的无形资产指数进行了三部分优化：①将原有 10 个评价指标增加为 11 个，并对部分指标进行了微调。问卷调查结果显示内部一致性 α 系数为 0.931>0.7，调查结果具有可靠性，同时内容效度显示 31 位专家中有 28 位表示调整后的指标体系能很好地评价企业综合实力，CV=0.806>0.7，满足有效性检验。②由于各行业的指标平均水平存在巨大差异，因此在赋权环节对各行业进行分别计算并得出结果，确保行业内部企业具有纵向可比性。此外，各指标数据的标准化处理在全样本范围内进行，以实现各行业整体具有横向可比性。③将评价结果转化为 0～100 分，以百分制计数形式更为直观地呈现企业在无形资产综合实力方面的差异，以实现不同年份、地区、行业之间的整体比较。

第二节　无形资产指数简介

一、指标体系介绍

基于创新理论、核心竞争力理论和可持续竞争优势理论，结合数据检验与专家意见，最终得到的无形资产指数指标体系共包括 3 个一级指标和 11 个二级指标，各指标名称与界定如图 3.2 所示。

企业的创新能力主要取决于技术投入、人才投入和相应的创新产出。其中：①研发活动是创新链条上最为关键的环节，研发投入率能很好地反映企业 R&D 投入的力度及对自主创新活动的重视程度；②技术型无形资产比重更能体现企业无形资产的含金量，即创新资产与阶段性创新成果在资产结构中所占的比重；③创新的关键是人才，科技创新尤甚，研发技术人员是企业创新活动的主体及创新成果的重要缔造者；④专利授权量作为企业创新产出是能力的最终体现，年度人均专利授权量以相对数值反映出创新产出的规模及不同时间周期创新活动的持续性。总体而言，创新能力的二级指标同时包含创新活动的投入端和输出端，既包括资本投入又包括人才培养，既有动态指标又有结构比重性的静态指标，能相对系统全面地对企业创新能力起到评价作用。

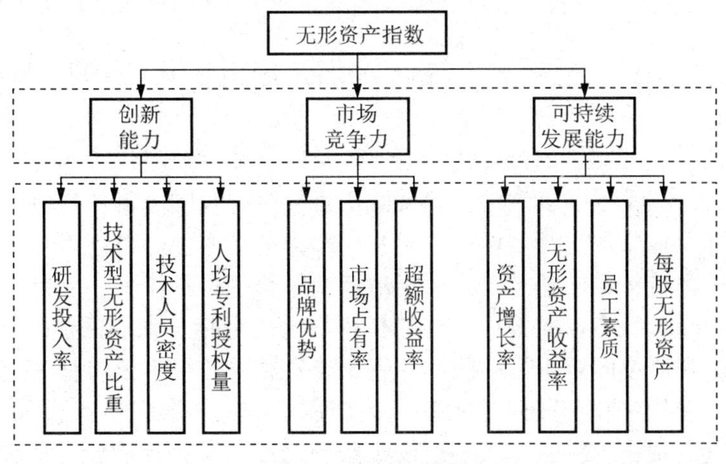

图 3.2　指标体系图

企业的市场竞争力取决于其品牌优势、市场占有率及其创造的超额收益率。其中：①品牌美誉度及经营模式创新决定着顾客忠诚度及其愿意为喜欢品牌产品贡献的价值。但是因为品牌价值信息具有难以量化的特征，消费者也会通过广告等媒介提高对品牌的认知度，所以课题组提出从企业广告投入的角度衡量品牌价值。②市场占有率反映了企业在行业中所处的地位，市场份额是企业竞争状态的直观体现。③无形资产同有形资产的本质区别在于其能为企业创造超额利润及巨大市场价值，超额收益率能有效体现无形资产的使用状况。

企业的可持续发展能力主要体现在资产增长率、无形资产收益率、员工素质及每股无形资产评价指数等方面。其中：①资产规模的增长表明企业增长的速度，虽然有时不一定代表企业的发展质量，但它是企业持续发展的基础；②无形资产收益能力反映了无形资产的收益水平，能体现企业对无形资源使用的有效程度；③较高的员工素质意味着企业具有较强获取异质性资源的能力，而学历是员工素质较为直观的表征；④无形资产评价指数适用于上市公司，对每股无形资产进行考核符合上市公司的评价要求，体现了企业流通股中每股所蕴含创造异质性资源的能力。

二、计算方式介绍

无形资产指数的主观赋权主要采用德尔菲法与层次分析法，客观赋权使用的是熵权法。由于指标体系中包含行业总收入、行业平均营收利润率等体现行业发展水平的指标，同时为了更好地反映行业间无形资产的差异，权重的设置划分不同行业进行。

无形资产指数选取的指标均为正向相对指标（即数值大小与所反映内容的好坏同向变动，均为比率性指标），无须进行方向转换。但指标数值间存在数量级不同，需要对数据进行标准化处理。通过指标选取和权重设置，最终构建的无形资产指数（intangible assets index）模型如下：

$$\text{Intangible Assets Index}=\sum\text{Tech Level}+\sum\text{Compete Level}+\sum\text{Sustain Level}$$

其中，$\sum\text{Tech Level}=\sum W_iX_i, i=1,2,3,4$；$\sum\text{Compete Level}=\sum W_i X_i, i=5,6,7$；$\sum\text{Sustain Level}=\sum W_i X_i, i=8,9,10,11$。

第三节　无形资产指数的研究目的和研究贡献

在创新驱动发展战略不断深化的背景下，无形资产逐渐取代有形资产成为企业价值创造的新动力。但其难以确认和度量的现实，必会引起我国无形资产流失的问题。能否及时发现隐藏在企业中的无形资源，并对其所蕴含的综合能力进行客观评价，关系到我国上市公司的整体价值。构建上市公司无形资产指数的目的主要在于以下三点：①以科学量化的方式对无形资产在企业中发挥的作用与价值进行合理的评估；②通过对上市公司的综合评价，观测不同年份、地区、行业和产权性质的上市公司整体变化情况，以了解上市公司的发展质量和存在问题；③逐步实现同国际无形资产价值评估的趋同，通过未来进一步研究实现国内外上市公司之间无形资产综合实力的评价与比较，了解我国上市公司在国际范围内所处的位置及存在的优劣势。

本书基于无形资产指数研究的前期成果，以我国沪深两市 A 股 2011～2015 年上市公司为研究对象，通过披露不同年份上市公司的整体发展状况，以及细分行业、区域和产权性质的评价结果，以分析我国上市公司“十二五”期间在创新能力、市场竞争力和可持续发展能力上处于何种状态。研究贡献主要在于：①当前无形资产评价的相关研究多围绕单一因素展开，如专利、研发、品牌等，而以微观企业为对象，将无形资产要素以价值创造链角度构建综合评价体系的研究尚不多见，无形资产指数的构建丰富了现有研究。②从无形资产视角将我国上市公司总体状况，以及不同行业、地区和产权性质下企业各项能力进行了测算、描述和分析，在研究视角上实现了宏观与微观相结合的突破，同时呈现出了研究内容的系统性。最终得出的上市公司发展质量和综合实力，以及所呈现出的评价结果可以对相关领域学者研究提供借鉴，对“十三五”期间政府监管部门的政策制定、上市公司经营者的管理决策及外部投资者的投资决策具有一定参考价值。

第二篇 评价报告

第四章　中国上市公司[1]无形资产指数：总体评价

经过多年努力，科技发展正在进入由量的增长向质的提升的跃升期，科研体系日益完善，人才队伍不断壮大，科学、技术、工程、产业的自主创新能力快速提升。同时也要看到，我国许多产业仍处于全球价值链的中低端，一些关键核心技术受制于人，发达国家在科学前沿和高技术领域仍然占据明显领先优势，我国支撑产业升级、引领未来发展的科学技术储备亟待加强[2]。上市公司作为我国优秀企业的代表，其无形资产发展状况可以直接体现我国企业整体创新能力、市场竞争力和可持续发展能力。本章将以“十二五”期间中国上市公司作为评价对象，分析各企业各年度无形资产指数的评价结果与变化趋势，以反映我国上市公司无形资产的发展水平和现状。

第一节　样本总体描述

一、样本来源及选取

本章研究对象为沪深两市 A 股上市公司，样本选取为 2011～2015 年整个“十二五”期间，考虑到金融保险类企业资产的特殊性，在样本采集时未包括该类企业。此外，由于样本量不足，未包含住宿和餐饮业、居民服务与修理和其他服务业、教育业、卫生和社会工作等行业的样本。依据数据完整性和不含异常值这两个标准对样本进行筛选，最终确定的有效样本共计 8922 个，其中，2011 年为 1260 个，2012 年为 1559 个，2013 年为 1718 个，2014 年为 1796 个，2015 年为 2589 个[3]。

图 4.1 反映了无形资产信息披露的变化趋势，可以看出有效样本的绝对数量逐年递增，从 2011 年的 1260 家增长到 2015 年的 2589 家，涨幅超过一倍。从表 4.1 样本总量占上市公司总数的角度来看，研究样本比重呈逐年上升趋势，由 2011 年占上市公司总数的 54.31%提高到 2015 年的 92.20%。排除因个别行业的特殊性或样本量不足导致无法测算的原因，2015 年的研究样本总量趋于覆盖上市公司总数。这表明随着政府部门监管力度的加大，以及企业自身对无形资产信息的进一步重视，我国上市公司无形资产信息披露内容不断完善，质量逐年提升，整体状况愈发良好。

---

① 本书中所论的“中国上市公司”一般指沪深两市 A 股上市公司。

② 摘自 2016 年国务院印发的《国家创新驱动发展战略纲要》。

③ 数据取自 CSMAR、RESSET、WIND、同花顺数据库及巨潮资讯网站。

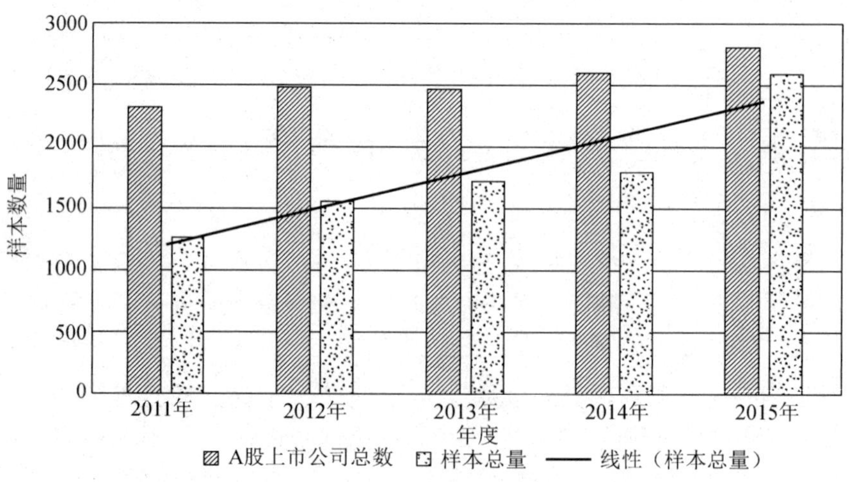

图 4.1　上市公司各年度样本数量

表 4.1　上市公司 2011～2015 年样本总量占上市公司总数比例

年度	上市公司总数	样本总量	样本所占比例
2011	2320	1260	54.31%
2012	2472	1559	63.07%
2013	2468	1718	69.61%
2014	2592	1796	69.29%
2015	2808	2589	92.20%

二、样本行业分布情况

参照中国证券监督管理委员会（以下简称证监会）2014 年行业分类进行统计，依据统计的最小抽样原则，在进行评价分析时对不满足 30 个有效样本的行业未纳入分析范围，最终得到一级行业共 14 个，其中，制造业按二级标准进一步细分为十大类，最终进行评价分析的行业门类合计 23 个。具体各年度各行业样本数量如表 4.2 所示。

表 4.2　中国上市公司 2011～2015 年各年度各行业样本数量

证监会行业分类	2011 年	2012 年	2013 年	2014 年	2015 年	合计
采矿业	20	31	34	35	70	190
电力、热力、燃气及水生产和供应业	6	15	19	21	82	143
制造业：电子器件	171	188	203	213	233	1008
房地产业	5	7	11	12	118	153
制造业：纺织服饰	36	49	52	41	82	260
制造业：机械设备	385	455	497	531	602	2470
建筑业	22	40	43	41	65	211
交通运输、仓储邮政业	5	12	14	15	78	124
制造业：金属与非金属	118	152	181	193	214	858
科学研究和技术服务业	7	9	10	14	17	57
制造业：木材家具	9	9	10	11	17	56

续表

证监会行业分类	2011 年	2012 年	2013 年	2014 年	2015 年	合计
农林牧渔业	13	19	22	24	38	116
批发和零售业	8	18	19	21	141	207
制造业：其他制造业	10	11	11	13	18	63
制造业：生物制药	102	124	129	134	157	646
制造业：石油化工	170	200	217	222	279	1088
制造业：食品饮料	57	72	78	83	105	395
水利、环境和公共设施管理业	6	9	8	6	28	57
文化、体育和娱乐业	4	6	10	10	27	57
信息技术、软件信息技术服务业	71	89	103	108	131	502
制造业：造纸印刷	28	36	37	38	43	182
综合	4	5	5	5	21	40
租赁和商务服务业	3	3	5	5	23	39

图 4.2 反映了各行业上市公司 2011～2015 年平均样本比例。制造业占有绝对优势，样本数量排名前五名的全部为制造业企业，分别为机械设备制造业、石油化工制造业、电子器件制造业、金属与非金属制造业和生物制药制造业。前十位中有 7 个行业来自制造业，主要是因为制造业企业绝对数量较大，也反映出无形资产对于制造业上市公司具有重要作用。非制造业中排名靠前的是信息技术、软件信息技术服务业，体现了其在无形资产信息披露方面的优势。

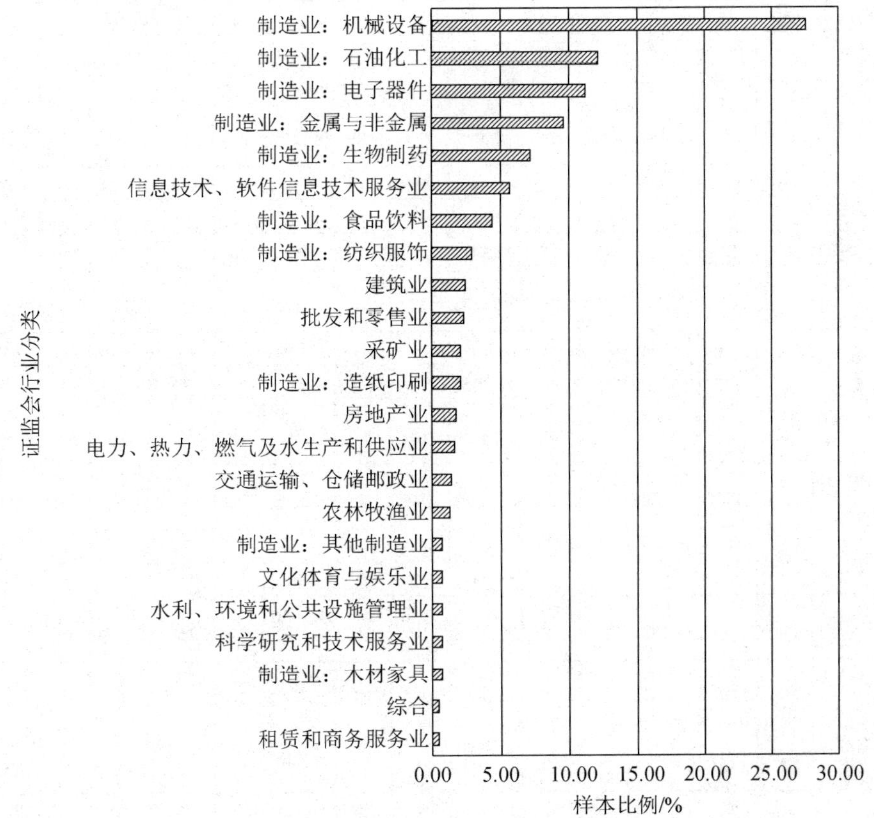

图 4.2 各行业上市公司 2011～2015 年平均样本比例

表 4.3 反映了上市公司 2011～2015 年各行业有效样本数量占各行业上市公司总数的比例。五年间，各行业在无形资产信息披露方面均得到加强，除 2014 年采矿业、租赁和商务服务业等 13 个行业较 2013 年略有降低外，各行业有效样本数量占上市公司总数比例均呈上升态势，其中，电力、热力、燃气及水生产和供应业，房地产业，交通运输、仓储邮政业，批发和零售业等 5 个行业均由 2011 年的所占样本量不足 10%提升至 2015 年的 90%以上，信息披露质量明显提升，表明以上五个行业在"十二五"期间，立足本行业特点，着力发展无形资产，提高无形资产信息披露水平，成效显著。2015 年唯一样本量占上市公司总量小于 70%的是租赁和商务服务业，占比为 69.70%，说明该行业无形资产发展仍存在一定空间。

表 4.3　上市公司 2011～2015 年各行业有效样本数量占各行业上市公司总数的比例

证监会行业分类	2011 年			2012 年			2013 年			2014 年			2015 年		
	有效样本数量	上市公司数量	比例	有效样本数量	上市公司数量	比例	有效样本数量	上市公司数量	比例	有效样本数量	上市公司数量	比例	有效样本数量	上市公司数量	比例
农林牧渔业	13	37	35.14%	19	40	47.50%	22	40	55.00%	24	41	58.54%	38	44	86.36%
采矿业	20	65	30.77%	31	66	46.97%	34	66	51.52%	35	68	51.47%	70	70	100.00%
制造业：食品饮料	57	93	61.29%	72	97	74.23%	78	97	80.41%	83	106	78.30%	105	112	93.75%
制造业：纺织服饰	36	67	53.73%	49	72	68.06%	52	72	72.22%	41	75	54.67%	82	83	98.80%
制造业：木材家具	9	13	69.23%	9	14	64.29%	10	14	71.43%	11	14	78.57%	17	18	94.44%
制造业：造纸印刷	28	40	70.00%	36	44	81.82%	37	44	84.09%	38	44	86.36%	43	47	91.49%
制造业：石油化工	170	249	68.27%	200	261	76.63%	217	261	83.14%	222	271	81.92%	279	290	96.21%
制造业：生物制药	102	138	73.91%	124	144	86.11%	129	142	90.85%	134	149	89.93%	157	162	96.91%
制造业：金属与非金属	118	189	62.43%	152	199	76.38%	181	199	90.95%	193	203	95.07%	214	223	95.96%
制造业：机械设备	385	465	82.80%	455	512	88.87%	497	512	97.07%	531	554	95.85%	602	617	97.57%
制造业：电子器件	171	197	86.80%	188	215	87.44%	203	215	94.42%	213	226	94.25%	233	246	94.72%
制造业：其他制造	10	15	66.67%	11	15	73.33%	11	15	73.33%	13	18	72.22%	18	19	94.74%
电力、热力、燃气及水生产和供应业	6	85	7.06%	15	88	17.05%	19	87	21.84%	21	89	23.60%	82	91	90.11%
建筑业	22	59	37.29%	40	61	65.57%	43	61	70.49%	41	63	65.08%	65	70	92.86%
批发和零售业	8	132	6.06%	18	135	13.33%	19	135	14.07%	21	137	15.33%	141	142	99.30%
交通运输、仓储邮政业	5	77	6.49%	12	81	14.81%	14	81	17.28%	15	81	18.52%	78	84	92.86%
信息技术、软件信息技术服务业	71	112	63.39%	89	134	66.42%	103	132	78.03%	108	145	74.48%	131	162	80.86%
房地产业	5	122	4.10%	7	122	5.74%	11	122	9.02%	12	121	9.92%	118	120	98.33%
租赁和商务服务业	3	26	11.54%	3	26	11.54%	5	26	19.23%	5	28	17.86%	23	33	69.70%
科学研究和技术服务业	7	9	77.78%	9	10	90.00%	10	10	100.00%	14	16	87.50%	17	19	89.47%
水利、环境和公共设施管理	6	24	25.00%	9	25	36.00%	8	25	32.00%	6	28	21.43%	28	31	90.32%
文化、体育和娱乐业	4	28	14.29%	6	30	20.00%	10	30	33.33%	10	30	33.33%	27	34	79.41%
综合	4	23	17.39%	5	23	21.74%	5	23	21.74%	5	23	21.74%	21	23	91.30%

三、样本产权性质分布情况

将五年研究区间的有效样本，按照产权性质不同，分为国有企业、民营企业、外资企业和其他类型企业四个类别，其中，国有企业为3020家、民营企业为5450家、外资企业为365家、其他类型企业为87家，如表4.4所示。从样本整体分布来看，民营企业位居首位，占据样本总量的61.08%；第二位是国有企业，占比为33.85%；排在第三位的是外资企业，约占4.09%；最后是其他性质企业（混合所有制），仅占0.98%。结果表明我国上市公司中，民营企业已经占据很大比重，民营企业信息披露质量明显优于国有企业和外资企业。

表4.4　上市公司2011～2015年各年度产权性质有效样本情况

产权	2011年	2012年	2013年	2014年	2015年	合计	比例
民营	783	963	1063	1137	1504	5450	61.08%
国企	423	526	571	555	945	3020	33.85%
外资	43	55	70	83	114	365	4.09%
其他	11	15	14	21	26	87	0.98%

从图4.3可以看出，国有企业和外资企业有效样本比重五年间整体得到一定程度提高，国有企业从2011年的33.57%上升至2015年的36.5%，涨幅达2.93%；外资企业由2011年的3.41%上升至2015年的4.4%，涨幅达0.99%。民营企业虽然在绝对数量上呈现出逐年递增趋势，但是在比重方面2015年出现了明显下降；而与之相对的是，国有企业虽在2014年出现绝对数量和占比的双降，但是2015年却表现出大幅度提升。从这些现象可以看出，虽然民营企业长期信息披露质量优于国有企业，但是自2015年政府部门对上市公司信息披露的监管力度整体加强后，国有企业对无形资产相关信息的自愿性披露意愿有所提升。五年间外资企业有效样本数量提升了接近3倍，所占比重也有一定程度上升。

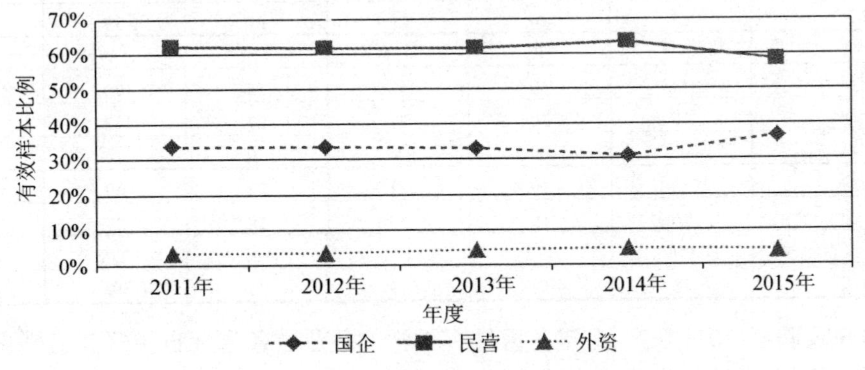

图4.3　不同性质企业有效样本比例变化趋势

四、样本区域分布情况

将 2011～2015 年共 8922 个有效样本按照所属地区进行分类，得到的结果覆盖我国 31 个省级区域，如表 4.5 所示。其中，按有效样本数量排名，前五位分别为广东（1365 家）、浙江（1008 家）、江苏（983 家）、北京（765 家）、上海（614 家）。样本量排名后三位的分别为西藏（27 家）、宁夏（35 家）和青海（40 家）。

表 4.5　上市公司 2011～2015 年各年度区域有效样本情况

地区	2011 年	2012 年	2013 年	2014 年	2015 年	合计
安徽	46	54	61	59	84	304
北京	105	134	145	155	226	765
福建	45	53	57	60	88	303
甘肃	8	11	14	17	24	74
广东	199	232	264	280	390	1365
广西	12	17	17	18	28	92
贵州	14	15	15	16	19	79
海南	5	9	13	11	26	64
河北	26	31	35	36	49	177
河南	47	56	60	63	70	296
黑龙江	9	12	14	16	31	82
湖北	34	49	54	56	81	274
湖南	33	42	48	49	74	246
吉林	15	19	23	25	36	118
江苏	139	178	194	212	260	983
江西	20	24	24	23	33	124
辽宁	23	34	41	43	70	211
内蒙古	8	14	15	15	24	76
宁夏	4	6	7	8	10	35
青海	5	8	8	8	11	40
山东	89	109	116	114	155	583
山西	15	17	18	18	32	100
陕西	21	24	26	27	39	137
上海	84	105	114	122	189	614
四川	44	50	58	54	95	301
天津	15	20	21	23	42	121
西藏	1	5	5	6	10	27
新疆	12	19	21	22	40	114
云南	16	15	19	19	29	98
浙江	154	179	192	198	285	1008
重庆	12	18	19	23	39	111

表 4.6 反映了 2011～2015 年各区域有效样本数量占各省（自治区、直辖市）上市公司总数的比例。五年间，各区域上市公司无形资产信息披露质量均有所提高，除安徽、北京、广东、广西、海南、河北、湖南、江西、辽宁、山东、陕西、四川、天津、云南、浙江 15 个省（自治区、直辖市）相较于 2013 年、2014 年出现不同程度下降外，福建、

甘肃、贵州、河南、黑龙江、湖北、吉林、江苏、内蒙古、宁夏、青海、山西、上海、新疆、重庆 15 个省（自治区、直辖市）各年度有效样本数量占上市公司总数比例均呈上升态势。截至 2015 年，全国 30 个省（自治区、直辖市）（未包含西藏、香港、澳门、台湾等地的数据）有效样本占上市公司总样本数量的 92.24%。

表 4.6　上市公司 2011～2015 年各区域有效样本占总样本比例

地区	2011 年			2012 年			2013 年			2014 年			2015 年		
	有效样本	上市公司	有效样本占总样本比例	有效样本	上市公司	有效样本占总样本比例	有效样本	上市公司	有效样本占总样本比例	有效样本	上市公司	有效样本占总样本比例	有效样本	上市公司	有效样本占总样本比例
安徽	46	76	60.53%	54	77	70.13%	61	77	79.22%	59	80	73.75%	84	88	95.45%
北京	105	195	53.85%	134	218	61.47%	145	218	66.51%	155	236	65.68%	226	265	85.28%
福建	45	81	55.56%	53	87	60.92%	57	87	65.52%	60	91	65.93%	88	98	89.80%
甘肃	8	25	32.00%	11	25	44.00%	14	25	56.00%	17	26	65.38%	24	28	85.71%
广东	199	329	60.49%	232	359	64.62%	264	360	73.33%	280	384	72.92%	390	424	91.98%
广西	12	29	41.38%	17	30	56.67%	17	30	56.67%	18	32	56.25%	28	35	80.00%
贵州	14	19	73.68%	15	20	75.00%	15	20	75.00%	16	20	80.00%	19	20	95.00%
海南	5	25	20.00%	9	26	34.62%	13	26	50.00%	11	27	40.74%	26	27	96.30%
河北	26	45	57.78%	31	46	67.39%	35	46	76.09%	36	48	75.00%	49	51	96.08%
河南	47	63	74.60%	56	66	84.85%	60	66	90.91%	63	67	94.03%	70	73	95.89%
黑龙江	9	30	30.00%	12	31	38.71%	14	31	45.16%	16	32	50.00%	31	35	88.57%
湖北	34	79	43.04%	49	81	60.49%	54	81	66.67%	56	83	67.47%	81	85	95.29%
湖南	33	65	50.77%	42	70	60.00%	48	70	68.57%	49	73	67.12%	74	80	92.50%
吉林	15	36	41.67%	19	37	51.35%	23	37	62.16%	25	39	64.10%	36	39	92.31%
江苏	139	212	65.57%	178	234	76.07%	194	234	82.91%	212	252	84.13%	260	275	94.55%
江西	20	31	64.52%	24	33	72.73%	24	33	72.73%	23	33	69.70%	33	36	91.67%
辽宁	23	60	38.33%	34	65	52.31%	41	65	63.08%	43	69	62.32%	70	73	95.89%
内蒙古	8	23	34.78%	14	25	56.00%	15	25	60.00%	15	25	60.00%	24	25	96.00%
宁夏	4	12	33.33%	6	12	50.00%	7	12	58.33%	8	12	66.67%	10	12	83.33%
青海	5	11	45.45%	8	11	72.73%	8	11	72.73%	8	11	72.73%	11	11	100.00%
山东	89	139	64.03%	109	147	74.15%	116	147	78.91%	114	149	76.51%	155	157	98.73%
山西	15	36	41.67%	17	36	47.22%	18	36	50.00%	18	36	50.00%	32	38	84.21%
陕西	21	37	56.76%	24	39	61.54%	26	39	66.67%	27	42	64.29%	39	43	90.70%
上海	84	186	45.16%	105	195	53.85%	114	195	58.46%	122	201	60.70%	189	220	85.91%
四川	44	82	53.66%	50	86	58.14%	58	86	67.44%	54	88	61.36%	95	101	94.06%
天津	15	36	41.67%	20	37	54.05%	21	37	56.76%	23	41	56.10%	42	42	100.00%
新疆	12	38	31.58%	19	40	47.50%	21	40	52.50%	22	41	53.66%	40	44	90.91%
云南	16	28	57.14%	15	28	53.57%	19	28	67.86%	19	29	65.52%	29	30	96.67%
浙江	154	229	67.25%	179	248	72.18%	192	249	77.11%	198	266	74.44%	285	299	95.32%
重庆	12	34	35.29%	18	36	50.00%	19	36	52.78%	23	39	58.97%	39	42	92.86%
合计	1259	2291	54.95%	1554	2445	63.56%	1713	2447	70.00%	1790	2572	69.60%	2579	2796	92.24%

如图 4.4 所示，样本数量贡献率较高的地区大部分分布在东部和南部，西部地区样

本数量较少。上市公司是各地区经济发展的龙头，加快上市企业培育，可以推进科技水平整体升级；发挥上市企业的名牌效应，借助资本市场力量，能够提升地区的整体竞争力。从无形资产评价的有效样本分布来看，排在前五名的地区均为经济发展较快、科技水平较高的沿海地区。

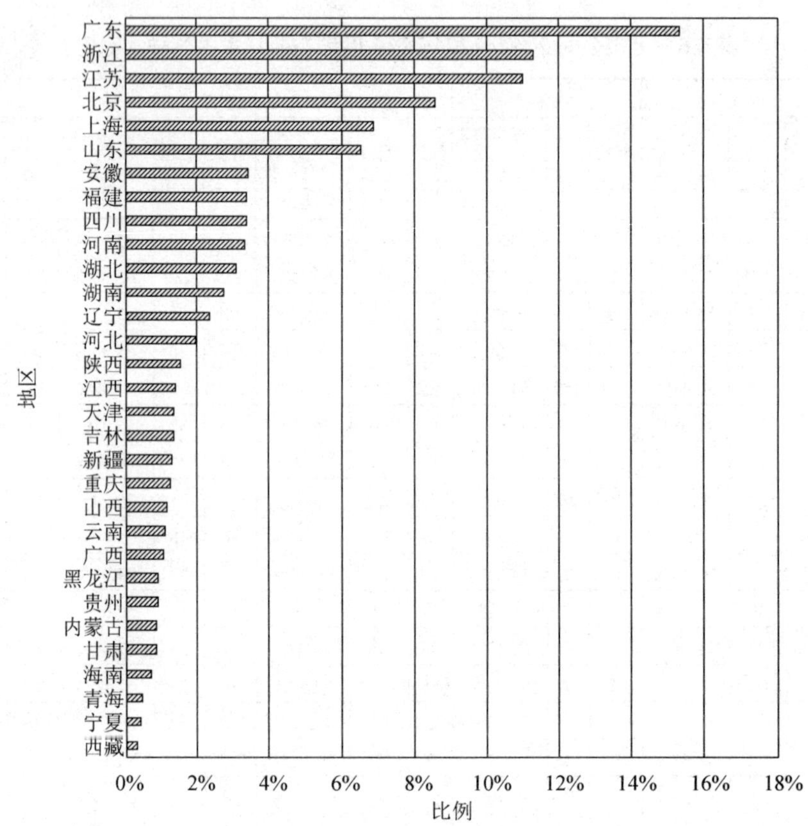

图 4.4　各区域有效样本占比情况

五、样本市场板块分布情况

将研究区间的有效样本，按照上市板块不同，分为主板、中小板和创业板三种类型，如表 4.7 所示。从样本整体分布来看，主板企业数量位居首位，共包含 4164 个样本，占据了样本总量的 46.67%；位居第二位的是中小板企业，共包含 3084 个样本，占比为 34.57%；排在第三的是创业板企业，共包含 1674 个样本，占比为 18.76%。

表 4.7　上市公司 2011～2015 年各板块样本数量

板块	2011 年	2012 年	2013 年	2014 年	2015 年	合计	占比
主板	523	672	750	822	1397	4164	46.67%
中小板	505	587	627	632	733	3084	34.57%
创业板	232	300	341	342	459	1674	18.76%

从图 4.5 可以看出，主板企业五年间整体呈现逐年上升趋势，从 2011 年的 41.51% 上升至 2015 年的 53.96%，涨幅达到 12.45%；受到主板企业数量逐年上升的影响，中小

板企业则由2011年的40.08%下降至2015年的28.31%，降幅达11.77%，表现为逐年降低；创业板企业五年的样本量占比较为平稳，虽然较2011年的18.41%，2015年的样本占比17.73%略有下降，但从表4.7和图4.5中可以看到，总体来说没有出现大幅波动。

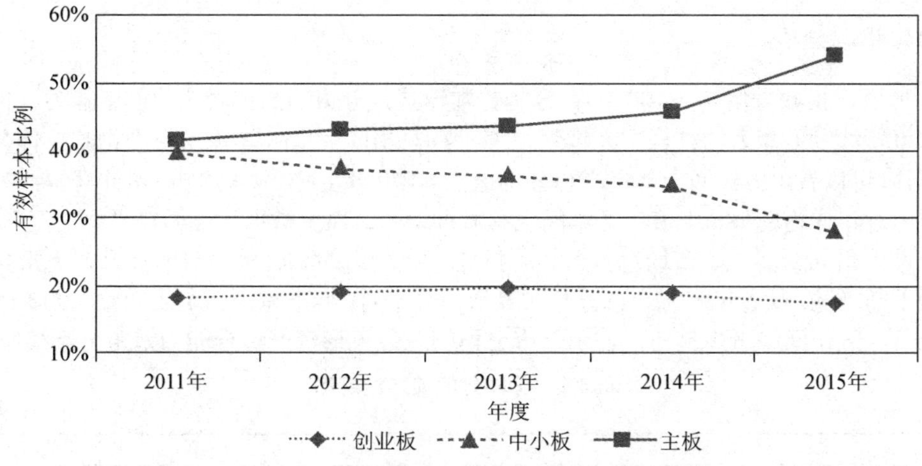

图4.5　不同板块企业有效样本比例变化趋势

从这些现象可以看出，虽然三个板块从样本数量来看均逐年提升，但主板企业的提升明显大于中小板企业和创业板企业，表明主板企业对于无形资产的重视程度逐渐加强，且上市公司信息披露的主动性意愿有较为明显的提升。

从表4.8可以看出，主板由2011年的38.06%上升至2015年的90.89%，提升幅度较大且各年均不断提升，说明主板上市公司信息披露质量不断提高；而创业板企业和中小板企业虽然在五年中出现一定波动，但总体仍表现出上升态势，分别从2011年的82.86%提升至2015年的93.29%和从2011年的78.17%提升至2015年的94.46%。

表4.8　上市公司2011～2015年各板块有效样本占总样本比例

板块		创业板	中小板	主板
2011年	有效样本	232	505	523
	上市公司	280	646	1374
	有效样本占总样本比例	82.86%	78.17%	38.06%
2012年	有效样本	300	587	672
	上市公司	354	701	1400
	有效样本占总样本比例	84.75%	83.74%	48.00%
2013年	有效样本	341	627	750
	上市公司	354	701	1402
	有效样本占总样本比例	96.33%	89.44%	53.50%
2014年	有效样本	342	632	822
	上市公司	405	732	1445
	有效样本占总样本比例	84.44%	86.34%	56.89%
2015年	有效样本	459	733	1397
	上市公司	492	776	1537
	有效样本占总样本比例	93.29%	94.46%	90.89%

第二节　总 体 评 价

一、总体情况分析

无形资产指数采用 0～100 的百分制计数形式，分值越高代表企业创新能力、市场竞争力和可持续发展能力的综合实力越强。表 4.9 是 2011～2015 年无形资产指数总体分值描述性统计，可以看出五年间无形资产总分均值由 60.79 分上涨到 64.13 分，累计涨幅约为 6%，且呈现出逐年递增趋势，中值在各年间也有微弱增长。以上数据均表明在“十二五”期间，我国上市公司创新能力、市场竞争力和可持续发展能力的综合水平有所提升，无形资产综合实力不断增强。从各年度综合评分分布离散程度来看，标准差由 2011 年的 3.89 降到 2015 年的 2.91，五年间呈下降趋势，表明上市公司间总体无形资产综合能力差距不断缩小。

表 4.9　总体分值描述性统计

单位：分

项目	2011 年	2012 年	2013 年	2014 年	2015 年
有效样本	1260	1559	1718	1796	2589
均值	60.79	61.53	62.28	63.20	64.13
中值	59.63	60.38	61.31	62.17	63.32
标准差	3.89	3.13	3.31	3.31	2.91
最大值	80.49	77.62	79.86	84.98	81.87
最小值	54.81	55.49	56.53	56.35	57.29

最大值及最小值在各年存在较大差异（图 4.6），表明上市公司无形资产综合实力最强与最弱公司之间存在较大的差距。其中，最小值在 2011～2015 年整体呈现上升趋势，从 2011 年的 54.81 分升至 2015 年的 57.29 分，说明无形资产综合实力欠佳的企业在“十二五”期间得到了一定程度的改善；最大值从 2012 年的 77.62 分上升到 2014 年的 84.98 分，说明无形资产综合实力最强的企业在这期间得到较快提升；但 2011～2012 年和 2014～2015 年最大值出现了较大幅度下滑，说明无形资产综合实力最强的企业在无形资产发展方面仍存在一定波动。

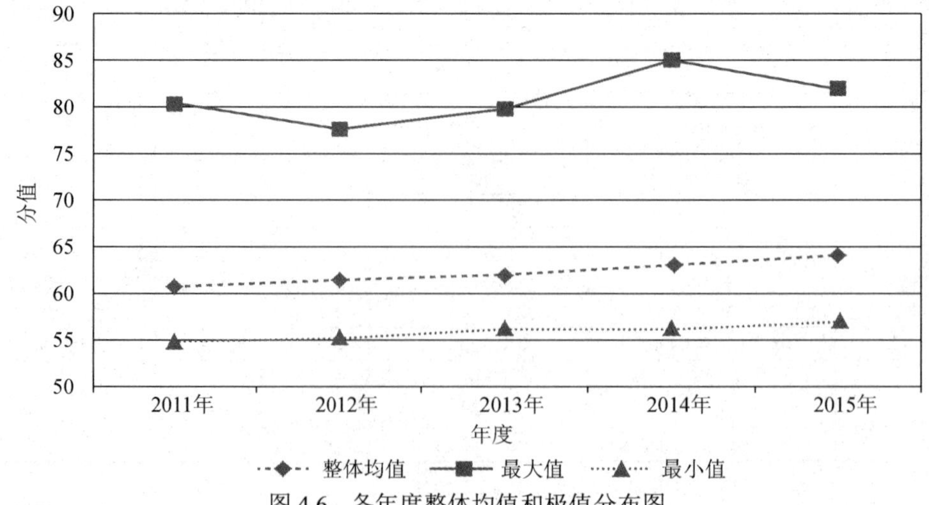

图 4.6　各年度整体均值和极值分布图

表 4.10 分析了上市公司 2011～2015 年无形资产指数评价结果分布情况，发现 70 分以上的企业 2011 年为 49 家，2012 年为 69 家，2013 年为 68 家，2014 年为 108 家，2015 年达到了 169 家，表明高水平企业的数量在逐年递增，且增幅在 2014 年和 2015 年两年尤为明显；样本总体分值大多集中于 56～65 分，形成了波峰偏向左侧的非正态分布，并且从表中可以看到五年间各年的波峰均出现明显右移，表明中上游水平的企业数量大幅提升，许多中游水平企业正在努力向上游水平迈进。但从整体来看，多数企业仍集中于 60 分上下，虽然总分在 56～65 分的企业从 2011 年的占比 87.06%（54.44%+32.62%）下降至 2015 年的占比 67.59%（3.51%+64.08%），但占当年总体上市公司比例仍然偏大，这反映出我国上市公司无形资产综合实力仍然有巨大的发展空间。

表 4.10　上市公司 2011～2015 年无形资产指数评价结果分布情况

年度	55 分以下/家	占比	56～60 分/家	占比	61～65 分/家	占比	66～70 分/家	占比	71～75 分/家	占比	75 分以上/家	占比
2011	1	0.08%	686	54.44%	411	32.62%	113	8.97%	40	3.17%	9	0.71%
2012	0	0	702	45.03%	601	38.55%	187	11.99%	63	4.04%	6	0.38%
2013	0	0	513	29.86%	863	50.23%	274	15.95%	58	3.38%	10	0.58%
2014	0	0	314	17.48%	1021	56.85%	353	19.65%	79	4.40%	29	1.61%
2015	0	0	91	3.51%	1659	64.08%	670	25.88%	153	5.91%	16	0.62%

二、中国上市公司无形资产指数 2015 年重点排名分析

为分析我国上市公司无形资产综合实力的现状，现选取 2015 年全国参评的上市公司无形资产指数 10 强企业进行重点分析。2015 年，全部参评的上市公司均为非金融类上市公司，共 2589 家。评价指数最高的是国民技术（300077），其得分为 81.87 分，是 2015 年参评企业中唯一一家得分超过 80 分的企业，如表 4.11 所示。上市公司 2015 年无形资产指数排名前 10 的企业中，从行业分布来看有 7 家属于制造业，其他 3 家分别属于文化体育与娱乐业，信息技术、软件信息技术服务业及综合类；从产权性质分布来看，民营企业占到 6 家，国有企业有 3 家，外资企业有 1 家；从地区分布角度来看，广东有 4 家，江苏有 2 家，北京、上海、天津、浙江各 1 家；从公司所属板块角度分析，主板和中小板各有 4 家企业，创业板有 2 家企业。从评价结果来看，前 10 名企业总分平均分为 77.95 分，创新能力平均分为 38.34 分，市场竞争力平均分为 18.15 分，可持续发展能力平均分为 21.46 分。我国上市公司的创新能力高于市场竞争力和可持续发展能力，说明创新能力对无形资产综合实力的贡献较大，但是尚未形成核心市场竞争优势和可持续发展的竞争优势。

表 4.11　上市公司 2015 年无形资产指数前 10 名

单位：分

企业名称	企业代码	行业	产权性质	所在地区	上市板块	创新能力	市场竞争力	可持续发展能力	总分
国民技术	300077	制造业：电子器件	民营	广东	创业板	44.75	18.19	18.93	81.87
上海临港	600848	制造业：机械设备	国企	上海	主板	35.66	20.57	23.74	79.97
金利科技	002464	制造业：石油化工	民营	江苏	中小板	43.17	16.03	19.78	78.98
威创股份	002308	制造业：电子器件	外资	广东	中小板	41.45	18.67	17.85	77.96
中兴通讯	000063	制造业：电子器件	民营	广东	主板	34.26	24.60	18.90	77.75
汉王科技	002362	制造业：电子器件	民营	北京	中小板	42.09	18.51	16.96	77.56
完美世界	002624	文化、体育和娱乐业	民营	浙江	中小板	36.08	13.03	27.80	76.91
国睿科技	600562	制造业：电子器件	国企	江苏	主板	39.71	17.28	19.88	76.87
兆日科技	300333	信息技术、软件信息技术服务业	民营	广东	创业板	33.02	22.52	20.36	75.91
海泰发展	600082	综合	国企	天津	主板	33.16	12.14	30.43	75.73

第三节　分项能力评价

无形资产指数的单项能力主要包括创新能力、市场竞争力和可持续发展能力三部分。从不同年份的分数统计（表 4.12）来看，创新能力分数在无形资产指数中占比最高，反映出企业创新能力对于无形资产具有最为重要的影响，五年间逐年递增，从 2011 年的 25.50 分增长至 2015 年的 28.25 分，累计增幅为 10.78%，上市公司整体创新能力提升较为显著；市场竞争力和可持续发展能力分数均相对较低，其中市场竞争力在 2011～2014 年逐年提升，2015 年略有下降，由 2011 年的 17.34 分提升至 2015 年的 18.15 分，累计涨幅为 4.67%，反映出上市公司当前市场竞争水平发展速度较慢；可持续发展能力出现震荡趋势，2012 年出现下滑，此后逐渐回升，从 2012 年的 16.00 分提升至 2015 年的 17.74 分，累计涨幅达 10.88%，但整体变动不大，表明我国上市公司尚不具备可持续竞争优势，长期发展的稳定驱动力尚未形成。

表 4.12　上市公司 2011～2015 年无形资产指数一级指标评价结果

单位：分

年度	创新能力	市场竞争力	可持续发展能力	总得分
2011	25.50	17.34	17.97	60.81
2012	27.18	18.37	16.00	61.55
2013	27.15	18.52	16.63	62.29
2014	27.42	18.87	16.92	63.21
2015	28.25	18.15	17.74	64.14
平均值	27.30	18.29	17.09	62.67

一、创新能力评价

1. 总体评价

创新能力作为企业生存和发展的原动力，始终处于无形资产的核心地位，其 2011～

2015 年五年评价结果的平均分数为 27.30 分，在单项能力中位列最高分（表 4.13）。从创新能力的二级指标分析，研发投入率和人均专利授权量均有所提升，前者表明企业在创新活动投入端的意愿，后者反映出企业创新产出的水平，二者使企业的创新能力得以彰显；就技术型无形资产比重及技术人员密度趋势而言，二者在五年间基本呈稳定状态，这说明一定数量的企业创新投入并未及时转化为技术类无形资产为企业所拥有，同时企业应加大对技术人才的培养与应用。

表 4.13　上市公司 2011～2015 年创新能力评价结果

单位：分

年度	研发投入率	技术型无形资产比重	技术人员密度	人均专利授权量	创新能力得分
2011	6.83	7.35	4.08	7.24	25.50
2012	6.83	7.74	4.53	8.08	27.18
2013	7.16	7.74	4.42	7.82	27.15
2014	7.47	7.49	4.31	8.16	27.42
2015	7.60	7.41	4.16	9.08	28.25
平均值	7.24	7.54	4.30	8.22	27.30

2. 重点排名分析

为分析我国上市后公司创新能力的现状，现选取 2015 年全国参评的上市公司创新能力 10 强企业进行重点分析，如表 4.14 所示。从行业分布分析创新能力前 10 名的企业，有 7 家属于制造业，而这 7 家制造业中有 6 家属于电子器件制造业，说明我国电子器件制造业中的领先企业更加注重自身创新能力发展；从产权性质分析，民营企业占到 6 家，国有企业有 3 家，外资企业有 1 家；从地区分布角度来看，前 10 名企业分布较为集中，其中广东独占半数，北京和江苏各有 2 家，上海有 1 家；从公司所属板块角度分析，板块分布较为平均，主板有 4 家企业，中小板和创业板各有 3 家企业。

表 4.14　上市公司 2015 年创新能力前 10 名

单位：分

企业名称	企业代码	行业	产权	地区	板块	研发投入率	技术型无形资产比重	技术人员密度	人均专利授权量	创新能力得分
国民技术	300077	电子器件	民营	广东	创业板	10.50	7.76	5.68	20.81	44.75
梅雁吉祥	600868	电力、热力、燃气及水生产和供应业	国企	广东	主板	8.17	6.83	4.08	24.11	43.19
金利科技	002464	石油化工	民营	江苏	中小板	6.48	16.43	3.57	16.69	43.17
汉王科技	002362	电子器件	民营	北京	中小板	9.08	7.79	4.31	20.92	42.09
威创股份	002308	电子器件	外资	广东	中小板	7.99	8.45	4.10	20.91	41.45
潜能恒信	300191	采矿业	民营	北京	创业板	14.59	12.57	6.53	7.56	41.25
朗科科技	300042	电子器件	民营	广东	创业板	7.14	7.89	3.87	21.01	39.91
国睿科技	600562	电子器件	国企	江苏	主板	7.53	6.56	5.25	20.37	39.71
大晟文化	600892	批发和零售业	民营	广东	主板	10.61	10.44	6.04	12.38	39.46
上海贝岭	600171	电子器件	国企	上海	主板	8.06	5.17	5.10	20.99	39.32

通过与总分前 10 名企业进行比较，可以发现，创新能力排名前 10 的企业中，有 5 家企业总分也位列前 10 位，这可以证明企业创新能力的提升提高了企业无形资产发展

水平。创新能力前 10 名的企业中，人均专利授权量得分占创新能力得分的比例达到 44.83%，明显高于全样本同年度平均水平（32.13%），表明前 10 名的企业在增加创新投入、注重科技人才培养之后，获得了大量的创新产出。

二、市场竞争力评价

1. 总体评价

相较创新能力而言，上市公司市场竞争力分数在五年间虽不断提高，但在该方面分数偏低（表 4.15），其二级指标平均分数为 6.1 分，表明企业在品牌优势、市场占有率及超额收益率等方面还有很大的提升空间。从二级指标来看，市场竞争力的提升主要源于市场占有率，市场份额的不断扩张，表明我国上市公司已逐渐形成规模经济与优势；但从超额收益率反映的结果来看，占据的市场规模并未带来相应的利润，反而二者差距在不断拉大，这表明我国企业在当前的竞争力并非由技术主导；品牌优势五年间变动不大，如何通过有效投入使上市公司出现更多享誉国内外的驰名品牌，是上市公司亟待解决的问题。

表 4.15　上市公司 2011～2015 年市场竞争力评价结果

单位：分

年度	品牌优势	市场占有率	超额收益率	市场竞争力得分
2011	5.18	7.62	4.54	17.34
2012	5.41	8.52	4.44	18.37
2013	5.42	8.67	4.43	18.52
2014	5.53	8.87	4.48	18.87
2015	5.43	8.21	4.51	18.15
平均值	5.41	8.40	4.48	18.29

2. 重点排名分析

2015 年，全部参评的上市公司市场竞争力评价指数最高的是中国联通（600050），得分为 34.20 分，如表 4.16 所示。较之总分和创新能力不同的是，市场竞争力排名前 10 位的企业，信息技术、软件信息技术服务业达到 6 家，采矿业 2 家，机械设备制造业、建筑业各 1 家；国有企业占到半数，民营企业有 4 家，外资企业有 1 家；区域分布集中在北京、上海和江苏；板块分布中，主板有 6 家企业，创业板和中小板各 2 家企业。同时，市场竞争力排名前 10 名的企业并未有任何一家进入前 10 名。由此可见，我国企业的市场竞争力主要受到行业发展特点或产权性质等影响，而非由自身创新能力为主导；且前 10 名企业中，10 家企业的超额收益率差别不大，但国有企业主要依靠市场占有率提升自身竞争力，而民营及外资企业则依靠发展企业品牌价值提高企业市场竞争水平。因此，虽然竞争力较强的企业多数为国有企业，利用其市场份额的优势，取得超额收益，且资源集中于北京、上海、江苏三地，但是以民营企业为主体的信息技术、软件信息技术服务业，正在充分发挥行业优势，通过不断提升自有品牌价值，优化资源配置，提高科技创新成果转化，进而进一步提升企业市场竞争水平。

表 4.16　上市公司 2015 年市场竞争力前 10 名

单位：分

企业名称	企业代码	行业	产权性质	区域	板块	品牌优势	市场占有率	超额收益率	市场竞争力得分
中国联通	600050	信息技术、软件信息技术服务业	国企	上海	主板	6.00	23.90	4.31	34.20
上汽集团	600104	制造业：机械设备	国企	上海	主板	4.92	23.23	4.18	32.32
中国石油	601857	采矿业	国企	北京	主板	6.41	19.88	4.54	30.84
中国石化	600028	采矿业	国企	北京	主板	6.26	19.91	4.55	30.72
三六五网	300295	信息技术、软件信息技术服业	民营	江苏	创业板	9.73	12.04	4.56	26.32
鼎捷软件	300378	信息技术、软件信息技术服务业	外资	上海	创业板	9.78	12.14	4.29	26.20
鹏博士	600804	信息技术、软件信息技术服务业	民营	四川	主板	8.29	12.96	4.43	25.68
中国建筑	601668	建筑业	国企	北京	主板	5.93	15.09	4.44	25.46
广联达	002410	信息技术、软件信息技术服务业	民营	北京	中小板	8.68	12.19	4.56	25.43
焦点科技	002315	信息技术、软件信息技术服务业	民营	江苏	中小板	8.55	12.06	4.81	25.42

三、可持续发展能力评价

1．总体评价

上市公司可持续发展能力在 2012 年出现急剧下跌形势（表 4.17），后又呈回升态势，二级指标平均分数为 4.27 分，在单项能力中处于末位，表明我国上市公司整体尚不具备持续性竞争优势。从二级指标来看，四项二级指标均呈现震荡式发展，资产增长率虽出现两次下滑，但整体趋于向上发展，表明我国上市公司一方面正在经历成长期向成熟期的转变，另一方面企业发展正在由“量”的扩增转向“质”的提升；无形资产收益率稳定在较低水平，表明无形资产创造的利润尚不丰厚；员工素质较为平稳，五年间并未出现较大波动，反映出当前企业在扩大经营发展的过程中，人员素质水平平稳，人员结构较为固定；每股无形资产处于震荡状态，表明流通股中无形资产尚未形成规模。可持续发展能力整体尚存在极大的提升空间。

表 4.17　上市公司 2011～2015 年可持续发展能力评价结果

单位：分

年度	资产增长率	无形资产收益率	员工素质	每股无形资产	可持续发展能力得分
2011	3.90	5.28	4.50	4.28	17.97
2012	2.58	4.05	4.69	4.68	16.00
2013	3.21	4.25	4.61	4.56	16.63
2014	2.88	4.67	4.55	4.82	16.92
2015	4.14	4.56	4.43	4.60	17.74
平均值	3.40	4.53	4.54	4.60	17.09

2. 重点排名分析

2015 年，全部参评的上市公司可持续发展能力评价指数最高的是易尚展示（002751），得分为 30.93 分，如表 4.18 所示。前 10 名企业中所属行业较为分散，制造业有 4 家，分别为木材家具、生物制药、纺织服饰和其他制造业；建筑业、综合类和文化体育与娱乐业各有 2 家；与创新能力和市场竞争力不同，可持续发展能力前 10 名企业有 8 家来自民营企业，其余 2 家为国有企业；从地区分布角度来看，企业分布也较为分散，广东有 3 家，浙江有 2 家，辽宁、天津、黑龙江、江苏和上海各有 1 家；主板企业占据半数，中小板企业 3 家，创业板企业 2 家。除员工素质前 10 名企业差别不大外，大致可以将这 10 家企业归为三类：第一类是每股无形资产得分较高（易尚展示）；第二类是资产增长率得分较高（广汇汽车、金洲慈航和神舟长城）；第三类是无形资产收益率较高（海泰发展、铁汉生态、金螳螂、张江高科、完美世界和华策影视）。前 10 名企业没有一家企业可以体现出四项指标全面发展，表明我国上市公司在可持续发展能力方面均存在短板，未来发展提升空间较大。

表 4.18　上市公司 2015 年可持续发展能力前 10 名

单位：分

企业名称	企业代码	行业	产权性质	地区	板块	资产增长率	无形资产收益率	员工素质	每股无形资产	可持续发展能力得分
易尚展示	002751	木材家具	民营	广东	中小板	3.61	3.36	4.05	19.92	30.93
广汇汽车	600297	生物制药	民营	辽宁	主板	15.05	3.67	3.81	8.14	30.68
海泰发展	600082	综合	国企	天津	主板	3.81	16.16	7.40	3.06	30.43
金洲慈航	000587	其他制造	民营	黑龙江	主板	11.55	10.14	3.95	3.97	29.61
神州长城	000018	纺织服饰	民营	广东	主板	12.11	5.60	7.20	3.71	28.63
铁汉生态	300197	建筑业	民营	广东	创业板	2.47	15.99	4.76	5.38	28.60
金螳螂	002081	建筑业	民营	江苏	中小板	2.42	16.09	4.24	5.45	28.20
张江高科	600895	综合	国企	上海	主板	3.84	16.29	4.94	3.09	28.16
完美世界	002624	文化、体育和娱乐业	民营	浙江	中小板	2.71	16.10	5.51	3.48	27.80
华策影视	300133	文化、体育和娱乐业	民营	浙江	创业板	2.65	16.18	5.43	3.50	27.75

第五章　中国上市公司无形资产指数：行业评价

企业和所在行业之间的关系是点与点所在面之间的关系。一方面，每个公司是行业组成的微观个体，其经营状况与前景的整合能够体现在行业的发展现状与趋势中；另一方面，行业是企业所处的环境，企业经营要遵循行业形成的基本特征和规律（王笑梅，2007）。无形资产指数的评价结果与变化趋势反映了我国上市公司无形资产管理的整体水平，但不同行业的无形资产状况并非都与总体水平保持一致。本章按照上市公司所在的行业类型对评价对象进行分类，对不同行业的总体评价情况、二级指标评价情况及重点行业进行深入分析，进一步揭示不同行业无形资产的发展特点与趋势。

第一节　总 体 情 况

一、样本分布与变动情况

根据 2014 年证监会行业分类标准，依照统计的最小抽样原则，在进行分行业评价分析时对总样本不足 30 个或三年以上单年度有效样本不足 5 个的行业未纳入分析范围，得到一级行业 12 个，将制造业按二级标准进一步分为十大二级行业类别，最终进行评价分析的行业门类合计为 21 个。由表 5.1 可知，制造业由于涵盖 10 个二级行业共计 7206 个样本，占比高达 78.75%，占所有企业样本量的一半以上。相比之下，其他行业的样本量尚未过千，如信息技术、软件信息技术服务业占比为 5.63%，其余的行业样本占比均不足 3%。在制造业中，机械设备、石油化工和电子器件三个行业的样本占比位居前三，其余二级行业占比均未超过 10%，其中，其他制造业与木材家具业的样本占比未超过 1%。

表 5.1　2011～2015 年不同行业上市公司有效样本分布情况

证监会行业分类	2011 年	2012 年	2013 年	2014 年	2015 年	总计	占比
信息技术、软件信息技术服务业	71	89	103	108	131	502	5.63%
建筑业	22	40	43	41	65	211	2.36%
批发和零售业	8	18	19	21	141	207	2.32%
采矿业	20	31	34	35	70	190	2.13%
房地产业	5	7	11	12	118	153	1.71%
电力、热力、燃气及水生产和供应业	6	15	19	21	82	143	1.60%
交通运输、仓储邮政业	5	12	14	15	78	124	1.39%
农、林、牧、渔业	13	19	22	24	38	116	1.30%
科学研究和技术服务业	7	9	10	14	17	57	0.64%
水利、环境和公共设施管理业	6	9	8	6	28	57	0.64%
文化、体育和娱乐业	4	6	10	10	27	57	0.64%

续表

证监会行业分类		2011 年	2012 年	2013 年	2014 年	2015 年	总计	占比
制造业	机械设备	385	455	497	531	602	2470	27.68%
	石油化工	170	200	217	222	279	1088	12.19%
	电子器件	171	188	203	213	233	1008	11.30%
	金属与非金属	118	152	181	193	214	858	9.62%
	生物制药	102	124	129	134	157	646	7.24%
	食品饮料	57	72	78	83	105	395	4.43%
	纺织服饰	36	49	52	41	82	260	2.91%
	造纸印刷	28	36	37	38	43	182	2.04%
	其他制造业	10	11	11	13	18	63	0.71%
	木材家具	9	9	10	11	17	56	0.63%
	合计	1086	1296	1415	1479	1750	7026	78.75%

从各年变化来看，2011～2015 年除个别行业出现有效样本量下降以外，各行业有效样本总体呈现增长态势。其中，房地产行业上市公司数量增长速度明显领先于其他行业，累计涨幅高达 2260.00%。此外，批发和零售业，交通运输、仓储邮政业，电力、热力、燃气及水生产和供应业三个行业的累计涨幅均超过 1000%，除制造业与信息技术、软件信息技术服务业外，其他行业累计涨幅也均超过 100%。深入分析各行业涨幅情况发现，累计增幅排名靠前的行业均在 2015 年获得较大涨幅，尤其房地产行业尽管其有效样本量位列第五名，但在 2015 年出现最高年度涨幅，使其累计涨幅排名首位。不同行业上市公司有效样本变动幅度情况如表 5.2 所示。

表 5.2　不同行业上市公司有效样本变动幅度情况

证监会行业分类		2012 年涨幅/%	2013 年涨幅/%	2014 年涨幅/%	2015 年涨幅/%	累计涨幅/%
房地产业		40.00	57.14	9.09	883.33	2260.00
批发和零售业		125.00	5.56	10.53	571.43	1662.50
交通运输、仓储邮政业		140.00	16.67	7.14	420.00	1460.00
电力、热力、燃气及水生产和供应业		150.00	26.67	10.53	290.48	1266.67
文化、体育和娱乐业		50.00	66.67	0	170.00	575.00
水利、环境和公共设施管理业		50.00	−11.11	−25.00	366.67	366.67
采矿业		55.00	9.68	2.94	100.00	250.00
建筑业		81.82	7.50	−4.65	58.54	195.45
农林牧渔业		46.15	15.79	9.09	58.33	192.31
科学研究和技术服务业		28.57	11.11	40.00	21.43	142.86
信息技术、软件信息技术服务业		25.35	15.73	4.85	21.30	84.51
制造业	纺织服饰	36.11	6.12	−21.15	100.00	127.78
	木材家具	0	11.11	10.00	54.55	88.89
	食品饮料	26.32	8.33	6.41	26.51	84.21
	金属与非金属	28.81	19.08	6.63	10.88	81.36
	其他制造业	10.00	0	18.18	38.46	80.00
	石油化工	17.65	8.50	2.30	25.68	64.12
	机械设备	18.18	9.23	6.84	13.37	56.36
	生物制药	21.57	4.03	3.88	17.16	53.92
	造纸印刷	28.57	2.78	2.70	13.16	53.57
	电子器件	9.94	7.98	4.93	9.39	36.26

二、整体得分与发展情况

通过评价不同行业上市公司无形资产指数得分，得到各行业 2011～2015 年的年度得分、总分均值及排名情况，如表 5.3 所示。

经过对各行业 2011～2015 年无形资产指数进行评价并计算总分均值，得到表 5.3。前三位的行业依次为信息技术、软件信息技术服务业（68.36 分），科学研究和技术服务业（64.24 分），以及生物制药业（63.48 分）；而处于后三位的是金属与非金属制造业（55.07 分）、造纸印刷业（55.06 分）及采矿业（55.00 分）。与前三名行业总分均值的阶梯式分布不同，后三名行业的总分均值差异较小，说明无形资产指数得分较好的行业之间差距明显，存在“一枝独秀”的现象，而无形资产指数得分较差的行业之间则相差无几。由各行业无形资产指数评价结果可以看出，居于前列的多为技术密集型行业，且往往伴有新兴产业特征，特别是位列前三的行业均为“创新驱动发展战略”重点支持的行业；而处于中下游水平的石油化工、金属与非金属制造业、采矿业及电力、热力、燃气及水生产和供应业等行业多为劳动密集型的传统行业，具有资源依赖性特点，在当前供求失衡的市场格局下也面临较大的转型压力。

从无形资产指数五年总分均值分布来看，排名首位的信息技术、软件信息技术服务业与排名末位的采矿业之间相差为 13.4 分，反映出行业间无形资产综合实力的差异悬殊。其中，仅信息技术、软件信息技术服务业的无形资产指数超过 65 分，科学研究和技术服务业、生物制药业等 5 个行业的总分均值为 60～65 分，其余的行业总分均值均未超过 60 分，这表明多数行业的无形资产指数得分处于中下游水平，我国上市公司进行转型发展的阶段性成果整体尚不乐观，详见表 5.3。

表 5.3 2011～2015 年不同行业上市公司无形资产指数得分及排名情况

单位：分

排名	行业代码	证监会行业分类	2011 年	2012 年	2013 年	2014 年	2015 年	五年均值
1	I	信息技术、软件信息技术服务业	64.12	66.24	68.36	70.48	72.60	68.36
2	M	科学研究和技术服务业	58.45	62.91	62.81	69.04	67.99	64.24
3	C6	制造业：生物制药	56.01	61.94	64.51	65.93	69.01	63.48
4	C1	制造业：电子器件	53.56	57.13	61.46	66.70	70.48	61.87
5	F	批发和零售业	53.96	57.72	60.91	65.00	69.40	61.40
6	A	文化、体育和娱乐业	51.19	59.60	61.15	65.10	66.86	60.78
7	N	水利、环境和公共设施管理业	54.05	57.94	59.02	61.04	60.80	58.57
8	C10	制造业：其他制造业	52.39	55.75	58.34	61.66	64.59	58.55
9	K	房地产业	50.95	56.91	57.40	61.51	64.09	58.17
10	C5	制造业：木材家具	52.82	54.54	58.13	58.75	62.66	57.38
11	C3	制造业：机械设备	50.82	54.87	57.84	59.44	63.50	57.29
12	E	建筑业	50.90	55.65	57.12	60.01	61.79	57.09
13	G	交通运输、仓储邮政业	52.63	55.90	56.65	58.85	60.97	57.00
14	C2	制造业：纺织服饰	51.22	54.40	56.57	58.60	61.47	56.45
15	R	农、林、牧、渔业	51.51	55.18	56.00	58.07	60.69	56.29
16	C8	制造业：食品饮料	52.17	53.83	55.82	58.17	61.08	56.21

续表

排名	行业代码	证监会行业分类	2011 年	2012 年	2013 年	2014 年	2015 年	五年均值
17	C7	制造业：石油化工	50.96	53.58	55.64	57.96	60.28	55.68
18	D	电力、热力、燃气及水生产和供应业	50.12	54.02	55.84	57.66	58.60	55.25
19	C4	制造业：金属与非金属	50.64	52.24	54.51	57.65	60.30	55.07
20	C9	制造业：造纸印刷	50.45	53.72	54.60	56.48	60.08	55.06
21	B	采矿业	50.32	53.58	54.36	57.38	59.36	55.00

从表 5.4 来看，2011～2015 年除个别行业个别年度总分出现小幅下滑的情况外，各行业总分整体呈现逐年上涨的趋势，累计涨幅均超过 10%。其中，电子器件制造业，文化、体育和娱乐业，批发和零售业分别以 31.58%、30.62%、28.60%的累计涨幅名列排行榜前三名。排名榜首的电子器件制造业与排名最后的水利、环境和公共设施管理业在累计涨幅方面相差近 20 个百分点，体现出行业无形资产综合实力发展趋势的差异。从各行业无形资产指数年度得分波动情况来看，除文化、体育和娱乐业及房地产业、生物制药制造业在 2012 年出现较大涨幅外，各行业五年间总分波动不大，形成了较为稳健的发展态势。通过与表 5.3 进行对比发现，累计增幅较大的行业，如批发和零售业、房地产业、纺织服饰制造业等，虽然发展前景可观，但并未获得较高的排名，多数甚至徘徊于排名的中下游位置，也在一定程度上表明传统行业在经济结构调整过程中面临着较大压力与挑战。

表 5.4　不同行业上市公司无形资产指数总分变动幅度情况

排名	证监会行业分类	2012 年涨幅/%	2013 年涨幅/%	2014 年涨幅/%	2015 年涨幅/%	累计涨幅/%
1	制造业：电子器件	6.65	7.59	8.53	5.66	31.58
2	文化、体育和娱乐业	16.44	2.59	6.47	2.70	30.62
3	批发和零售业	6.97	5.53	6.71	6.76	28.60
4	房地产业	11.69	0.87	7.16	4.19	25.79
5	制造业：机械设备	7.98	5.41	2.77	6.83	24.95
6	制造业：其他制造业	6.41	4.64	5.70	4.76	23.29
7	制造业：生物制药	10.60	4.14	2.21	4.66	23.21
8	建筑业	9.34	2.64	5.06	2.96	21.40
9	制造业：纺织服饰	6.21	3.99	3.58	4.91	20.02
10	制造业：金属与非金属	3.17	4.34	5.77	4.59	19.08
11	制造业：造纸印刷	6.47	1.65	3.44	6.37	19.08
12	制造业：木材家具	3.25	6.59	1.07	6.64	18.62
13	制造业：石油化工	5.15	3.84	4.17	4.01	18.29
14	采矿业	6.49	1.45	5.55	3.45	17.97
15	农、林、牧、渔业	7.12	1.48	3.71	4.50	17.82
16	制造业：食品饮料	3.19	3.69	4.20	5.00	17.07
17	电力、热力、燃气及水生产和供应业	7.78	3.38	3.25	1.64	16.92
18	科学研究和技术服务业	7.64	−0.16	9.93	−1.53	16.32
19	交通运输、仓储邮政业	6.20	1.35	3.88	3.61	15.85
20	信息技术、软件信息技术服务业	3.31	3.20	3.10	3.01	13.23
21	水利、环境和公共设施管理业	7.21	1.85	3.42	−0.38	12.50

基于不同行业上市公司无形资产指数评价总分及变动情况，进一步就各行业排名变化进行深入分析。由表 5.5 可知，不同行业的年度分值排名与五年平均分值排名整体上差异不大。其中，信息技术、软件信息技术服务业以各年度排名第一、总排名第一的绝对优势领先于各行业。总排名第二的科学研究和技术服务业，在 2015 年跌出前三名位置，但凭借前四年的不俗成绩，仍名列前茅。相比之下，文化、体育和娱乐业，以及房地产业、机械设备制造业、建筑业在排名伊始的名次并不理想，但依靠后四年的奋起，在总排名方面有了较大提升。对比各行业排名变化趋势发现，电子器件制造业与机械设备制造业五年间排名始终保持上升趋势，尽管后者的均值排名并未进入前列，但仍体现出较强的上升态势。相反，在众行业中，水利、环境和公共设施管理业与农、林、牧、渔业五年间排名逐年下滑，直接导致其均值排名不甚理想，特别是水利、环境和公共设施管理业在 2015 年出现了较大的跌幅，这体现出传统行业无形资产综合实力的劣势与不足，同时也加大了其转型升级的压力与挑战。

表 5.5　2011～2015 年不同行业上市公司无形资产指数得分排名对比

证监会行业分类	2011 年得分排名	2012 年得分排名	2013 年得分排名	2014 年得分排名	2015 年得分排名	五年均值排名
信息技术、软件信息技术服务业	1	1	1	1	1	1
科学研究和技术服务业	2	2	3	2	5	2
制造业：生物制药	3	3	2	4	4	3
制造业：电子器件	6	7	4	3	2	4
批发和零售业	5	6	6	6	3	5
文化、体育和娱乐业	13	4	5	5	6	6
水利、环境和公共设施管理业	4	5	7	9	15	7
制造业：其他制造业	9	10	8	7	7	8
房地产业	15	8	11	8	8	9
制造业：木材家具	7	14	9	13	10	10
制造业：机械设备	17	13	10	11	9	11
建筑业	16	11	12	10	11	12
交通运输、仓储邮政业	8	9	13	12	14	13
制造业：纺织服饰	12	15	14	14	12	14
农、林、牧、渔业	11	12	15	16	16	15
制造业：食品饮料	10	17	17	15	13	16
制造业：石油化工	14	19	18	17	18	17
电力、热力、燃气及水生产和供应业	21	16	16	18	21	18
制造业：金属与非金属	18	21	20	19	17	19
制造业：造纸印刷	19	18	19	21	19	20
采矿业	20	20	21	20	20	21

从表 5.6 来看，各行业单项能力得分中，创新能力占比最高，市场竞争力与可持续发展能力二者相近，且创新能力的强弱同总分排名有一定的趋同；此外，总分排名越高的行业，创新能力所占比重也相对较高，表明创新能力作为无形资产价值链源头，是上市公司无形资产综合实力的核心体现。

表 5.6　行业无形资产指数单项能力得分及占比

证监会行业分类	创新能力		市场竞争力		可持续发展能力		五年均值/分
	均值/分	占比/%	均值/分	占比/%	均值/分	占比/%	
信息技术、软件信息技术服务业	29.29	42.84	16.08	23.52	22.99	33.63	68.36
科学研究和技术服务业	26.29	38.45	18.33	26.82	19.62	28.70	64.24
制造业：生物制药	26.57	38.87	17.92	26.21	18.99	27.78	63.48
制造业：电子器件	27.92	40.84	17.86	26.13	16.09	23.54	61.87
批发和零售业	25.86	37.83	17.84	26.09	17.70	25.89	61.40
文化、体育和娱乐业	25.19	36.86	15.13	22.13	20.46	29.93	60.78
水利、环境和公共设施管理业	23.78	34.79	16.48	24.10	18.31	26.78	58.57
制造业：其他制造业	23.25	34.00	16.88	24.69	18.43	26.96	58.55
房地产业	24.97	36.52	15.12	22.12	18.08	26.45	58.17
制造业：木材家具	22.31	32.64	16.70	24.42	18.37	26.88	57.38
制造业：机械设备	24.70	36.13	17.75	25.97	14.84	21.71	57.29
建筑业	23.02	33.68	16.22	23.73	17.85	26.11	57.09
交通运输、仓储邮政业	23.55	34.45	17.76	25.97	15.69	22.96	57.00
制造业：纺织服饰	23.99	35.10	15.92	23.29	16.54	24.19	56.45
农、林、牧、渔业	25.15	36.80	15.51	22.68	15.63	22.86	56.29
制造业：食品饮料	24.70	36.13	16.38	23.96	15.14	22.14	56.21
制造业：石油化工	24.27	35.50	15.07	22.04	16.35	23.91	55.68
电力、热力、燃气及水生产和供应业	23.34	34.14	15.20	22.24	16.71	24.44	55.25
制造业：金属与非金属	24.23	35.44	16.17	23.66	14.67	21.46	55.07
制造业：造纸印刷	24.63	36.03	15.78	23.09	14.65	21.43	55.06
采矿业	23.30	34.09	16.91	24.74	14.79	21.63	55.00

三、重点行业分析

由于不同行业的发展背景、行业特点及政策影响存在差异，本节对部分重点排名行业进行深入分析，主要涵盖了总分排在前三位与后三位的行业。

1）前三位分析

（1）信息技术、软件信息技术服务业。信息技术、软件信息技术服务业以总分均值 68.36 分高居排行之首。如图 5.1 所示，2011～2015 年信息技术、软件信息技术服务业的无形资产指数得分以 3%左右的增速呈现平稳上扬态势，累计涨幅 13.23%，至 2015 年得分已经超过 70 分。从分项能力来看，该行业的创新能力和可持续发展能力得分均领先于其他行业，特别是研发投入率、技术型无形资产比重及无形资产收益率三项二级指标得分均排名第一，体现了该行业在无形资产投入、产出及转化方面的综合实力，详见表 5.7。

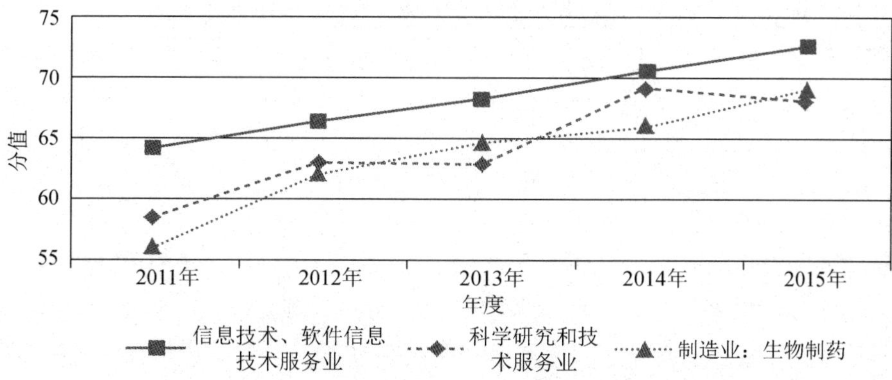

图 5.1　上市公司无形资产指数总分均值行业排名前三位变化趋势

表 5.7　无形资产指数总分均值前三位行业二级指标得分及排名对比

各项指标	信息技术、软件信息技术服务业		科学研究和技术服务业		制造业：生物制药	
	五年均值/分	排名	五年均值/分	排名	五年均值/分	排名
研发投入率	7.90	1	7.05	6	7.52	3
技术人员密度	5.31	2	5.65	1	4.25	5
技术型无形资产比重	8.34	1	7.51	4	7.22	5
人均专利授权量	7.74	5	6.08	20	7.57	8
创新能力得分	29.29	1	26.29	4	26.56	3
品牌优势	5.54	7	5.81	3	6.83	2
市场占有率	5.58	17	6.88	5	6.04	12
超额利润率	4.96	8	5.64	1	5.05	5
市场竞争力得分	16.08	14	18.33	1	17.92	2
资产增长率	3.93	4	3.54	9	3.52	10
无形资产收益率	9.23	1	6.76	3	5.99	7
每股无形资产	4.59	6	3.98	11	4.72	4
员工素质	5.23	2	5.34	1	4.76	4
可持续发展能力得分	22.98	1	19.62	3	18.99	4
总得分	68.35	1	64.24	2	63.47	3

“十二五”期间，随着云计算、大数据、移动互联网等新兴业态的快速兴起和发展，我国软件和信息技术服务业产业规模快速壮大，产业结构不断优化①，为该行业无形资产指数得分排名首位奠定了基础。2014 年，政府陆续出台促进服务业增长、提高服务业水平的政策，信息技术服务业的政策环境持续优化。互联网金融领域，在资本推动和我国客户金融需求逐步释放的影响下，市场快速发展并日益壮大。同年，智慧城市进入大力推广阶段，相关企业与各地政府签署众多框架协议（主要围绕着政务、交通、医疗等方面），并逐步由小部分项目开始实质性落地。新一代信息技术已经成为引领各领域创新不可或缺的重要动力和支撑，成为实施创新驱动发展战略、建设创新型国家的关键，

① 中华人民共和国工业和信息化部，2017. 软件和信息技术服务业发展规划（2016—2020 年）[EB/OL]. (2017-01-07) [2017-06-23]. http://www.miit.gov.cn/n1146295/n1652858/n1652930/n3757016/c5465218/content.html.

在深层次上改变交通、医疗、电信、能源、金融等基础领域的面貌①。

（2）科学研究和技术服务业。科学研究和技术服务业以总分均值 64.24 分排名第二。伴随着知识产权战略、创新驱动发展战略的陆续实施，该行业五年间无形资产指数得分涨幅累计达到 16.32%。图 5.1 显示，2011～2015 年该行业年度得分呈现较大起伏，虽然 2013 年与 2015 年均出现小幅下滑，但凭借 2012 年、2014 年明显涨幅，仍位列第三名。从分项能力来看，该行业的创新能力、市场竞争力及可持续发展能力得分均名列前茅，特别是市场竞争力明显领先于其他行业。二级指标中，技术人员密度和员工素质三项二级指标得分均排名第一，体现了科学研究和技术服务业以知识、智力资本投入为基础的行业特点；超额收益率得分的优势则体现出科技服务业处于产业链上游，具有高端、高效、高附加值的特征，详见表 5.7。

“十二五”期间，我国的科技服务业已经具备了相当的基础，科技实力和科技成果取得了重大的提升，这主要源于投资的集聚与政策的扶持。随着固定资产投资的持续增长，2012 年我国科学研究、技术服务业投资规模达到 2176 亿元，同比增长 29.54%。专利战略的实施进一步促进了专利数量的提高，2013 年国家知识产权局共受理发明专利申请 82.5 万件，同比增长 26.3%，连续三年位居世界首位；每万人口发明专利拥有量达到 4.02 件，提前两年完成“十二五”目标。以生产力促进中心、高新技术企业孵化器、科技咨询与评估机构、创业投资服务机构为代表科技中介服务机构发展迅猛，突出表现为机构数量爆发式增长、服务能力大幅度提升、服务形式多样化发展②。作为朝阳的新兴服务业，科学研究和技术服务业已成为促进产业升级、培育发展新动能的战略性支撑产业。

（3）生物制药制造业。生物制药制造业以总分均值 63.48 分排名第三。如图 5.1 所示，2011～2015 年，生物制药业无形资产指数年度得分始终保持上涨态势，累计涨幅超过 20%。从分项能力来看，生物制药业的创新能力、市场竞争力及可持续发展能力得分均保持在行业排名的前三位，体现了较强的无形资产综合实力。二级指标中，研发投入率和品牌优势的分值保持在行业前列，体现出生物制药业的研发投入水平较高、技术依赖性较强的特点；同时也表明，随着医药市场容量的快速增长，行业集中度逐渐提高，品牌、新药品种优势日益凸显，市场正快速向具有研发和品牌优势的制药企业集中，详见表 5.7。

作为新兴产业，生物制药体现了良好的发展前景和蓬勃的生命力，政策扶持与平台搭建为生物制药业无形资产综合实力的提升提供了强有力的保障。2011 年，我国医药市场规模已超越法国和德国，成为仅次于美国和日本的全世界第三大医药市场。2013 年，我国生物制药市场规模约为 2381 亿元，同比增长 34%③。2014 年，我国首次颁发生物仿制药物指导原则《生物类似药研发与评价技术指导原则（征求意见稿）》，意在规范我国生物类似药的科学开发与后续评价，标志着我国生物制药在政策上获得了更大支持。

---

① 中华人民共和国工业和信息化部，赛迪研究院，信息技术服务业形势分析课题组，2014. 2015 信息技术服务业发展形势展望[EB/OL]. (2014-12-22)[2017-06-25], http://www.hnr.cn/finance/kjsh/tx/201412/t20141225_1765477.html.

② 中研普华咨询公司，2016. 中国科技服务行业现状调研及发展前景分析报告（2016—2020 年）. [EB/OL]. (2016-03-21) [2017-09-23] http://www.cir.cn/R_ QiTaHangYe/59/KeJiFuWuShiChangXingQingFenXiYuQuShiYuCe.html.

③ 中国产业调研网，2015. 生物医药将迎来良好发展契机[EB/OL]. (2015-05-04) [2017-09-04], http://www.ocn.com.cn/chanjing/201505/fhvqs04151303.shtml.

此外，生物医药孵化器大量涌现，为在孵企业提供专业化的中试基地和专业化的技术平台，减少了初创企业设施的投入，加速了资源的集聚与整合，对促进生物医药领域的技术转移、成果转化、企业培育、产业发展发挥着重要作用①。

2）后三位分析

（1）金属与非金属制造业。金属与非金属制造业以总分均值 55.07 分排名倒数第三位。如图 5.2 所示，2011～2015 年中该行业的无形资产指数得分呈现上升态势，且累计增幅达到 19.08%。从分项能力来看，金属与非金属制造业的创新能力、市场竞争力、可持续发展能力得分均处于行业排名的中下游水平；二级指标中，除技术型无形资产比重与市场占有率以外，各项指标得分排名均较为靠后，导致该行业上市公司无形资产综合实力欠佳，详见表 5.8。

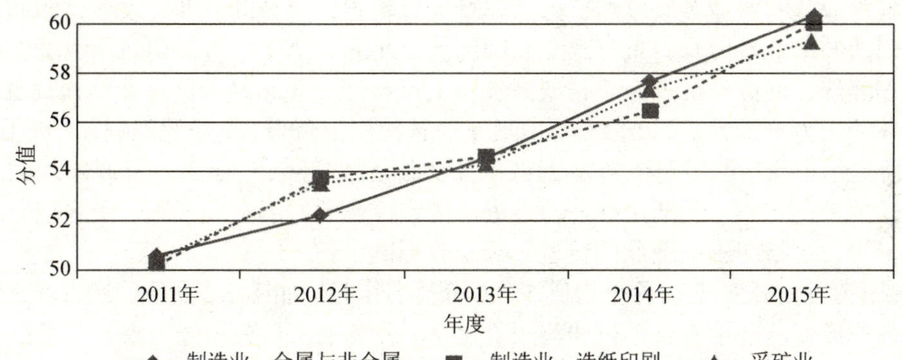

图 5.2 上市公司无形资产指数总分均值行业排名后三位变化趋势

表 5.8 无形资产指数总分均值后三位行业二级指标及排名对比

各项指标	制造业：金属与非金属		制造业：造纸印刷		采矿业	
	五年均值/分	排名	五年均值/分	排名	五年均值/分	排名
研发投入率	6.19	17	6.10	19	6.69	9
技术人员密度	3.61	20	3.86	13	3.74	18
技术型无形资产比重	7.66	3	7.03	7	6.22	16
人均专利授权量	6.76	15	7.64	7	6.64	17
创新能力得分	24.23	13	24.63	11	23.30	18
品牌优势	4.93	18	4.86	20	5.06	15
市场占有率	6.90	4	6.47	9	7.49	3
超额利润率	4.34	18	4.45	15	4.35	16
市场竞争力得分	16.17	13	15.78	16	16.91	7
资产增长率	2.65	20	2.98	17	3.31	14
无形资产收益率	4.57	14	3.84	20	3.90	18
每股无形资产	3.64	18	3.86	14	3.87	13
员工素质	3.81	19	3.97	15	3.71	20
可持续发展能力得分	14.67	20	14.65	21	14.79	19
总分均值	55.07	19	55.06	20	55.00	21

① 覃宜，2015. 2014 生物制药行业获政策利好[EB/OL]. (2015-01-05) [2017-08-15]. http://news.bioon.com/ article/6664375.html.

“十二五”期间，金属与非金属制造业高端产品供不应求，低端产品严重过剩，供需两侧错配矛盾突出。此外，环保税费的压力与人力成本的上升，导致企业生产成本不断增加；加之基础研究和产业化生产技术研究的投入不足，直接制约了行业整体转型升级。

（2）造纸印刷制造业。造纸印刷制造业以总分均值 55.06 分排名倒数第二位。如图 5.2 所示，2011～2015 年，造纸印刷制造业无形资产指数年度得分整体呈上升趋势，但在 2013 年增幅有所下滑。从分项能力来看，造纸印刷制造业的创新能力得分处于中游水平，而市场竞争力与可持续发展能力得分排名较为靠后，特别是可持续发展能力排名最后；二级指标中，研发投入率、品牌优势及无形资产收益率三项指标得分较低，是导致该行业无形资产综合实力不足的主要原因，详见表 5.8。

造纸产业具有产业关联度高、市场容量大等特点，对拉动林业、农业、印刷、包装及机械制造等产业发展具有重要意义（顾民达，2008）。“十二五”期间，中国造纸工业基于循环经济、低碳经济理念，转型升级步入可持续发展路径，但产业结构局部过剩，资源和环境压力愈加繁重。2013 年，造纸工业首次出现负增长，受此影响，造纸工业“十二五”前三年年均增幅不足 1.7%，远低于 4.6%的规划目标①。此外，互联网加剧了媒介消费方式的转变，加之无纸化办公的推进，使该行业的发展愈发艰难。受环境、成本等压力的影响，造纸印刷制造业的转型升级迫在眉睫。

（3）采矿业。采矿业以总分均值 55.00 分排名末位。如图 5.2 所示，2011～2015 年，该行业各年度得分稳中有升，但始终未突破 60 分关卡。从分项能力来看，采矿业创新能力与可持续发展能力得分排名较为靠后，是导致该行业排名末尾的关键；二级指标中，技术人员密度、员工素质与无形资产收益率三项指标得分较低，可见人才引进不足和知识产权利用率低下是影响创新能力的原因，进而影响了员工素质和无形资产的盈利能力，损害了行业的发展前景，详见表 5.8。

随着我国进入经济新常态，煤炭等矿产资源仍面临着供大于求的局面。2015 年上半年，京津冀煤炭减量工作深入推进，其中，北京年内将实现核心城区无煤化。此外，长江三角洲（以下简称长三角）、珠江三角洲（以下简称珠三角）地区也分别制定了煤炭减量目标。矿产品价格大幅度下滑，采矿业面临严重薄利或亏损趋势。2015 年 1～6 月，我国采矿业实现利润总额 1396.1 亿元，同比下降 58.8%；根据中国煤炭工业协会调研的情况，除个别优势企业和部分上市公司有盈利外，其他大部分企业处于亏损状态②。采矿业转型资金需求缺口大，转型过程跨度较长，以及转型过程中因经济结构调整对群众生产生活带来的“阵痛”（孔鹏莒，2016），均将不利于行业的升级改造，对行业未来发展造成严重影响。

---

① 罗文，2014. 纸业转型升级之路：谁走康庄道，谁过独木桥[EB/OL]. (2014-04-25) [2017-06-25]. http://www.paper.com.cn/reviewpaper/artical-130.html.

② 李春莲，2015. 煤炭石油价格双双下滑，采矿业上半年利润下降 8.8%[EB/OL]. (2015-07-29) [2017-07-29]. http://www.chinabgao.com/freereport/ 67775.html.

第二节　分项能力评价

一、创新能力评价

当今世界新一轮科技创新正在加速推进，人工智能、新能源、新材料等领域处于革命性突破阶段，颠覆性技术将改变产业形态、组织方式和生产生活方式，对国际发展格局产生着深刻影响①。中国经济正处于结构调整与转型升级的关键时期，新的增长模式要求投资更多地集中到创新和提高劳动者技能的领域，以促进企业向价值链高端迁移②，实现其作为创新主体的功能定位。创新已成为各国抢占竞争制高点的关键。

1. 总体评价

经过对各行业上市公司 2011～2015 年无形资产指数进行评价并计算总分平均值，得到表 5.9。前三位的行业依次为信息技术、软件信息技术服务业，电子器件制造业以及生物制药业；而处于后三位的是其他制造业、建筑业及木材家具制造业。

表 5.9　2011～2015 年不同行业上市公司创新能力得分及排名情况

单位：分

排名	证监会行业分类	2011 年	2012 年	2013 年	2014 年	2015 年	五年均值
1	信息技术、软件信息技术服务业	21.92	25.61	31.79	32.14	34.97	29.29
2	制造业：电子器件	22.43	25.61	26.33	32.33	32.88	27.92
3	制造业：生物制药	22.29	27.06	27.15	27.20	29.17	26.57
4	科学研究和技术服务业	23.65	26.11	26.75	24.66	30.26	26.29
5	批发和零售业	21.07	24.25	25.54	28.56	29.90	25.86
6	文化、体育和娱乐业	18.46	23.96	24.88	26.99	31.68	25.19
7	农、林、牧、渔业	25.12	26.10	23.73	24.26	26.57	25.15
8	房地产业	21.39	23.55	23.59	27.37	28.92	24.97
9	制造业：食品饮料	20.81	24.22	25.61	26.52	26.34	24.70
10	制造业：机械设备	21.51	23.81	25.42	25.11	27.65	24.70
11	制造业：造纸印刷	20.28	22.77	25.80	27.73	26.58	24.63
12	制造业：石油化工	22.34	23.13	24.00	24.77	27.09	24.27
13	制造业：金属与非金属	19.73	24.36	25.80	24.59	26.66	24.23
14	制造业：纺织服饰	21.64	23.08	23.91	24.12	27.21	23.99
15	水利、环境和公共设施管理业	21.23	20.46	22.00	25.27	29.95	23.78
16	交通运输、仓储邮政业	18.91	23.62	23.17	24.26	27.80	23.55
17	电力、热力、燃气及水生产和供应业	18.88	23.44	22.29	23.83	28.27	23.34
18	采矿业	19.93	22.81	22.85	24.50	26.42	23.30
19	制造业：其他制造业	21.40	24.15	20.68	23.72	26.28	23.25
20	建筑业	17.98	23.90	20.44	25.26	27.54	23.02
21	制造业：木材家具	18.46	22.70	21.43	24.22	24.74	22.31

① 中华人民共和国工业和信息化部，2016. 产业技术创新能力发展规划（2016—2020 年）[EB/OL]. (2016-10-31) [2017-06-23]. http://www.miit.gov.cn/n1146295/n1652858/n1652930/n4509650/c5331368/content.html.

② 摘自麦肯锡全球研究院 2016 年 6 月 25 日发布的《中国的选择：抓住 5 万亿美元的生产力机遇》。

1）前三位分析

（1）信息技术、软件信息技术服务业以平均分 29.29 分排名创新能力第一。作为行业中唯一突破 29 分的行业，信息技术、软件信息技术服务业在创新能力方面具有绝对优势。《软件和信息技术服务业发展规划（2016—2020 年）》显示，2015 年，软件业务收入前百家企业研发强度（研发经费占主营业务收入比例）达 9.6%。软件著作权登记数量达 29.24 万件，是 2010 年的 3.8 倍，企业研发创新和应用服务能力大幅增强。此外，智能电网调度控制系统、大型枢纽机场行李分拣系统、千万吨级炼油控制系统等重大应用跨入世界先进行列①。创新能力的大幅增强及部分领域实现重要突破，都为该行业上市公司创新能力的领先奠定了良好的基础。

（2）电子器件制造业以平均分 27.92 分排名创新能力第二位。“十二五”时期，我国电子信息制造业抓住国家经济社会发展和数字化、网络化、智能化的重大机遇，发展成效显著，呈现出结构调整成效明显、创新能力持续增强、骨干企业全球竞争力显著提升等特点②。2015 年，我国实施创新驱动发展战略，中央和地方各级政府积极推动“互联网+”、大数据、人工智能等的发展以及 VR（virtual reality，虚拟现实）等新技术的兴起，为电子行业的创新能力提升营造了良好的契机。

（3）生物制药制造业以平均分 26.57 分排名创新能力第三位。创新药物研发成本高、风险大等行业特征，决定了其研发强度应高于其他产业。2015 年发布的《中国制造 2025》将生物医药列为十大重点发展产业领域之一，加之以生物医药产业为重点的国家级经济技术开发区、高新区的初步形成，为该行业的创新能力提供了强有力的政策与平台保障。

2）后三位分析

排在后三位的行业创新能力严重不足，转型发展迫在眉睫。

（1）其他制造业以平均分 23.25 分排名创新能力倒数第三位。缺乏鲜明的技术特征对于该行业的创新能力发展有着致命的影响，该行业发展较为缓慢，创新能力严重不足。

（2）建筑业以平均分 23.02 分排名创新能力倒数第二位。由于劳动力密集的原因，建筑业技术创新对企业发展的贡献远低于信息、机械、电子等其他行业；R&D 投入比重过低，科技创新趋同现象严重，人才结构不合理等是导致建筑业技术创新不足的重要因素③。目前，我国建筑业产业结构正在不断优化升级，对该行业的创新能力形成了严峻的挑战。

（3）木材家具制造业以平均分 22.31 分排名创新能力倒数第一位。一直以来，木材家具制造业的生产经营模式主要依赖大量廉价劳动力进行数量型扩张，对于专利等技术型无形资产的忽略，是导致该行业在本次评价中创新能力排名最后的主要原因。当前全球资源日益枯竭，木材的不可替代性日益显见，使该行业的创新转型势在必行。

---

① 中华人民共和国工业和信息化部，2016. 软件和信息技术服务业发展规划（2016—2020 年）[EB/OL].（2017-01-17）[2016-12-18]. http://www.miit.gov.cn/n1146285/n1146352/n3054355/n3057656/n5340632/c5465542/content.html.

② 赵晨，2015. 刁石京：“十三五”我国发展电子信息制造业五点思路[EB/OL]. (2015-12-03) [2017-09-19]. http://www.cena.com.cn/2015-12/03/content_308628.htm.

③ 孟繁勇，于丽银，2013. 建筑企业创新投入普遍不足[EB/OL]. (2013-06-14) [2017-08-14]. http://finance.sina.com.cn/chanjing/b/20130614/145315792386. shtml.

从各行业创新能力得分均值的分布情况来看，排名前三位的行业总分均值呈阶梯式分布，而随着排名的逐渐降低，各行业之间的得分值差异逐渐缩小，特别是处于排名中下游水平的行业之间得分差距更加微小，说明创新能力较强的行业之间差距明显，而创新能力较差的行业之间则差距不大。

由各行业创新能力得分排名可以看出，居于前列的多为技术密集型行业，且往往伴有新兴产业特征。由于行业技术特点及技术水平差异，创新能力的排名随着新兴行业向传统行业逐渐下降。各行业中，仅木材家具制造业的五年均值低于 23 分，可见激烈的市场竞争与环保要求的日益加强，对该行业的发展形成了严峻的考验。

从表 5.10 来看，各行业年度得分变化不大，文化、体育和娱乐业等 9 个行业在 2011～2015 年保持持续增长的态势，而建筑业等 12 个行业的创新能力年度得分出现了不同程度的涨跌幅。从累计涨幅排名来看，文化、体育和娱乐业，信息技术、软件信息技术服务业和建筑业名列排行榜前三名，累计涨幅均超过 50%。整体看来，各行业五年间的创新能力保持增长态势，表明“十二五”期间我国上市公司的创新能力整体有所提升。

表 5.10　不同行业上市公司创新能力得分变动幅度情况

排名	证监会行业分类	2012 年涨幅/%	2013 年涨幅/%	2014 年涨幅/%	2015 年涨幅/%	累计涨幅/%
1	文化、体育和娱乐业	29.80	3.82	8.48	17.40	71.63
2	信息技术、软件信息技术服务业	16.81	24.14	1.11	8.80	59.50
3	建筑业	32.96	−14.48	23.59	9.01	53.17
4	电力、热力、燃气及水生产和供应业	24.17	−4.88	6.88	18.65	49.77
5	交通运输、仓储邮政业	24.92	−1.94	4.74	14.58	47.01
6	制造业：电子器件	14.21	2.80	22.79	1.71	46.62
7	批发和零售业	15.11	5.29	11.83	4.70	41.90
8	水利、环境和公共设施管理业	−3.59	7.52	14.87	18.51	41.11
9	房地产业	10.07	0.19	16.01	5.68	35.19
10	制造业：金属与非金属	23.47	5.91	−4.69	8.44	35.15
11	制造业：木材家具	22.96	−5.59	13.01	2.14	34.00
12	采矿业	14.44	0.19	7.22	7.86	32.60
13	制造业：造纸印刷	12.31	13.29	7.49	−4.17	31.07
14	制造业：生物制药	21.38	0.35	0.17	7.24	30.85
15	制造业：机械设备	10.66	6.79	−1.25	10.13	28.52
16	科学研究和技术服务业	10.43	2.43	−7.81	22.71	27.97
17	制造业：食品饮料	16.37	5.73	3.56	−0.69	26.55
18	制造业：纺织服饰	6.63	3.59	0.90	12.83	25.74
19	制造业：其他制造业	12.83	−14.35	14.71	10.77	22.80
20	制造业：石油化工	3.54	3.75	3.21	9.38	21.26
21	农、林、牧、渔业	3.88	−9.07	2.24	9.51	5.75

基于不同行业创新能力得分及变动情况，进一步就各行业排名变化进行深入分析。由表 5.11 可知，多数行业的排名在 2011～2015 年出现了较大波动，且个别行业的年度排名与最终均值排名相差甚远。例如，科学研究和技术服务业的创新能力最终排名第四位，但在 2014 年该行业的排名一度跌出前十。与之相反，水利、环境和公共设施管理业的创新能力均值在众多行业中处于中下游水平，位列排行榜第 15 位，但在 2015 年也

进入了前五，实现大幅跨越。这在一定程度上表明，不同行业的创新实力并不稳定，自主创新体系的构建还有待进一步完善。

表 5.11　2011～2015 年不同行业上市公司创新能力排名

证监会行业分类	2011 年排名	2012 年排名	2013 年排名	2014 年排名	2015 年排名	均值排名
信息技术、软件信息技术服务业	6	5	1	2	1	1
制造业：电子器件	3	4	4	1	2	2
制造业：生物制药	5	1	2	6	7	3
科学研究和技术服务业	2	2	3	13	4	4
批发和零售业	12	7	8	3	6	5
文化、体育和娱乐业	20	10	10	7	3	6
农、林、牧、渔业	1	3	13	17	17	7
房地产业	10	14	14	5	8	8
制造业：食品饮料	13	8	7	8	19	9
制造业：机械设备	8	12	9	11	11	10
制造业：造纸印刷	14	19	5	4	16	11
制造业：石油化工	4	16	11	12	14	12
制造业：金属与非金属	16	6	6	14	15	13
制造业：纺织服饰	7	17	12	19	13	14
水利、环境和公共设施管理业	11	21	18	9	5	15
交通运输、仓储邮政业	17	13	15	16	10	16
电力、热力、燃气及水生产和供应业	18	15	17	20	9	17
采矿业	15	18	16	15	18	18
制造业：其他制造业	9	9	20	21	20	19
建筑业	21	11	21	10	12	20
制造业：木材家具	19	20	19	18	21	21

此外，对不同行业的年度排名进行横向对比发现，尽管文化、体育和娱乐业与农、林、牧、渔业比邻而居，但呈现的波动趋势大不相同。文化、体育和娱乐业在 2011～2015 年的排名逐年递增，是唯一呈现持续上涨态势的行业，从最初的排名最后到后来位列前三名，体现了其创新能力的飞跃发展；与之形成鲜明对比的是农、林、牧、渔业，2011～2015 年该行业排名持续下跌，至 2015 年已下降 16 个名次，这说明农、林、牧、渔业在创新能力方面的落后境况亟待改进。

2. *研发投入率评价*

研发活动是创新价值链上的起始环节，研发投入强度体现了企业研发投入的力度和企业对创新活动的重视程度。基于不同行业各年度研发投入率得分及其均值得到表 5.12。从评价结果中可以看出，排名前三位的依次为信息技术、软件信息技术服务业（7.90 分）以及电子器件制造业（7.70 分）、生物制药制造业（7.52 分）；排名后三位的行业为造纸印刷制造业（6.10 分）、建筑业（6.06 分）及其他制造业（5.97 分）。其中，其他制造业也是全部行业中唯一得分在 6 分以下的行业。

表 5.12 2011～2015 不同行业上市公司研发投入率评价结果

单位：分

证监会行业分类	2011 年	2012 年	2013 年	2014 年	2015 年	五年均值
信息技术、软件信息技术服务业	6.42	6.67	8.43	8.69	9.30	7.90
制造业：电子器件	6.38	7.25	7.82	8.74	8.31	7.70
制造业：生物制药	6.25	7.15	8.01	7.89	8.30	7.52
交通运输、仓储邮政业	5.30	8.02	7.23	7.26	9.08	7.37
制造业：食品饮料	5.68	7.13	7.61	7.55	7.27	7.05
科学研究和技术服务业	7.45	7.12	7.19	5.59	7.87	7.05
制造业：木材家具	6.54	6.06	7.70	7.07	6.64	6.80
农、林、牧、渔业	5.53	6.78	6.89	6.98	7.56	6.75
采矿业	6.28	6.01	6.20	7.73	7.26	6.69
制造业：机械设备	5.67	5.76	7.09	6.60	7.69	6.56
水利、环境和公共设施管理业	5.90	5.27	5.79	7.14	8.65	6.55
电力、热力、燃气及水生产和供应业	6.17	6.13	5.89	6.42	7.96	6.51
批发和零售业	5.65	6.07	6.63	6.70	7.35	6.48
房地产业	5.25	6.14	6.50	7.14	7.25	6.46
文化、体育和娱乐业	5.88	5.58	5.69	7.11	7.88	6.43
制造业：石油化工	5.51	6.15	6.71	5.92	7.47	6.35
制造业：金属与非金属	5.26	5.77	6.30	6.94	6.67	6.19
制造业：纺织服饰	4.96	6.10	6.64	5.74	7.44	6.18
制造业：造纸印刷	5.67	6.05	5.41	5.89	7.47	6.10
建筑业	4.65	6.13	5.28	6.87	7.37	6.06
制造业：其他制造业	5.99	6.40	5.45	5.75	6.26	5.97

从各行业研发投入率得分均值分布来看，排名前三位的行业优势暂不明显，各行业得分差距不大。随着“互联网+”、创新驱动发展战略的不断深入，信息技术、软件信息技术服务业及电子器件制造业、生物制药制造业等战略性新兴行业需要在研发方面保持较高投入以维持技术领先与应用拓展。相比之下，排在末尾的三类传统行业则受产能过剩、成本提高等压力难以加强研发投入力度。值得注意的是，创新能力较强的三个行业，在研发投入率方面仍排名前三位，这也进一步证明了研发投入是创新能力的基础。

对各行业五年间研发投入率得分涨幅及累计涨幅进行统计，得到表 5.13。各行业上市公司研发投入率年度得分涨幅波动较大，年度最高涨幅为 51.32%，最低为−22.25%；仅信息技术、软件信息技术服务业等 4 个行业在 2011～2015 年得分保持持续上涨，其他 17 个行业均出现不同程度下滑。从累计涨幅来看，全部行业实现了正向涨幅，表明“十二五”期间各行业上市公司对研发投入的重视程度；但排名末尾的科学研究和技术服务业、其他制造业及木材家具制造业的累计涨幅明显低于其他行业。

表 5.13 不同行业上市公司研发投入率得分变动幅度情况

证监会行业分类	2012 年涨幅/%	2013 年涨幅/%	2014 年涨幅/%	2015 年涨幅/%	累计涨幅/%
交通运输、仓储邮政业	51.32	−9.85	0.41	25.07	71.32
建筑业	31.83	−13.87	30.11	7.28	58.49
制造业：纺织服饰	22.98	8.85	−13.55	29.62	50.00
水利、环境和公共设施管理业	−10.68	9.87	23.32	21.15	46.61
信息技术、软件信息技术服务业	3.89	26.39	3.08	7.02	44.86

续表

证监会行业分类	2012 年涨幅/%	2013 年涨幅/%	2014 年涨幅/%	2015 年涨幅/%	累计涨幅/%
房地产业	16.95	5.86	9.85	1.54	38.10
农、林、牧、渔业	22.60	1.62	1.31	8.31	36.71
制造业：机械设备	1.59	23.09	-6.91	16.52	35.63
制造业：石油化工	11.62	9.11	-11.77	26.18	35.57
文化、体育和娱乐业	-5.10	1.97	24.96	10.83	34.01
制造业：生物制药	14.40	12.03	-1.50	5.20	32.80
制造业：造纸印刷	6.70	-10.58	8.87	26.83	31.75
制造业：电子器件	13.64	7.86	11.76	-4.92	30.25
批发和零售业	7.43	9.23	1.06	9.70	30.09
电力、热力、燃气及水生产和供应业	-0.65	-3.92	9.00	23.99	29.01
制造业：食品饮料	25.53	6.73	-0.79	-3.71	27.99
制造业：金属与非金属	9.70	9.19	10.16	-3.89	26.81
采矿业	-4.30	3.16	24.68	-6.08	15.61
科学研究和技术服务业	-4.43	0.98	-22.25	40.79	5.64
制造业：其他制造业	6.84	-14.84	5.50	8.87	4.51
制造业：木材家具	-7.34	27.06	-8.18	-6.08	1.53

3. 技术型无形资产比重评价

技术型无形资产是最能体现企业自主创新产出成果的组成部分，其核心技术的价值决定了无形资产及企业市场价值的大小，技术型无形资产比重体现了企业的无形资产的质量。基于不同行业各年度技术型无形资产比重得分及均值排名，得到表 5.14。从评价结果中可以看出，排名前三位的依次是信息技术、软件信息技术服务业（8.34 分）及批发和零售业（7.74 分）、金属与非金属制造业（7.66 分）；排名后三位的行业为木材家具制造业（5.91 分），交通运输、仓储邮政业（5.77 分），电力、热力、燃气及水生产和供应业（5.37 分）。其中，信息技术、软件信息服务业是全部行业中唯一突破 8 分的行业，表明其在技术型无形资产方面具有绝对优势。整体看来，各行业技术型无形资产比重均值分布较为均匀，各行业之间的技术型无形资产比重差距不大。

表 5.14　2011～2015 年不同行业上市公司技术型无形资产比重评价结果

单位：分

证监会行业分类	2011 年	2012 年	2013 年	2014 年	2015 年	五年均值
信息技术、软件信息技术服务业	5.08	5.73	10.32	9.86	10.70	8.34
批发和零售业	6.04	7.58	7.89	7.28	9.94	7.74
制造业：金属与非金属	6.20	8.04	8.85	6.28	8.94	7.66
科学研究和技术服务业	6.67	7.66	7.49	7.62	8.10	7.51
制造业：生物制药	6.48	7.43	7.62	7.26	7.33	7.22
房地产业	5.27	8.05	6.10	7.63	8.72	7.15
制造业：造纸印刷	5.33	6.18	8.23	9.07	6.34	7.03
制造业：机械设备	6.44	6.97	6.76	7.23	7.03	6.88
制造业：食品饮料	5.98	6.78	6.93	7.16	7.52	6.87
制造业：石油化工	7.00	6.30	6.28	8.02	6.73	6.87
制造业：纺织服饰	6.53	6.46	6.54	7.05	7.13	6.74
农、林、牧、渔业	8.35	6.21	6.12	6.06	6.46	6.64

续表

证监会行业分类	2011 年	2012 年	2013 年	2014 年	2015 年	五年均值
水利、环境和公共设施管理业	5.45	6.17	6.61	5.95	7.94	6.42
文化、体育和娱乐业	3.57	7.10	6.28	8.47	6.41	6.37
制造业：电子器件	5.70	6.06	6.21	6.65	7.08	6.34
采矿业	4.88	6.39	6.53	6.56	6.77	6.22
制造业：其他制造业	5.90	6.68	5.78	5.52	6.83	6.14
建筑业	5.37	6.45	5.58	6.35	6.80	6.11
制造业：木材家具	4.88	6.03	5.89	5.88	6.88	5.91
交通运输、仓储邮政业	4.13	6.29	5.95	6.62	5.84	5.77
电力、热力、燃气及水生产和供应业	4.81	6.52	4.78	5.37	5.35	5.37

根据表 5.15 可知，各行业上市公司技术型无形资产比重年度得分涨幅波动较大，最高年度涨幅为 98.88%，最低为-30.10%；仅采矿业等 4 个行业在 2012～2015 年得分保持持续增长，其他行业均出现不同程度涨跌幅。从累计涨幅来看，信息技术、软件信息技术服务业以 110.63%的绝对优势排名第一，也是各行业中唯一累计涨幅突破 100%的行业；相比之下，排名末尾的石油化工制造业及农、林、牧、渔业的累计涨幅为负，特别是农、林、牧、渔业的累计涨幅为-22.63%，远落后于各行业平均水平。可见，不同行业上市公司的技术型无形资产比重的变动情况差距较大。

表 5.15　不同行业上市公司技术型无形资产比重得分变动幅度情况

证监会行业分类	2012 年涨幅/%	2013 年涨幅/%	2014 年涨幅/%	2015 年涨幅/%	累计涨幅/%
信息技术、软件信息技术服务业	12.80	80.10	−4.46	8.52	110.63
文化、体育和娱乐业	98.88	−11.55	34.87	−24.32	79.55
房地产业	52.75	−24.22	25.08	14.29	65.46
批发和零售业	25.50	4.09	−7.73	36.54	64.57
水利、环境和公共设施管理业	13.21	7.13	−9.98	33.45	45.69
制造业：金属与非金属	29.68	10.07	−29.04	42.36	44.19
交通运输、仓储邮政业	52.30	−5.41	11.26	−11.78	41.40
制造业：木材家具	23.57	−2.32	−0.17	17.01	40.98
采矿业	30.94	2.19	0.46	3.20	38.73
建筑业	20.11	−13.49	13.80	7.09	26.63
制造业：食品饮料	13.38	2.21	3.32	5.03	25.75
制造业：电子器件	6.32	2.48	7.09	6.47	24.21
科学研究和技术服务业	14.84	−2.22	1.74	6.30	21.44
制造业：造纸印刷	15.95	33.17	10.21	−30.10	18.95
制造业：其他制造业	13.22	−13.47	−4.50	23.73	15.76
制造业：生物制药	14.66	2.56	−4.72	0.96	13.12
电力、热力、燃气及水生产和供应业	35.55	−26.69	12.34	−0.37	11.23
制造业：纺织服饰	−1.07	1.24	7.80	1.13	9.19
制造业：机械设备	8.23	−3.01	6.95	−2.77	9.16
制造业：石油化工	−10.00	−0.32	27.71	−16.08	−3.86
农、林、牧、渔业	−25.63	−1.45	−0.98	6.60	−22.63

4. 技术人员密度评价

研发技术人员是企业创新活动的主体及创新成果的重要缔造者，技术人员密度体现了企业在技术人才方面的投入力度。在知识经济时代，公司的核心竞争优势越来越体现为人才智力资源的培育及配置能力①。基于不同行业各年度技术人员密度得分及其均值得到表 5.16。从评价结果中可以看出，科学研究和技术服务业与信息技术、软件信息技术服务业分别以 5.65 分和 5.31 分排名第一和第二位，明显领先于其他行业，这与其行业的技术密集性相关。相比之下，其他各行业技术人员密度均值分布较为均匀，不同行业之间的技术人员投入力度差距较小。

表 5.16　2011～2015 年不同行业上市公司技术人员密度评价结果

单位：分

证监会行业分类	2011 年	2012 年	2013 年	2014 年	2015 年	五年均值
科学研究和技术服务业	5.80	6.36	4.67	6.63	4.81	5.65
信息技术、软件信息技术服务业	4.11	4.98	5.82	5.87	5.76	5.31
房地产业	5.03	4.08	4.17	4.93	4.30	4.50
制造业：电子器件	3.79	4.26	4.41	4.67	4.57	4.34
制造业：生物制药	3.71	4.45	4.35	4.43	4.34	4.25
水利、环境和公共设施管理业	3.96	4.05	4.34	4.38	4.27	4.20
建筑业	3.35	4.57	3.85	4.59	4.53	4.18
文化、体育和娱乐业	3.33	4.44	4.48	4.13	4.50	4.18
制造业：机械设备	3.54	4.23	4.20	4.22	4.51	4.14
制造业：木材家具	3.37	3.89	3.85	3.84	5.08	4.00
批发和零售业	3.47	3.84	3.94	4.64	3.83	3.94
农、林、牧、渔业	3.81	3.96	3.94	4.01	3.92	3.93
制造业：造纸印刷	3.46	3.82	3.80	4.33	3.89	3.86
交通运输、仓储邮政业	4.07	3.46	3.84	3.91	3.91	3.84
制造业：纺织服饰	3.65	3.80	3.86	3.97	3.86	3.83
制造业：石油化工	3.09	3.94	4.02	3.83	3.99	3.77
制造业：其他制造业	3.52	3.89	3.98	3.83	3.56	3.76
采矿业	3.43	3.82	3.86	3.78	3.81	3.74
制造业：食品饮料	3.39	3.64	3.95	3.78	3.67	3.68
制造业：金属与非金属	3.05	3.67	3.50	3.96	3.90	3.61
电力、热力、燃气及水生产和供应业	3.02	3.58	3.24	3.49	3.22	3.31

根据表 5.17 可知，各行业上市公司技术人员密度年度涨幅波动不大，21 个行业的年度得分都经历了不同程度的涨跌幅。从累计涨幅来看，各行业之间涨幅差距不大，但交通运输、仓储邮政业，房地产业和科学研究和技术服务业的累计涨幅为负，相比其他行业而言，上述三个行业在“十二五”期间技术人员投入下滑趋势较为明显。

① 国家知识产权规划发展司，2015. 专利统计简报[EB/OL]. (2015-12-03) [2017-07-27]. http://www.sipo.gov.cn/tjxx/zltjjb/201512/P020151203397149615847.pdf.

表 5.17　不同行业上市公司技术人员密度得分变动幅度情况

证监会行业分类	2012 年涨幅/%	2013 年涨幅/%	2014 年涨幅/%	2015 年涨幅/%	累计涨幅/%
制造业：木材家具	15.43	−1.03	−0.26	32.29	50.74
信息技术、软件信息技术服务业	21.17	16.87	0.86	−1.87	40.15
建筑业	36.42	−15.75	19.22	−1.31	35.22
文化、体育和娱乐业	33.33	0.90	−7.81	8.96	35.14
制造业：石油化工	27.51	2.03	−4.73	4.18	29.13
制造业：金属与非金属	20.33	−4.63	13.14	−1.52	27.87
制造业：机械设备	19.49	−0.71	0.48	6.87	27.40
制造业：电子器件	12.40	3.52	5.90	−2.14	20.58
制造业：生物制药	19.95	−2.25	1.84	−2.03	16.98
制造业：造纸印刷	10.40	−0.52	13.95	−10.16	12.43
采矿业	11.37	1.05	−2.07	0.79	11.08
批发和零售业	10.66	2.60	17.77	−17.46	10.37
制造业：食品饮料	7.37	8.52	−4.30	−2.91	8.26
水利、环境和公共设施管理业	2.27	7.16	0.92	−2.51	7.83
电力、热力、燃气及水生产和供应业	18.54	−9.50	7.72	−7.74	6.62
制造业：纺织服饰	4.11	1.58	2.85	−2.77	5.75
农、林、牧、渔业	3.94	−0.51	1.78	−2.24	2.89
制造业：其他制造业	10.51	2.31	−3.77	−7.05	1.14
交通运输、仓储邮政业	−14.99	10.98	1.82	0	−3.93
房地产业	−18.89	2.21	18.23	−12.78	−14.51
科学研究和技术服务业	9.66	−26.57	41.97	−27.45	−17.07

5. 人均专利授权量评价

专利是企业创新的直接产出，人均专利授权量一定程度上体现了企业创新产出的水平。基于不同行业各年度人均专利授权量得分及其均值得到表 5.18。从评价结果中可以看出，电子器件制造业在各年度得分均名列前茅，并以五年均值 9.53 分的绝对优势，领跑各行业人均专利授权量的得分排行榜。

表 5.18　2011～2015 年不同行业上市公司人均专利授权量评价结果

单位：分

证监会行业分类	2011 年	2012 年	2013 年	2014 年	2015 年	五年均值
制造业：电子器件	6.56	8.04	7.89	12.26	12.92	9.53
文化、体育和娱乐业	5.68	6.84	8.43	7.28	12.89	8.22
电力、热力、燃气及水生产和供应业	4.87	7.22	8.38	8.55	11.74	8.15
农、林、牧、渔业	7.44	9.15	6.78	7.20	8.63	7.84
信息技术、软件信息技术服务业	6.31	8.23	7.22	7.73	9.22	7.74
批发和零售业	5.91	6.77	7.07	9.94	8.78	7.69
制造业：造纸印刷	5.82	6.72	8.36	8.44	8.88	7.64
制造业：生物制药	5.85	8.03	7.18	7.62	9.20	7.57
制造业：其他制造业	5.99	7.17	5.47	8.62	9.63	7.38
制造业：石油化工	6.74	6.74	6.98	7.00	8.90	7.27
制造业：纺织服饰	6.50	6.71	6.86	7.36	8.78	7.24
制造业：机械设备	5.87	6.85	7.37	7.06	8.42	7.11

续表

证监会行业分类	2011 年	2012 年	2013 年	2014 年	2015 年	五年均值
制造业：食品饮料	5.76	6.67	7.12	8.03	7.88	7.09
房地产业	5.85	5.28	6.81	7.67	8.65	6.85
制造业：金属与非金属	5.22	6.87	7.15	7.41	7.16	6.76
建筑业	4.61	6.75	5.73	7.45	8.83	6.67
采矿业	5.34	6.59	6.25	6.43	8.58	6.64
水利、环境和公共设施管理业	5.93	4.98	5.27	7.80	9.10	6.61
交通运输、仓储邮政业	5.42	5.86	6.14	6.47	8.97	6.57
科学研究和技术服务业	3.72	4.98	7.39	4.82	9.48	6.08
制造业：木材家具	3.67	6.72	4.00	7.42	6.13	5.59

相比之下，各行业的人均专利授权量得分均值差距较小，但木材家具制造业以 5.59 分排名末位，也是各行业中唯一未能突破 6 分的行业。由此可见，尽管不同行业上市公司在创新投入方面差距不大，但由于技术转化能力的不同，排名第一与排名最后的企业相差近 4 分；排名靠后的企业较为集中，这在一定程度上表明，我国上市公司的创新效率还有待提高。

从表 5.19 可知，各行业上市公司人均专利授权量年度得分涨幅波动较大，最高年度涨幅为 96.68%，最低为-40.48%；其中仅电力、热力、燃气及水生产和供应业等 5 个行业在 2012～2015 年未出现跌幅，其他行业均出现不同程度的下滑。从累计涨幅来看，全部行业实现了正向涨幅，特别是排名前三位的行业累计涨幅均突破 100%，表明“十二五”期间各行业上市公司的专利产出情况得到了整体改善。

表 5.19　不同行业上市公司人均专利授权量得分变动幅度情况

证监会行业分类	2012 年涨幅/%	2013 年涨幅/%	2014 年涨幅/%	2015 年涨幅/%	累计涨幅/%
科学研究和技术服务业	33.87	48.39	−34.78	96.68	154.84
电力、热力、燃气及水生产和供应业	48.25	16.07	2.03	37.31	141.07
文化、体育和娱乐业	20.42	23.25	−13.64	77.06	126.94
制造业：电子器件	22.56	−1.87	55.39	5.38	96.95
建筑业	46.42	−15.11	30.02	18.52	91.54
制造业：木材家具	83.11	−40.48	85.50	−17.39	67.03
交通运输、仓储邮政业	8.12	4.78	5.37	38.64	65.50
制造业：其他制造业	19.70	−23.71	57.59	11.72	60.77
采矿业	23.41	−5.16	2.88	33.44	60.67
制造业：生物制药	37.26	−10.59	6.13	20.73	57.26
水利、环境和公共设施管理业	−16.02	5.82	48.01	16.67	53.46
制造业：造纸印刷	15.46	24.40	0.96	5.21	52.58
批发和零售业	14.55	4.43	40.59	−11.67	48.56
房地产业	−9.74	28.98	12.63	12.78	47.86
信息技术、软件信息技术服务业	30.43	−12.27	7.06	19.28	46.12
制造业：机械设备	16.70	7.59	−4.21	19.26	43.44
制造业：金属与非金属	31.61	4.08	3.64	−3.37	37.16
制造业：食品饮料	15.80	6.75	12.78	−1.87	36.81
制造业：纺织服饰	3.23	2.24	7.29	19.29	35.08
制造业：石油化工	0	3.56	0.29	27.14	32.05
农、林、牧、渔业	22.98	−25.90	6.19	19.86	15.99

二、市场竞争力评价

增强市场竞争力是企业追求的永恒价值目标。在全球经济一体化背景下，我国经济进入新常态，市场竞争日益激烈，如何在激烈的竞争环境中获得竞争优势，争取市场地位，是企业制胜的关键。品牌是企业核心竞争力的外在表现，具有竞争对手难以模仿的特点和优势。品牌不仅反映企业的产品质量和服务能力，还能帮助企业吸引人才、降低进入成本并获得更高的议价能力。通过品牌构建获得市场认可，攫取超额利润，是企业提高市场竞争力的有效途径。

1. 总体评价

经过对各行业上市公司 2011～2015 年市场竞争力得分进行评价并计算总分平均值，得到表 5.20。排名前三位的行业依次为科学研究和技术服务业、生物制药制造业及电子器件制造业；而处于后三位的是文化、体育和娱乐业及房地产业、石油化工制造业。

表 5.20　2011～2015 年不同行业上市公司市场竞争力得分及排名情况

单位：分

排名	证监会行业分类	2011 年	2012 年	2013 年	2014 年	2015 年	五年均值
1	科学研究和技术服务业	17.43	20.56	17.72	17.59	18.37	18.33
2	制造业：生物制药	16.51	16.56	18.39	18.91	19.21	17.92
3	制造业：电子器件	15.90	17.46	17.58	18.79	19.57	17.86
4	批发和零售业	16.00	17.04	17.44	18.86	19.84	17.84
5	交通运输、仓储邮政业	18.35	18.20	17.78	18.81	15.64	17.76
6	制造业：机械设备	16.65	18.04	15.98	20.77	17.34	17.75
7	采矿业	14.75	15.50	18.37	20.04	15.90	16.91
8	制造业：其他制造业	15.31	16.66	18.33	17.74	16.34	16.88
9	制造业：木材家具	15.45	17.11	17.16	17.76	15.99	16.70
10	水利、环境和公共设施管理业	15.06	16.93	17.29	16.40	16.71	16.48
11	制造业：食品饮料	15.37	15.48	17.49	17.55	15.99	16.38
12	建筑业	16.04	15.46	17.20	16.21	16.18	16.22
13	制造业：金属与非金属	13.40	16.74	16.24	16.22	18.25	16.17
14	信息技术、软件信息技术服务业	13.74	14.39	17.08	17.64	17.56	16.08
15	制造业：纺织服饰	14.38	16.31	16.64	15.23	17.06	15.92
16	制造业：造纸印刷	15.07	16.27	15.02	15.68	16.86	15.78
17	农、林、牧、渔业	12.00	15.36	16.22	16.74	17.22	15.51
18	电力、热力、燃气及水生产和供应业	15.07	17.77	14.65	14.60	13.91	15.20
19	文化、体育和娱乐业	16.80	13.64	14.04	18.29	12.86	15.13
20	房地产业	11.38	15.19	15.91	16.94	16.19	15.12
21	制造业：石油化工	11.95	15.55	15.69	15.98	16.18	15.07

1）前三位分析

（1）科学研究和技术服务业以平均分 18.33 分排名市场竞争力首位。作为唯一突破 18 分的行业，科学研究和技术服务业在市场竞争力方面明显领先于其他行业。近年来，经济发展对以提供知识型服务和高附加值服务为特征的科技服务业需求日益增强，为顺利推动科技成果的转化，政府不仅积极构建产学研相结合的科技创新体系，相关资金、政策的扶持力度也不断提高，科技服务手段也日趋多样。我国各科技服务业聚集区内普遍拥有科技产业园区企业孵化器（创业中心）、生产力促进中心等综合性创新支持与服务机构，以及各种专业性和专门性的科技服务机构①，为科技服务业的市场竞争力奠定了良好的基础。

（2）生物制药制造业以平均分 17.92 分排名市场竞争力第二位。近年来，国家对生物制药产业的发展予以大力扶持，通过政府引导与民间投资的联动，生物制药产业已经呈现集聚发展的态势。截至 2014 年 4 月，全国共成立以生物医药产业为重点产业的国家级经济技术开发区 103 家、高新区 75 家。目前，我国生物医药产业已初步形成以长三角地区、环渤海地区为龙头，珠三角地区、东北地区等快速发展的产业空间格局，一批高水平、有特色的生物产业集群已初见雏形②，促进了生物医药产业竞争优势的集聚。

（3）电子器件制造业以平均分 17.86 分排名市场竞争力第三位。2014 年，全国规模以上电子器件制造企业数量为 2554 家。目前国内电子元器件产业已初步形成以长三角、珠三角、环渤海三大核心区域聚集发展的产业空间格局③，这为电子器件制造业的强劲市场竞争力奠定了基础。

2）后三位分析

相比之下，排名后三位的行业在市场竞争力方面还有待提升。

（1）文化、体育和娱乐业以平均分 15.13 分排名市场竞争力倒数第三位。20 世纪末以来，全球文化、体育和娱乐业已逐渐成为各国重要的经济增长点。但目前我国文化、体育和娱乐业的受区域经济发展差异的影响，地区发展不平衡。此外，我国文化、体育和娱乐业品牌效应不强，尚未形成主导产业竞争力的龙头企业，行业整体市场竞争力还有待提高。

（2）房地产业以平均分 15.12 分排名市场竞争力倒数第二位。伴随房地产市场进入新常态，国内房地产市场开始出现萎缩，中国的房地产业在 2014 年告别高增长时代。房地产库存过高导致投资增速下降过快，房地产去库存化处于经济结构调整的关键节点④。由此可见，“十二五”期间房地产行业的市场竞争力整体表现不佳。

（3）石油化工制造业以平均分 15.07 分排名市场竞争力倒数第一位。石油化工多为资金密集、劳动密集型的国有大中型企业，在国民经济中居重要地位，经济实力较为雄厚，但同时行业带有一定的垄断性质，市场化发展和竞争力相对较弱。作为非再生资源，石油已经成为全世界都渴求的能源。而目前我国石油化工业面临着原油资源短缺、原油

---

① 周红，2013. 我国科技服务业的现状与发展对策[EB/OL]. (2013-08-14) [2017-06-21]. http://epaper.gmw.cn/gmrb/html/2013-08/14/nw.D110000gmrb_ 20130814_3-07.htm.

② 中国投资咨询网，2016. 中国生物医药产业集群现状分析[EB/OL]. (2016-06-21) [2017-06-21]. http://www.ocn.com.cn/chanye/201606/oetew21100857.shtml.

③ 智研咨询，2017. 2016 年中国电子元器件产业发展现状与趋势分析[EB/OL]. (2017-01-06) [2017-08-20]. http://www.chyxx.com/industry/201701/484694. html.

④ 中国产业信息网，2015. 2015 年中国房地产高库存、产能过剩问题深度解析[EB/OL]. (2015-12-29) [2017-09-10]. http://www.chyxx.com/industry/201512/373909. html.

价格波动大、生产成本高、环保安全要求严格、市场竞争激烈等许多问题，对石油化工业的市场竞争力的形成产生不利影响。

从各行业市场竞争力得分均值的分布情况来看，居于前列的多为技术密集型行业，且往往伴有新兴产业特征；除科学研究和技术服务业以超过 18 分的水平独占鳌头外，其他各行业市场竞争力的均值分布较为均匀；排名第一的行业与排名末位的行业间均值差距仅为 3.25 分，各行业间市场竞争力差距不甚明显，但多数行业，特别是传统行业仍处于排名的中下游水平。

从表 5.21 来看，五年间各行业年度得分变化不大，其中仅农、林、牧、渔业等 5 个行业在 2012～2015 年保持持续增长。从累计涨幅排名来看，与市场竞争力得分排行不同的是，得分变动累计涨幅较大的行业，在得分排名上并不占优势；位列前三位的农、林、牧、渔业及房地产业、金属与非金属制造业在得分排名中均处于中下游水平，说明市场竞争力较弱的行业在市场竞争中起伏较大。值得关注的是，在市场竞争力排名中排名第一的行业与排名最后的行业之间存在显著差异，这也体现出不同行业的市场竞争程度存在差异。

表 5.21　不同行业上市公司市场竞争力得分变动幅度情况

排名	证监会行业分类	2012 年涨幅/%	2013 年涨幅/%	2014 年涨幅/%	2015 年涨幅/%	累计涨幅/%
1	农、林、牧、渔业	28.00	5.59	3.21	2.86	43.48
2	房地产业	33.50	4.74	6.44	-4.42	42.26
3	制造业：金属与非金属	24.85	-2.94	-0.15	12.53	36.16
4	制造业：石油化工	30.18	0.89	1.86	1.26	35.45
5	信息技术、软件信息技术服务业	4.67	18.74	3.25	-0.42	27.79
6	批发和零售业	6.51	2.30	8.16	5.18	23.96
7	制造业：电子器件	9.82	0.71	6.85	4.14	23.08
8	制造业：纺织服饰	13.38	2.06	-8.49	12.00	18.60
9	制造业：生物制药	0.26	11.08	2.84	1.54	16.30
10	制造业：造纸印刷	7.96	-7.71	4.43	7.51	11.86
11	水利、环境和公共设施管理业	12.41	2.11	-5.13	1.89	10.95
12	采矿业	5.12	18.49	9.09	-20.67	7.80
13	制造业：其他制造业	8.81	10.04	-3.20	-7.94	6.70
14	科学研究和技术服务业	17.91	-13.81	-0.70	4.43	5.38
15	制造业：机械设备	8.30	-11.42	29.97	-16.51	4.10
16	制造业：食品饮料	0.73	13.01	0.32	-8.89	4.05
17	制造业：木材家具	10.73	0.32	3.48	-9.98	3.49
18	建筑业	-3.62	11.28	-5.80	-0.14	0.89
19	电力、热力、燃气及水生产和供应业	17.94	-17.54	-0.35	-4.70	-7.64
20	交通运输、仓储邮政业	-0.85	-2.28	5.77	-16.83	-14.77
21	文化、体育和娱乐业	-18.81	2.89	30.26	-29.67	-23.48

基于不同行业市场竞争力得分及波动情况，进一步就各行业排名变化进行深入分析。由表 5.22 可知，多数行业的排名在 2011～2015 年出现了较大波动，且个别行业的年度排名与最终排名相差甚远。如科学研究和技术服务业的市场竞争力最终排名第一，但在 2014 年该行业的排名一度跌出前十。同样，制造业的子行业，如生物制药、电子

器件，木材家具也在个别年度排名出现较大下滑。与之相反，电力、热力、燃气及水生产和供应业及文化、体育和娱乐业的年度排名都曾跨入前列，但由于后劲不足，最终排名落后于其他行业。

表 5.22　2011～2015 年不同行业上市公司市场竞争力得分排名对比

证监会行业分类	2011 年排名	2012 年排名	2013 年排名	2014 年排名	2015 年排名	均值排名
科学研究和技术服务业	2	1	5	11	4	1
制造业：生物制药	5	11	1	3	3	2
制造业：电子器件	8	5	6	6	2	3
批发和零售业	7	7	8	4	1	4
交通运输、仓储邮政业	1	2	4	5	19	5
制造业：机械设备	4	3	16	1	7	6
采矿业	15	15	2	2	18	7
制造业：其他制造业	11	10	3	9	12	8
制造业：木材家具	9	6	11	8	16	9
水利、环境和公共设施管理业	14	8	9	15	11	10
制造业：食品饮料	10	16	7	12	17	11
建筑业	6	17	10	17	14	12
制造业：金属与非金属	18	9	14	16	5	13
信息技术、软件信息技术服务业	17	20	12	10	6	14
制造业：纺织服饰	16	12	13	20	9	15
制造业：造纸印刷	12	13	19	19	10	16
农、林、牧、渔业	19	18	15	14	8	17
电力、热力、燃气及水生产和供应业	13	4	20	21	20	18
文化、体育和娱乐业	3	21	21	7	21	19
房地产业	21	19	17	13	13	20
制造业：石油化工	20	14	18	18	15	21

此外，对不同行业的年度排名进行横向对比发现，电子器件制造业、房地产业及农、林、牧、渔业在 2011～2015 年的排名逐年上升，是排名中呈现持续上涨态势的行业，但由于上涨幅度不同，最后排名差异较大。相反，交通运输、仓储邮政业在 2011～2015 年排名持续下跌，至 2015 年已下降 18 个名次，不过凭借其最初的优势，总排名仍处于上游水平。

2. 品牌优势评价

品牌美誉度及经营模式创新决定着顾客忠诚度及其愿意为喜欢的品牌产品贡献的价值，是企业保持核心竞争力的关键。基于不同行业各年度品牌优势得分及其均值得到表 5.23。从评价结果中可以看出，排名前三位的依次为批发和零售业（7.02）、生物制药制造业（6.83 分），以及科学研究和技术服务业（5.81 分）；排名后三位的行业为机械设备制造业（4.88 分）、造纸印刷制造业（4.86 分），以及文化、体育和娱乐业（4.72 分）。各行业品牌优势均值分布来看，不同行业上市公司在品牌优势方面差距较大，并且优势企业较少，排名靠后的企业较为集中，这在一定程度上表明，我国上市公司的品牌建设还有待提高。

表 5.23 2011～2015 年不同行业上市公司品牌优势评价结果

单位：分

证监会行业分类	2011 年	2012 年	2013 年	2014 年	2015 年	五年均值
批发和零售业	5.98	5.98	6.15	9.30	7.68	7.02
制造业：生物制药	6.16	6.36	7.07	7.24	7.30	6.83
科学研究和技术服务业	6.01	6.22	5.31	6.13	5.36	5.81
交通运输、仓储邮政业	4.85	6.49	5.53	6.69	5.21	5.75
制造业：纺织服饰	5.47	5.50	5.51	6.10	5.87	5.69
水利、环境和公共设施管理业	4.40	7.40	5.76	5.21	5.05	5.57
信息技术、软件信息技术服务业	4.51	5.11	5.82	6.18	6.07	5.54
电力、热力、燃气及水生产和供应业	5.11	7.61	4.56	4.84	5.37	5.49
制造业：食品饮料	5.24	4.72	5.78	5.97	5.51	5.44
农、林、牧、渔业	4.61	5.76	5.19	5.49	5.53	5.32
制造业：其他制造业	4.81	5.34	4.98	5.54	5.85	5.30
制造业：电子器件	4.63	4.77	5.24	5.75	6.01	5.28
房地产业	3.43	5.47	4.96	6.62	5.27	5.15
制造业：木材家具	5.03	5.55	4.09	5.68	5.36	5.14
采矿业	4.08	4.90	5.24	6.06	5.04	5.06
建筑业	4.13	4.84	5.89	5.11	4.94	4.98
制造业：石油化工	4.26	5.07	4.94	5.20	5.25	4.94
制造业：金属与非金属	4.33	5.23	4.85	5.23	5.01	4.93
制造业：机械设备	4.09	4.39	5.23	4.81	5.88	4.88
制造业：造纸印刷	4.63	5.15	4.29	4.95	5.29	4.86
文化、体育和娱乐业	3.92	4.30	4.75	6.05	4.59	4.72

由表 5.24 可知，各行业上市公司品牌优势年度得分涨幅波动较大，最高年度涨幅达到 68.18%，最低为-40.08%；其中仅电子器件制造业和生物制药制造业两个行业在 2012～2015 年未出现跌幅。从累计涨幅来看，各行业上市公司品牌优势波动差距不大，但仅科学研究和技术服务业累计涨幅为负，表明该行业在“十二五”期间品牌优势的整体呈下滑趋势。

表 5.24 不同行业上市公司品牌优势得分变动幅度情况

证监会行业分类	2012 年涨幅/%	2013 年涨幅/%	2014 年涨幅/%	2015 年涨幅/%	累计涨幅/%
房地产业	59.48	−9.32	33.47	−20.39	53.64
制造业：机械设备	7.33	19.13	−8.03	22.25	43.77
信息技术、软件信息技术服务业	13.30	13.89	6.19	−1.78	34.59
制造业：电子器件	3.02	9.85	9.73	4.52	29.81
批发和零售业	0	2.84	51.22	−17.42	28.43
采矿业	20.10	6.94	15.65	−16.83	23.53
制造业：石油化工	19.01	−2.56	5.26	0.96	23.24
制造业：其他制造业	11.02	−6.74	11.24	5.60	21.62
农、林、牧、渔业	24.95	−9.90	5.78	0.73	19.96
建筑业	17.19	21.69	−13.24	−3.33	19.61
制造业：生物制药	3.25	11.16	2.40	0.83	18.51
文化、体育和娱乐业	9.69	10.47	27.37	−24.13	17.09

续表

证监会行业分类	2012 年涨幅/%	2013 年涨幅/%	2014 年涨幅/%	2015 年涨幅/%	累计涨幅/%
制造业：金属与非金属	20.79	−7.27	7.84	−4.21	15.70
水利、环境和公共设施管理业	68.18	−22.16	−9.55	−3.07	14.77
制造业：造纸印刷	11.23	−16.70	15.38	6.87	14.25
交通运输、仓储邮政业	33.81	−14.79	20.98	−22.12	7.42
制造业：纺织服饰	0.55	0.18	10.71	−3.77	7.31
制造业：木材家具	10.34	−26.31	38.88	−5.63	6.56
制造业：食品饮料	−9.92	22.46	3.29	−7.71	5.15
电力、热力、燃气及水生产和供应业	48.92	−40.08	6.14	10.95	5.09
科学研究和技术服务业	3.49	−14.63	15.44	−12.56	−10.82

3. 市场占有率评价

市场占有率是反映企业市场竞争地位和经营业绩的重要指标。基于不同行业各年度市场占有率得分及其均值得到表 5.25。从评价结果中可以看出，电子器件制造业与机械设备制造业分别以 8.66 分和 8.64 分排名第一和第二位，也是各行业中少数突破 8 分的行业，领先优势较为明显。相比之下，排名第一与排名最后的企业相差近 4 分，不同行业上市公司在市场占有率方面的均值分布较为分散，传统行业多集中在中下游水平。

表 5.25　2011～2015 年不同行业上市公司市场占有率评价结果

单位：分

证监会行业分类	2011 年	2012 年	2013 年	2014 年	2015 年	五年均值
制造业：电子器件	7.74	8.93	8.43	8.94	9.26	8.66
制造业：机械设备	8.98	9.98	5.92	11.87	6.42	8.64
采矿业	6.41	6.01	8.90	9.73	6.41	7.49
制造业：金属与非金属	5.40	7.81	7.39	6.19	7.69	6.90
科学研究和技术服务业	5.90	7.47	7.44	5.30	8.30	6.88
制造业：食品饮料	5.31	6.88	7.83	7.57	6.41	6.80
建筑业	7.24	5.99	7.20	6.28	6.67	6.67
制造业：其他制造业	5.60	6.64	8.06	6.99	5.97	6.65
制造业：造纸印刷	5.67	6.52	6.59	6.61	6.97	6.47
交通运输、仓储邮政业	6.17	7.27	6.23	6.97	5.47	6.42
制造业：木材家具	5.47	6.94	6.02	7.33	5.74	6.30
制造业：生物制药	5.23	5.46	6.14	6.51	6.86	6.04
批发和零售业	5.03	6.35	6.34	4.54	7.27	5.91
水利、环境和公共设施管理业	5.78	4.30	5.15	6.65	7.56	5.89
制造业：石油化工	4.20	5.88	5.95	6.48	6.38	5.78
制造业：纺织服饰	4.58	6.20	6.32	5.03	6.67	5.76
信息技术、软件信息技术服务业	3.98	4.74	6.14	6.38	6.66	5.58
农、林、牧、渔业	3.21	4.45	6.21	6.50	7.13	5.50
房地产业	3.06	4.12	6.30	4.76	6.54	4.96
电力、热力、燃气及水生产和供应业	4.72	5.95	4.59	5.09	4.32	4.94
文化、体育和娱乐业	5.06	4.52	3.84	7.16	3.91	4.90

由表 5.26 可知，各行业上市公司市场占有率得分涨幅波动较大，最高年度涨幅为 100.51%，最低为-45.91%；其中，仅农、林、牧、渔业，信息技术、软件信息技术服务业，生物制药制造业及造纸印刷制造业 4 个行业在 2011～2015 年未出现跌幅。累计涨幅来看，农、林、牧、渔业与房地产业均超过了 100%，可见上述行业在 2011～2015 年的波动情况较大；此外，多数行业上市公司的市场份额累计涨幅保持在 70%以内，但建筑业等仅 5 个行业累计涨幅为负，表明该行业在“十二五”期间市场份额的整体呈下滑趋势。

表 5.26　不同行业上市公司市场占有率得分变动幅度情况

证监会行业分类	2012 年涨幅/%	2013 年涨幅/%	2014 年涨幅/%	2015 年涨幅/%	累计涨幅/%
农、林、牧、渔业	38.63	39.55	4.67	9.69	122.12
房地产业	34.64	52.91	−24.44	37.39	113.73
信息技术、软件信息技术服务业	19.10	29.54	3.91	4.39	67.34
制造业：石油化工	40.00	1.19	8.91	−1.54	51.90
制造业：纺织服饰	35.37	1.94	−20.41	32.60	45.63
批发和零售业	26.24	−0.16	−28.39	60.13	44.53
制造业：金属与非金属	44.63	−5.38	−16.24	24.23	42.41
科学研究和技术服务业	26.61	−0.40	−28.76	56.60	40.68
制造业：生物制药	4.40	12.45	6.03	5.38	31.17
水利、环境和公共设施管理业	−25.61	19.77	29.13	13.68	30.80
制造业：造纸印刷	14.99	1.07	0.30	5.45	22.93
制造业：食品饮料	29.57	13.81	−3.32	−15.32	20.72
制造业：电子器件	15.37	−5.60	6.05	3.58	19.64
制造业：其他制造业	18.57	21.39	−13.28	−14.59	6.61
制造业：木材家具	26.87	−13.26	21.76	−21.69	4.94
采矿业	−6.24	48.09	9.33	−34.12	0.00
建筑业	−17.27	20.20	−12.78	6.21	−7.87
电力、热力、燃气及水生产和供应业	26.06	−22.86	10.89	−15.13	−8.47
交通运输、仓储邮政业	17.83	−14.31	11.88	−21.52	−11.35
文化、体育和娱乐业	−10.67	−15.04	86.46	−45.39	−22.73
制造业：机械设备	11.14	−40.68	100.51	−45.91	−28.51

4. 超额收益率评价

无形资产同有形资产的本质区别在于其能为企业创造超额利润及巨大市场价值，超额收益率能够体现无形资产的有效使用状况。基于不同行业各年度超额收益率得分及其均值得到表 5.27。从评价结果中可以看出，不同于其他二级指标均值之间的较大差距，不同行业上市公司的超额收益率得分均值分布较为均匀且差距不大。其中，仅电子器件制造业的均值在 4 分以下。总体看来，我国各行业上市公司的超额收益率分布较为集中，行业间差距较小，但也进一步说明我国上市公司在无形资产的利用和转化方面整体上有待提高。

表 5.27　2011～2015 年不同行业上市公司超额收益率评价结果

单位：分

证监会行业分类	2011 年	2012 年	2013 年	2014 年	2015 年	五年均值
科学研究和技术服务业	5.52	6.86	4.97	6.16	4.72	5.64
交通运输、仓储邮政业	7.33	4.43	6.02	5.15	4.96	5.58
文化、体育和娱乐业	7.82	4.82	5.45	5.07	4.37	5.50
制造业：木材家具	4.95	4.62	7.06	4.75	4.89	5.25
制造业：生物制药	5.12	4.74	5.18	5.16	5.04	5.05
水利、环境和公共设施管理业	4.87	5.22	6.37	4.54	4.10	5.02
房地产业	4.89	5.60	4.66	5.56	4.38	5.02
信息技术、软件信息技术服务业	5.25	4.54	5.11	5.08	4.83	4.96
制造业：其他制造业	4.91	4.67	5.30	5.22	4.51	4.92
批发和零售业	4.99	4.72	4.95	5.02	4.89	4.91
电力、热力、燃气及水生产和供应业	5.24	4.21	5.50	4.67	4.22	4.77
农、林、牧、渔业	4.18	5.15	4.82	4.74	4.55	4.69
建筑业	4.68	4.63	4.12	4.81	4.58	4.56
制造业：纺织服饰	4.33	4.61	4.81	4.10	4.51	4.47
制造业：造纸印刷	4.78	4.61	4.15	4.13	4.60	4.45
采矿业	4.25	4.59	4.23	4.25	4.45	4.35
制造业：石油化工	3.49	4.60	4.80	4.30	4.55	4.35
制造业：金属与非金属	3.67	3.69	4.00	4.80	5.56	4.34
制造业：机械设备	3.59	3.66	4.83	4.08	5.04	4.24
制造业：食品饮料	4.82	3.88	3.88	4.01	4.07	4.13
制造业：电子器件	3.53	3.77	3.92	4.10	4.29	3.92

由表 5.28 可知，各行业上市公司超额收益率年度得分涨幅波动较大，最高年度涨幅为 52.81%，最低为-39.56%；其中，仅金属与非金属制造业及电子器件制造业的年度得分在 2011～2015 年保持持续增长，其他行业均呈现不同程度的涨跌幅。累计涨幅来看，仅七个行业实现了正向涨幅，一半以上的行业整体上没有实现超额收益能力的提升，受宏观经济下行的影响，累计涨幅为负的行业多数在 2015 年出现了超额收益率下跌的情况。

表 5.28　不同行业上市公司超额收益率得分变动幅度情况

证监会行业分类	2012 年涨幅/%	2013 年涨幅/%	2014 年涨幅/%	2015 年涨幅/%	累计涨幅/%
制造业：金属与非金属	0.54	8.40	20.00	15.83	51.50
制造业：机械设备	1.95	31.97	−15.53	23.53	40.39
制造业：石油化工	31.81	4.35	−10.42	5.81	30.37
制造业：电子器件	6.80	3.98	4.59	4.63	21.53
农、林、牧、渔业	23.21	−6.41	−1.66	−4.01	8.85
采矿业	8.00	−7.84	0.47	4.71	4.71
制造业：纺织服饰	6.47	4.34	−14.76	10.00	4.16
制造业：木材家具	−6.67	52.81	−32.72	2.95	−1.21
制造业：生物制药	−7.42	9.28	−0.39	−2.33	−1.56
批发和零售业	−5.41	4.87	1.41	−2.59	−2.00
建筑业	−1.07	−11.02	16.75	−4.78	−2.14

续表

证监会行业分类	2012 年涨幅/%	2013 年涨幅/%	2014 年涨幅/%	2015 年涨幅/%	累计涨幅/%
制造业：造纸印刷	-3.56	-9.98	-0.48	11.38	-3.77
信息技术、软件信息技术服务业	-13.52	12.56	-0.59	-4.92	-8.00
制造业：其他制造业	-4.89	13.49	-1.51	-13.60	-8.15
房地产业	14.52	-16.79	19.31	-21.22	-10.43
科学研究和技术服务业	24.28	-27.55	23.94	-23.38	-14.49
制造业：食品饮料	-19.50	0	3.35	1.50	-15.56
水利、环境和公共设施管理业	7.19	22.03	-28.73	-9.69	-15.81
电力、热力、燃气及水生产和供应业	-19.66	30.64	-15.09	-9.64	-19.47
交通运输、仓储邮政业	-39.56	35.89	-14.45	-3.69	-32.33
文化、体育和娱乐业	-38.36	13.07	-6.97	-13.81	-44.12

三、可持续发展能力评价

企业可持续发展能力是指企业在追求长久生存与持续发展的过程中，既能实现经营目标、确保市场地位，又能使企业在已经领先的竞争领域和未来的扩展经营环境中保持优势、持续盈利，并在相当长的时间内稳健成长的能力。现有研究表明，可持续竞争优势源于与同类型企业的差异，而对无形资产的管理恰恰反映了这种差异。因此，企业通过变革和创新，可以不断巩固、保持和提升企业核心能力以获取持续发展。

1. 总体评价

经过对各行业上市公司 2011～2015 年可持续发展能力得分进行评价并计算总分平均值，得到表 5.29 所示的不同行业上市公司可持续发展能力得分及排名情况。前三位的行业依次为信息技术、软件信息技术服务业（22.99 分），文化、体育和娱乐业（20.46 分），科学研究和技术服务业（19.62 分）；而排名后三位的行业依次为采矿业（14.79 分）、金属与非金属制造业（14.67 分）及造纸印刷制造业（14.65 分）。

表 5.29　2011～2015 年不同行业上市公司可持续发展能力得分及排名情况

单位：分

排名	证监会行业分类	2011 年	2012 年	2013 年	2014 年	2015 年	五年均值
1	信息技术、软件信息技术服务业	28.45	26.25	19.49	20.70	20.07	22.99
2	文化、体育和娱乐业	15.92	22.00	22.23	19.83	22.32	20.46
3	科学研究和技术服务业	17.37	16.24	18.34	26.79	19.35	19.62
4	制造业：生物制药	17.20	18.33	18.96	19.82	20.63	18.99
5	制造业：其他制造业	15.68	14.95	19.33	20.19	21.98	18.43
6	制造业：木材家具	18.91	14.73	19.54	16.77	21.93	18.37
7	水利、环境和公共设施管理业	17.76	20.55	19.73	19.36	14.14	18.31
8	房地产业	18.17	18.16	17.90	17.21	18.97	18.08
9	建筑业	16.88	16.29	19.48	18.54	18.07	17.85
10	批发和零售业	16.89	16.43	17.94	17.59	19.66	17.70
11	电力、热力、燃气及水生产和供应业	16.18	12.81	18.90	19.23	16.42	16.71
12	制造业：纺织服饰	15.20	15.02	16.02	19.25	17.20	16.54
13	制造业：石油化工	16.67	14.90	15.95	17.21	17.01	16.35

续表

排名	证监会行业分类	2011 年	2012 年	2013 年	2014 年	2015 年	五年均值
14	制造业：电子器件	15.24	14.06	17.55	15.59	18.03	16.09
15	交通运输、仓储邮政业	15.37	14.08	15.70	15.78	17.53	15.69
16	农、林、牧、渔业	14.39	13.72	16.05	17.08	16.91	15.63
17	制造业：食品饮料	15.99	14.13	12.72	14.10	18.75	15.14
18	制造业：机械设备	12.65	13.03	16.44	13.57	18.51	14.84
19	采矿业	15.64	15.27	13.14	12.84	17.04	14.79
20	制造业：金属与非金属	17.50	11.15	12.46	16.84	15.38	14.67
21	制造业：造纸印刷	15.10	14.67	13.78	13.07	16.64	14.65

1）前三位分析

排名前三位的行业均为新兴行业。

（1）信息技术、软件信息技术服务业以平均分 22.99 分排名可持续发展能力首位。信息技术、软件信息技术服务业的可持续发展能力平均分值超过第二名 2 分，领先优势较为明显。随着数字化研发设计工具的日益普及，加速催生融合性新兴产业，促进了信息消费迅速扩大，平台化、网络化、服务化的商业模式创新成效显著，涌现出社交网络、搜索引擎、位置服务等一批创新性产品和服务，也使该行业获得更大的增值与发展空间。

（2）文化、体育和娱乐业以平均分 20.46 分排名可持续发展能力第二名。“十二五”期间，文化产业持续受到国家重视，国家层面已多次出台有利于文化行业健康发展的政策。2014 年 3～8 月，文化、体育和娱乐业新登记注册企业同比增长 101.51%（李更明，2007）。2015 年，全国文化、体育和娱乐业固定资产投资额同比增长 8.9%①。而“互联网+”战略的实施，影视、动漫、传媒等子行业的高速发展，也为文化、体育和娱乐业的可持续发展奠定了良好基础。

（3）科学研究和技术服务业以平均分 19.62 分排名可持续发展能力第三位。科学研究和技术服务是我国创新驱动发展战略及“双创”最直接的受益者，具有长期发展潜力；伴随着国家对战略性新兴产业的激励，该行业未来会具有良好的发展前景。

2）后三位分析

排名后三位的行业均为传统行业，且伴有资源依赖性。

（1）采矿业以平均分 14.79 分排名可持续发展能力倒数第三位。当前，国内矿业行业市场化程度不高，体制总体较为僵化，企业多而小，大部分企业负担重②，加之中国大宗矿产品资源自身禀赋条件差，对外依存度高，使得行业整体仍停留在保生存的阶段，创新与改革力度不足，对行业的可持续发展形成了一定制约。

（2）金属与非金属制造业以平均分 14.67 分排名可持续发展能力倒数第二位。虽然我国非金属矿储量丰富，一些应用广泛的矿种储量位居世界前列，但金属与非金属的开采及生产制造同当前全球的发展理念与经济增长方式相悖，且该行业存在大量“僵尸企业”，整体处于衰落阶段，难以形成良好的发展潜力。

---

① 中华人民共和国国家统计局，2016. 2015 年国民经济和社会发展统计公报[EB/OL]. (2016-02-29) [2017-06-21]. http://www.stats.gov.cn/tjsj/zxfb/201602/ t20160229_1323991.html.

② 陈景河，2015. 经济新常态下中国矿业的现状与未来[EB/OL]. (2015-10-22) [2017-09-30]. http://www.mlr.gov.cn/xwdt/kyxw/201510/t20151021_ 1384918 .htm.

（3）造纸印刷制造业以平均分 14.65 分排名可持续发展能力末位。一方面，这源于森林等自然资源的枯竭及各方保护环境的需求与压力；另一方面，电子商务的推进及无纸化办公的倡导，严重影响该行业的发展前景。

由各行业可持续发展能力均值分布情况来看，不同行业的可持续发展能力得分由 14.65 分到 22.99 分，分数跨度较大，体现了不同行业的可持续发展能力存在一定差异。除排名前三位的行业梯队外，其他行业的均值分布较为均匀，特别是排名靠后的各行业之间的得分差距非常小。从行业分布来看，居于前列的多为新兴产业，传统行业主要分布在中下游区间，其发展前景不容乐观，持续发展的驱动力尚未形成。

由表 5.30 可知，“十二五”期间各行业上市公司可持续发展能力年度增幅变化不大，仅生物制药制造业在 2012～2015 年保持持续增长态势。从累计涨幅排名来看，位列前三的机械设备制造业，文化、体育和娱乐业，以及其他制造业的累计涨幅均超过 40%，明显领先于排名第四的生物制药业（19.95%）。值得关注的是，在可持续发展能力得分中排名第一的信息技术、软件信息技术服务业，在得分变动中排名最后，累计涨幅为负，表明该行业在“十二五”期间整体可持续发展能力有所下滑。

表 5.30　不同行业上市公司可持续发展能力得分变动幅度情况

排名	证监会行业分类	2012 年涨幅/%	2013 年涨幅/%	2014 年涨幅/%	2015 年涨幅/%	累计涨幅/%
1	制造业：机械设备	2.99	26.18	−17.47	36.45	46.34
2	文化、体育和娱乐业	38.15	1.07	−10.79	12.53	40.17
3	制造业：其他制造业	−4.69	29.31	4.48	8.84	40.15
4	制造业：生物制药	6.56	3.46	4.53	4.09	19.95
5	制造业：电子器件	−7.77	24.86	−11.19	15.68	18.31
6	农、林、牧、渔业	−4.62	16.97	6.38	−1.00	17.49
7	制造业：食品饮料	−11.61	−10.01	10.84	33.00	17.25
8	批发和零售业	−2.74	9.23	−1.99	11.80	16.41
9	制造业：木材家具	−22.09	32.63	−14.15	30.75	15.98
10	交通运输、仓储邮政业	−8.42	11.55	0.47	11.12	14.06
11	制造业：纺织服饰	−1.17	6.70	20.12	−10.63	13.20
12	科学研究和技术服务业	−6.48	12.95	46.05	−27.76	11.45
13	制造业：造纸印刷	−2.87	−6.04	−5.21	27.36	10.18
14	采矿业	−2.36	−13.96	−2.29	32.68	8.91
15	建筑业	−3.50	19.58	−4.80	−2.56	7.04
16	房地产业	−0.05	−1.48	−3.86	10.28	4.41
17	制造业：石油化工	−10.62	7.06	7.88	−1.18	2.01
18	电力、热力、燃气及水生产和供应业	−20.79	47.47	1.75	−14.63	1.47
19	制造业：金属与非金属	−36.32	11.83	35.12	−8.66	−12.12
20	水利、环境和公共设施管理业	15.70	−4.01	−1.85	−26.97	−20.39
21	信息技术、软件信息技术服务业	−7.76	−25.75	6.23	−3.07	−29.47

基于不同行业上市公司可持续发展能力得分及波动情况，进一步就各行业排名变化进行深入分析（表 5.31）可知，多数行业的排名在 2011～2015 年出现了较大波动，且个别行业的年度排名与最终均值排名相差甚远。尽管信息技术、软件信息技术服务业与文化、体育和娱乐业分列均值排行的前两名，但两个行业呈现出不同的变化趋势。信息

技术、软件信息技术服务业由最初的年度排行第一到 2015 年下跌到第五位，而文化、体育和娱乐业由最初的中下游排位五年间上升了 12 个名次，这体现了后者可观的发展前景。此外，对不同行业的年度排名进行横向对比发现，其他制造业在 2011～2015 年的排名逐年递增，是制造业中也是总排名中唯一呈现持续上涨态势的行业，五年间排名上升了 12 位。

表 5.31　2011～2015 年不同行业上市公司可持续发展能力得分排名对比

证监会行业分类	2011 年排名	2012 年排名	2013 年排名	2014 年排名	2015 年排名	均值排名
信息技术、软件信息技术服务业	1	1	4	2	5	1
文化、体育和娱乐业	13	2	1	4	1	2
科学研究和技术服务业	6	8	9	1	7	3
制造业：生物制药	7	4	7	5	4	4
制造业：其他制造业	14	11	6	3	2	5
制造业：木材家具	2	13	3	15	3	6
水利、环境和公共设施管理业	4	3	2	6	21	7
房地产业	3	5	11	12	8	8
建筑业	9	7	5	9	11	9
批发和零售业	8	6	10	10	6	10
电力、热力、燃气及水生产和供应业	11	20	8	8	19	11
制造业：纺织服饰	18	10	15	7	14	12
制造业：石油化工	10	12	16	11	16	13
制造业：电子器件	17	17	12	17	12	14
交通运输、仓储邮政业	16	16	17	16	13	15
农、林、牧、渔业	20	18	14	13	17	16
制造业：食品饮料	12	15	20	18	9	17
制造业：机械设备	21	19	13	19	10	18
采矿业	15	9	19	21	15	19
制造业：金属与非金属	5	21	21	14	20	20
制造业：造纸印刷	19	14	18	20	18	21

2. 资产增长率评价

资产的扩张代表规模的发展，是企业持续成长的基础。基于不同行业各年度资产增长率得分及其均值得到表 5.32。从评价结果中可以看出，排名前三位的依次为纺织服饰制造业（4.33 分），文化、体育和娱乐业（4.25 分）及其他制造业（4.23 分）。整体看来，排名靠前的行业领先优势并不明显，多数行业得分集中在 3～4 分的中游水平，各行业的资产增长率的分数差距较小，缺乏优势明显的领头行业，说明我国上市公司目前的规模扩张速度有所放缓，这与当前我国宏观经济增速放缓相一致。

表 5.32　2011～2015 年不同行业上市公司资产增长率评价结果

单位：分

证监会行业分类	2011 年	2012 年	2013 年	2014 年	2015 年	五年均值
制造业：纺织服饰	2.70	2.89	3.25	8.68	4.16	4.33
文化、体育和娱乐业	4.00	7.10	3.96	3.63	2.58	4.25
制造业：其他制造业	3.61	2.88	4.11	3.34	7.21	4.23

续表

证监会行业分类	2011 年	2012 年	2013 年	2014 年	2015 年	五年均值
信息技术、软件信息技术服务业	4.82	3.59	3.45	3.48	4.29	3.93
房地产业	5.63	3.55	3.32	2.71	4.04	3.85
水利、环境和公共设施管理业	3.95	4.27	4.06	3.28	3.40	3.79
制造业：石油化工	7.02	2.86	3.26	1.70	4.02	3.77
电力、热力、燃气及水生产和供应业	2.88	3.19	4.17	3.41	5.07	3.74
科学研究和技术服务业	3.32	2.68	3.34	4.23	4.13	3.54
制造业：生物制药	3.67	2.49	3.48	3.52	4.44	3.52
批发和零售业	3.56	2.92	3.31	3.46	4.30	3.51
制造业：木材家具	5.51	2.84	2.57	3.25	3.13	3.46
农、林、牧、渔业	3.70	2.55	3.27	3.24	4.01	3.35
采矿业	5.18	2.88	2.08	2.47	3.94	3.31
制造业：食品饮料	3.62	2.72	2.12	3.03	4.81	3.26
建筑业	3.27	2.98	2.64	3.33	4.05	3.25
制造业：造纸印刷	3.51	2.84	2.62	1.95	4.00	2.98
交通运输、仓储邮政业	3.46	3.25	2.50	1.94	3.27	2.89
制造业：机械设备	2.39	2.10	3.28	2.21	3.50	2.70
制造业：金属与非金属	2.31	1.69	1.96	3.23	4.09	2.65
制造业：电子器件	2.50	2.43	2.09	2.25	3.34	2.52

由表 5.33 可知，各行业上市公司资产增长率年度得分涨幅波动较大，最高年度涨幅为 167.08%，最低为-59.26%，且 21 个行业在 2012～2015 年均呈现不同程度的涨跌幅。从累计涨幅来看，尽管排名前四的行业五年间累计增长超过 50%，但仍有 8 个行业的累计增幅为负。其中，石油化工制造业和木材家具制造业的资产增长率累计下滑超过 40%，针对当前全球资源日益枯竭的现状，未来的行业发展及规模拓展受到一定局限。

表 5.33　不同行业上市资产增长率得分变动幅度情况

证监会行业分类	2012 年涨幅/%	2013 年涨幅/%	2014 年涨幅/%	2015 年涨幅/%	累计涨幅/%
制造业：其他制造业	−20.22	42.71	−18.73	115.87	99.72
制造业：金属与非金属	−26.84	15.98	64.80	26.63	77.06
电力、热力、燃气及水生产和供应业	10.76	30.72	−18.23	48.68	76.04
制造业：纺织服饰	7.04	12.46	167.08	−52.07	54.07
制造业：机械设备	−12.13	56.19	−32.62	58.37	46.44
制造业：电子器件	−2.80	−13.99	7.66	48.44	33.60
制造业：食品饮料	−24.86	−22.06	42.92	58.75	32.87
科学研究和技术服务业	−19.28	24.63	26.65	−2.36	24.40
建筑业	−8.87	−11.41	26.14	21.62	23.85
制造业：生物制药	−32.15	39.76	1.15	26.14	20.98
批发和零售业	−17.98	13.36	4.53	24.28	20.79
制造业：造纸印刷	−19.09	−7.75	−25.57	105.13	13.96
农、林、牧、渔业	−31.08	28.24	−0.92	23.77	8.38
交通运输、仓储邮政业	−6.07	−23.08	−22.40	68.56	−5.49
信息技术、软件信息技术服务业	−25.52	−3.90	0.87	23.28	−11.00
水利、环境和公共设施管理业	8.10	−4.92	−19.21	3.66	−13.92
采矿业	−44.40	−27.78	18.75	59.51	−23.94

续表

证监会行业分类	2012 年涨幅/%	2013 年涨幅/%	2014 年涨幅/%	2015 年涨幅/%	累计涨幅/%
房地产业	-36.94	-6.48	-18.37	49.08	-28.24
文化、体育和娱乐业	77.50	-44.23	-8.33	-28.93	-35.50
制造业：石油化工	-59.26	13.99	-47.85	136.47	-42.74
制造业：木材家具	-48.46	-9.51	26.46	-3.69	-43.19

3. 无形资产收益率评价

无形资产是企业创造核心竞争力和企业价值的异质性资源，无形资产收益率作为单位无形资产的盈利能力，体现了对无形资产的利用和转化。基于不同行业各年度无形资产收益率得分及其均值得到表 5.34。从评价结果可以看出，排名前三位的依次为信息技术、软件信息技术服务业（9.23 分），文化、体育和娱乐业（8.54 分），科学研究和技术服务业（6.76 分）；三个行业均值呈现阶梯式分布，其中信息技术、软件信息技术服务业体现了较强的无形资产应用与转化能力。排名后三位的为石油化工、造纸印刷及机械设备三个制造业行业，在一定程度上表明传统制造业行业在利用无形资产盈利方面还存在短板。

表 5.34　2011～2015 年不同行业上市公司无形资产收益率评价结果

单位：分

证监会行业分类	2011 年	2012 年	2013 年	2014 年	2015 年	五年均值
信息技术、软件信息技术服务业	15.27	13.12	5.84	6.64	5.29	9.23
文化、体育和娱乐业	4.03	8.37	11.76	6.70	11.84	8.54
科学研究和技术服务业	4.91	4.54	5.49	13.98	4.89	6.76
电力、热力、燃气及水生产和供应业	8.21	3.08	8.36	8.39	3.95	6.40
制造业：其他制造业	5.11	4.46	7.62	7.05	6.89	6.23
房地产业	5.39	6.43	6.52	6.70	5.90	6.19
制造业：生物制药	5.71	4.77	6.36	6.95	6.15	5.99
建筑业	7.17	4.60	5.42	6.01	4.82	5.60
批发和零售业	5.80	4.71	5.90	5.06	5.56	5.41
水利、环境和公共设施管理业	5.42	6.36	5.58	6.59	2.69	5.33
制造业：木材家具	5.39	4.09	6.65	5.57	3.61	5.07
交通运输、仓储邮政业	5.43	3.29	5.24	2.87	6.67	4.70
制造业：纺织服饰	5.72	4.55	5.12	3.03	4.76	4.64
制造业：金属与非金属	9.29	2.35	3.25	5.37	2.59	4.57
农、林、牧、渔业	4.00	3.00	4.60	5.39	4.26	4.25
制造业：电子器件	3.37	2.65	7.28	4.12	3.78	4.24
制造业：食品饮料	5.15	4.01	3.07	2.78	5.41	4.08
采矿业	3.67	4.07	4.50	3.16	4.09	3.90
制造业：石油化工	2.58	4.15	4.72	3.38	4.41	3.85
制造业：造纸印刷	4.68	4.10	2.69	3.41	4.31	3.84
制造业：机械设备	2.79	2.52	4.85	2.75	5.91	3.76

整体来看，我国不同行业上市公司之间的无形资产盈利能力差距较大，信息技术、软件信息技术服务业与排名最后的机械制造业更是相差 5 分之多。此外，五年均值在 6 分以下的行业分布较为均匀，这表明领军行业优势较为突出，而其他行业之间的差距不

甚明显，多数行业仍需要进一步完善自身创新成果的产业化效果。

对各行业五年间无形资产收益率的年度涨幅及累计涨幅进行统计，得到表 5.35。各行业上市公司无形资产收益率年度得分涨幅波动较大，最高年度涨幅 174.72%，最低为 -74.70%，且 21 个行业均在 2012～2015 年出现不同程度的涨跌幅。从累计涨幅来看，尽管排名靠前的文化、体育和娱乐业与机械设备制造业上市公司的累计涨幅突破 100%，但仍有近一半的行业累计增幅为负，其中排名后四位的行业累计跌幅超过 50%，表明“十二五”期间我国上市公司整体无形资产的应用与转化能力有待提高。

表 5.35　不同行业上市公司无形资产收益率得分变动幅度情况

证监会行业分类	2012 年涨幅/%	2013 年涨幅/%	2014 年涨幅/%	2015 年涨幅/%	累计涨幅/%
文化、体育和娱乐业	107.69	40.50	-43.03	76.72	193.80
制造业：机械设备	-9.68	92.46	-43.30	114.91	111.83
制造业：石油化工	60.85	13.73	-28.39	30.47	70.93
制造业：其他制造业	-12.72	70.85	-7.48	-2.27	34.83
交通运输、仓储邮政业	-39.41	59.27	-45.23	132.40	22.84
制造业：电子器件	-21.36	174.72	-43.41	-8.25	12.17
采矿业	10.90	10.57	-29.78	29.43	11.44
房地产业	19.29	1.40	2.76	-11.94	9.46
制造业：生物制药	-16.46	33.33	9.28	-11.51	7.71
农、林、牧、渔业	-25.00	53.33	17.17	-20.96	6.50
制造业：食品饮料	-22.14	-23.44	-9.45	94.60	5.05
科学研究和技术服务业	-7.54	20.93	154.64	-65.02	-0.41
批发和零售业	-18.79	25.27	-14.24	9.88	-4.14
制造业：造纸印刷	-12.39	-34.39	26.77	26.39	-7.91
制造业：纺织服饰	-20.45	12.53	-40.82	57.10	-16.78
建筑业	-35.84	17.83	10.89	-19.80	-32.78
制造业：木材家具	-24.12	62.59	-16.24	-35.19	-33.02
水利、环境和公共设施管理业	17.34	-12.26	18.10	-59.18	-50.37
电力、热力、燃气及水生产和供应业	-62.48	171.43	0.36	-52.92	-51.89
信息技术、软件信息技术服务业	-14.08	-55.49	13.70	-20.33	-65.36
制造业：金属与非金属	-74.70	38.30	65.23	-51.77	-72.12

4. 员工素质评价

较高的员工素质意味着企业具有良好的创新氛围与能力。基于不同行业各年度员工素质得分及其均值得到表 5.36。从评价结果中可以看出，科学研究和技术服务业与信息技术、软件信息技术服务业分别以 5.34 分和 5.23 分领先于其他各行业，体现出上述行业运用现代科技知识和手段向社会提供智力成果的行业特征。各行业员工素质均值分布来看，不同行业上市公司的员工素质得分差距较小，科学研究和技术服务业与排名垫底的电力、热力、燃气及水生产和供应业仅相差 2 分，但传统行业排名较为靠后。

表 5.36　2011～2015 年不同行业上市公司员工素质评价结果

单位：分

证监会行业分类	2011 年	2012 年	2013 年	2014 年	2015 年	五年均值
科学研究和技术服务业	5.68	5.49	5.60	4.36	5.56	5.34
信息技术、软件信息技术服务业	3.69	4.33	6.18	6.15	5.82	5.23
制造业：电子器件	4.24	4.73	4.67	5.38	5.58	4.92
制造业：生物制药	4.21	4.75	4.98	4.92	4.92	4.76
批发和零售业	4.25	4.24	4.82	4.49	4.95	4.55
房地产业	4.16	4.86	4.28	4.79	4.60	4.54
水利、环境和公共设施管理业	4.52	3.76	4.85	5.41	3.86	4.48
制造业：木材家具	3.73	3.82	6.86	3.71	4.23	4.47
制造业：机械设备	4.07	4.45	4.26	4.37	4.52	4.33
农、林、牧、渔业	4.07	5.02	4.26	4.16	4.14	4.33
制造业：其他制造业	3.52	3.67	5.42	4.96	3.72	4.26
建筑业	3.64	4.50	3.40	4.63	4.54	4.14
交通运输、仓储邮政业	4.17	3.76	3.76	5.05	3.52	4.05
文化、体育和娱乐业	4.09	3.57	3.32	5.01	4.27	4.05
制造业：造纸印刷	3.45	3.68	4.27	4.70	3.75	3.97
制造业：石油化工	3.79	3.84	3.96	4.14	3.92	3.93
制造业：食品饮料	3.64	3.72	4.02	4.30	3.87	3.91
制造业：纺织服饰	3.96	3.64	3.77	3.99	3.75	3.82
制造业：金属与非金属	3.08	3.89	3.71	3.88	4.48	3.81
采矿业	3.65	3.87	3.35	3.78	3.91	3.71
电力、热力、燃气及水生产和供应业	2.59	3.45	3.51	3.59	3.39	3.30

对各行业五年间员工素质得分的年度涨幅及累计涨幅的统计得到表 5.37。各行业上市公司员工素质年度得分涨幅波动较大，最高年度涨幅为 79.58%，最低为-45.92%，且各行业在 2012～2015 年均呈现不同程度的涨跌幅，且信息技术、软件信息技术服务业等 9 个行业出现两次以上跌幅。从累计涨幅来看，各行业上市公司员工素质得分累计涨幅差距不大，但交通运输、仓储邮政业等四个行业在“十二五”期间整体呈现下滑趋势。

表 5.37　不同行业上市公司员工素质得分变动幅度情况

证监会行业分类	2012 年涨幅/%	2013 年涨幅/%	2014 年涨幅/%	2015 年涨幅/%	累计涨幅/%
信息技术、软件信息技术服务业	17.34	42.73	−0.49	−5.37	57.72
制造业：金属与非金属	26.30	−4.63	4.58	15.46	45.45
制造业：电子器件	11.56	−1.27	15.20	3.72	31.60
电力、热力、燃气及水生产和供应业	33.20	1.74	2.28	−5.57	30.89
建筑业	23.63	−24.44	36.18	−1.94	24.73
制造业：生物制药	12.83	4.84	−1.20	0.00	16.86
批发和零售业	−0.24	13.68	−6.85	10.24	16.47
制造业：木材家具	2.41	79.58	−45.92	14.02	13.40
制造业：机械设备	9.34	−4.27	2.58	3.43	11.06
房地产业	16.83	−11.93	11.92	−3.97	10.58
制造业：造纸印刷	6.67	16.03	10.07	−20.21	8.70
采矿业	6.03	−13.44	12.84	3.44	7.12
制造业：食品饮料	2.20	8.06	6.97	−10.00	6.32

续表

证监会行业分类	2012 年涨幅/%	2013 年涨幅/%	2014 年涨幅/%	2015 年涨幅/%	累计涨幅/%
制造业：其他制造业	4.26	47.68	−8.49	−25.00	5.68
文化、体育和娱乐业	−12.71	−7.00	50.90	−14.77	4.40
制造业：石油化工	1.32	3.13	4.55	−5.31	3.43
农、林、牧、渔业	23.34	−15.14	−2.35	−0.48	1.72
科学研究和技术服务业	−3.35	2.00	−22.14	27.52	−2.11
制造业：纺织服饰	−8.08	3.57	5.84	−6.02	−5.30
水利、环境和公共设施管理业	−16.81	28.99	11.55	−28.65	−14.60
交通运输、仓储邮政业	−9.83	0	34.31	−30.30	−15.59

5. 每股无形资产评价

对每股无形资产进行考核符合上市公司的评价要求，体现了企业流通股中每股所蕴含创造异质性资源的能力。基于不同行业各年度每股无形资产年度得分及均值排名，得到表 5.38。从评价结果中可以看出，排名前三位的依次为木材家具制造业（5.38 分）、建筑业（4.85 分）及石油化工制造业（4.80 分）；排名后三位的行业为文化、体育和娱乐业（3.62 分），房地产业（3.51 分），电力、热力、燃气及水生产和供应业（3.26 分）。其中，木材家具制造业是全部行业中唯一突破 5 分的行业，表明其在每股无形资产方面具有明显优势。整体看来，各行业得分区间较为集中，不同行业上市公司在每股无形资产得分方面差距不大。

表 5.38　2011～2015 年不同行业上市公司每股无形资产评价结果

单位：分

证监会行业分类	2011 年	2012 年	2013 年	2014 年	2015 年	五年均值
制造业：木材家具	4.27	3.98	3.45	4.24	10.95	5.38
建筑业	2.80	4.21	8.02	4.58	4.66	4.85
制造业：石油化工	3.29	4.05	4.01	7.99	4.65	4.80
制造业：生物制药	3.61	6.32	4.14	4.43	5.12	4.72
水利、环境和公共设施管理业	3.89	6.16	5.23	4.08	4.19	4.71
信息技术、软件信息技术服务业	4.67	5.20	4.01	4.43	4.67	4.59
制造业：电子器件	5.13	4.24	3.50	3.83	5.33	4.41
批发和零售业	3.27	4.55	3.90	4.58	4.84	4.23
交通运输、仓储邮政业	2.31	3.78	4.20	5.92	4.08	4.06
制造业：机械设备	3.40	3.95	4.05	4.24	4.58	4.04
科学研究和技术服务业	3.46	3.53	3.91	4.23	4.77	3.98
制造业：食品饮料	3.58	3.68	3.51	3.99	4.65	3.88
采矿业	3.15	4.45	3.21	3.43	5.09	3.87
制造业：造纸印刷	3.46	4.04	4.20	3.01	4.58	3.86
制造业：纺织服饰	2.82	3.94	3.88	3.55	4.53	3.74
制造业：其他制造业	3.45	3.93	2.17	4.85	4.17	3.71
农、林、牧、渔业	2.62	3.15	3.93	4.28	4.49	3.69
制造业：金属与非金属	2.82	3.23	3.54	4.37	4.22	3.64
文化、体育和娱乐业	3.81	2.96	3.20	4.49	3.63	3.62
房地产业	2.99	3.32	3.78	3.01	4.43	3.51
电力、热力、燃气及水生产和供应业	2.50	3.10	2.86	3.85	4.01	3.26

由表 5.39 可知，各行业上市公司每股无形资产年度得分涨幅波动较大，最高年度涨幅为 158.25%，最低年度涨幅为-44.78%，且仅农、林、牧、渔业等三个行业在 2012～2015 年保持持续上涨。从累计涨幅来看，排名第一的木材家具制造业累计涨幅突破 150%；相比其他行业而言，文化、体育和娱乐业累计涨幅为负，该行业在“十二五”期间每股无形资产下滑趋势较为明显。

表 5.39 不同行业上市公司每股无形资产得分变动幅度情况

证监会行业分类	2012 年涨幅/%	2013 年涨幅/%	2014 年涨幅/%	2015 年涨幅/%	累计涨幅/%
制造业：木材家具	−6.79	−13.32	22.90	158.25	156.44
交通运输、仓储邮政业	63.64	11.11	40.95	−31.08	76.62
农、林、牧、渔业	20.23	24.76	8.91	4.91	71.37
建筑业	50.36	90.50	−42.89	1.75	66.43
采矿业	41.27	−27.87	6.85	48.40	61.59
制造业：纺织服饰	39.72	−1.52	−8.51	27.61	60.64
电力、热力、燃气及水生产和供应业	24.00	−7.74	34.62	4.16	60.40
制造业：金属与非金属	14.54	9.60	23.45	−3.43	49.65
房地产业	11.04	13.86	−20.37	47.18	48.16
批发和零售业	39.14	−14.29	17.44	5.68	48.01
制造业：生物制药	75.07	−34.49	7.00	15.58	41.83
制造业：石油化工	23.10	−0.99	99.25	−41.80	41.34
科学研究和技术服务业	2.02	10.76	8.18	12.77	37.86
制造业：机械设备	16.18	2.53	4.69	8.02	34.71
制造业：造纸印刷	16.76	3.96	−28.33	52.16	32.37
制造业：食品饮料	2.79	−4.62	13.68	16.54	29.89
制造业：其他制造业	13.91	−44.78	123.50	−14.02	20.87
水利、环境和公共设施管理业	58.35	−15.10	−21.99	2.70	7.71
制造业：电子器件	−17.35	−17.45	9.43	39.16	3.90
信息技术、软件信息技术服务业	11.35	−22.88	10.47	5.42	0
文化、体育和娱乐业	−22.31	8.11	40.31	−19.15	−4.72

第六章　中国上市公司无形资产指数：区域评价

改革开放以来，我国区域经济增速长期呈现“东高西低”格局，以长三角地区和珠三角地区为代表的东部沿海地区，依靠地理优势、国家战略和政策优惠，经济率先发展，增长速度领先全国平均水平。为了协调区域发展，加快中、西部地区发展，党中央和国务院提出西部大开发战略。经过不断发展，中、西部地区快速发展，城乡居民收入增加，地区生产总值加快增长，有效缩小了与东部地区的差距。但由于基础差、底子薄、长期依赖资源型发展，我国中西部地区企业无形资产发展仍较落后。本章按照上市公司所在区域评价对象，对不同地区无形资产总体评价情况、二级指标评价情况及重点地区进行深入分析，进一步揭示各区域无形资产的发展现状、特点与规律。

第一节　总 体 情 况

一、样本分布与变动情况

将 2011～2015 年共 8922 个有效样本按照所属地区进行分类，得到的结果覆盖我国 31 个省级行政区，如表 6.1 所示，因西藏地区的总体样本不足 30 个，无法满足样本量分析，因此未纳入分析范围。各区域样本累计涨幅及占总样本量比例，如表 6.2 所示。其中，广东占比高达 15.3%，浙江占比 11.3%，江苏占比 11.02%；占比最少的依次为西藏（0.3%）、宁夏（0.4%）和青海（0.45%）。上市公司数量累计涨幅最大的是海南，五年间累计涨幅达 420%，黑龙江、新疆、重庆、辽宁、甘肃、内蒙古、天津、宁夏、吉林、湖北、广西、上海、湖南、青海、四川、北京、山西累计涨幅均超过 100%，除贵州与河南外，其他各地区累计涨幅均超过 50%。

表 6.1　2011～2015 年各区域样本情况

地区	2011 年	2012 年	2013 年	2014 年	2015 年	合计
广东	199	232	264	280	390	1365
浙江	154	179	192	198	285	1008
江苏	139	178	194	212	260	983
北京	105	134	145	155	226	765
上海	84	105	114	122	189	614
山东	89	109	116	114	155	583
安徽	46	54	61	59	84	304
福建	45	53	57	60	88	303
四川	44	50	58	54	95	301
河南	47	56	60	63	70	296
湖北	34	49	54	56	81	274
湖南	33	42	48	49	74	246
辽宁	23	34	41	43	70	211

续表

地区	2011 年	2012 年	2013 年	2014 年	2015 年	合计
河北	26	31	35	36	49	177
陕西	21	24	26	27	39	137
江西	20	24	24	23	33	124
天津	15	20	21	23	42	121
吉林	15	19	23	25	36	118
新疆	12	19	21	22	40	114
重庆	12	18	19	23	39	111
山西	15	17	18	18	32	100
云南	16	15	19	19	29	98
广西	12	17	17	18	28	92
黑龙江	9	12	14	16	31	82
贵州	14	15	15	16	19	79
内蒙古	8	14	15	15	24	76
甘肃	8	11	14	17	24	74
海南	5	9	13	11	26	64
青海	5	8	8	8	11	40
宁夏	4	6	7	8	10	35
西藏	1	5	5	6	10	27
合计	1260	1559	1718	1796	2589	8922

表 6.2　2011～2015 年各区域样本累计涨幅及占总样本量比例

地区	2011 年	2015 年	累计涨幅	合计	占总样本量比例
广东	199	390	95.98%	1365	15.30%
浙江	154	285	85.06%	1008	11.30%
江苏	139	260	87.05%	983	11.02%
北京	105	226	115.24%	765	8.57%
上海	84	189	125.00%	614	6.88%
山东	89	155	74.16%	583	6.53%
安徽	46	84	82.61%	304	3.41%
福建	45	88	95.56%	303	3.40%
四川	44	95	115.91%	301	3.37%
河南	47	70	48.94%	296	3.32%
湖北	34	81	138.24%	274	3.07%
湖南	33	74	124.24%	246	2.76%
辽宁	23	70	204.35%	211	2.36%
河北	26	49	88.46%	177	1.98%
陕西	21	39	85.71%	137	1.54%
江西	20	33	65.00%	124	1.39%
天津	15	42	180.00%	121	1.36%
吉林	15	36	140.00%	118	1.32%
新疆	12	40	233.33%	114	1.28%
重庆	12	39	225.00%	111	1.24%
山西	15	32	113.33%	100	1.12%
云南	16	29	81.25%	98	1.10%
广西	12	28	133.33%	92	1.03%

续表

地区	2011 年	2015 年	累计涨幅	合计	占总样本量比例
黑龙江	9	31	244.44%	82	0.92%
贵州	14	19	35.71%	79	0.89%
内蒙古	8	24	200.00%	76	0.85%
甘肃	8	24	200.00%	74	0.83%
海南	5	26	420.00%	64	0.72%
青海	5	11	120.00%	40	0.45%
宁夏	4	10	150.00%	35	0.39%
合计	1259	2579	104.85%	8895	99.70%

二、整体得分与发展情况

通过对不同区域上市公司无形资产指数的评价与整理，得到各区域 2011～2015 年的年度得分、总分均值及整体排名情况，如表 6.3 所示。对各地区上市公司无形资产指数进行分析可以看出，不同地区无形资产综合实力存在较大差异，排名前三位的依次为北京（68.34 分）、上海（63.22 分）及广东（62.70 分）；而处于后三位的是甘肃（57.54 分）、贵州（56.05 分）及宁夏（55.16 分）。由各区域排名情况可以看出，居于前列的多位于东部沿海地区和全国整体经济较发达地区；而处于中下游水平的则多位于西部经济欠发达地区。从总分分布来看，根据各区域总平均分的集中度，可分为三个层次：高于 62 分的第一集团主要是北京、上海、广东和江苏；介于 58～62 分的第二集团包括天津、浙江、湖北、重庆、福建、四川、湖南、河北等 20 个地区；低于 58 分的第三集团主要包括青海、广西、新疆、甘肃、贵州、宁夏 6 个地区。

表 6.3　2011～2015 年各区域无形资产指数评价结果

单位：分

地区	2011 年	2012 年	2013 年	2014 年	2015 年	总平均分
北京	64.25	66.27	68.29	70.56	72.31	68.34
上海	57.98	60.29	63.11	66.23	68.46	63.22
广东	57.62	59.48	62.85	65.58	67.95	62.70
江苏	56.76	58.61	62.02	64.46	69.20	62.21
天津	55.28	58.89	62.14	65.17	66.00	61.50
浙江	56.29	58.34	60.99	63.35	67.67	61.33
湖北	57.03	58.24	60.66	63.87	65.66	61.09
重庆	57.42	58.29	59.52	61.57	65.99	60.56
福建	56.32	57.64	60.76	62.44	65.62	60.56
四川	55.64	58.02	60.17	63.44	65.12	60.48
湖南	55.13	57.83	60.46	63.19	65.20	60.36
河北	56.22	56.90	60.31	63.46	64.70	60.32
山东	54.99	56.79	59.63	62.03	63.66	59.42
陕西	53.99	56.02	59.02	62.49	63.60	59.02
云南	55.14	56.89	58.31	61.69	63.06	59.02
海南	56.60	53.97	58.45	62.44	62.20	58.73

续表

地区	2011 年	2012 年	2013 年	2014 年	2015 年	总平均分
安徽	54.65	55.62	58.15	61.10	63.52	58.61
河南	55.41	55.85	58.16	60.84	62.61	58.57
辽宁	54.93	56.35	58.26	61.17	61.95	58.53
江西	52.87	55.98	58.61	60.65	63.82	58.39
吉林	53.14	55.98	59.35	61.87	61.51	58.37
山西	55.51	55.70	57.82	60.04	62.13	58.24
内蒙古	58.90	55.15	56.37	60.65	60.13	58.24
黑龙江	52.24	56.76	60.38	60.19	61.12	58.14
青海	57.46	54.34	56.21	60.41	60.85	57.85
广西	55.26	55.18	58.61	59.77	60.43	57.85
新疆	54.95	54.68	57.58	59.30	61.56	57.61
甘肃	53.40	55.32	57.96	60.17	60.83	57.54
贵州	56.88	52.74	54.65	57.69	58.31	56.05
宁夏	50.25	52.27	54.29	56.56	62.44	55.16

通过比较各地区无形资产指数年度涨幅情况和累计涨幅情况（表 6.4），所有地区五年间均呈现上升态势，体现出绝大部分区域上市公司的无形资产整体状况有所改善，各区域逐渐认识到创新引领发展、科技赢得未来的重要性，无形资产对于地区经济可持续发展的重要作用。其中，虽然宁夏总平均分排名最后，但其累计涨幅却排名第一，说明该区域上市公司逐渐摆脱过去落后的发展方式，正逐渐向科技导向转型，虽然其基础较差，但上升速度较快，尤其是 2015 年涨幅达 10.39%。而内蒙古、贵州和青海累计涨幅排名最低，其五年间无形资产综合能力评价结果变化较小，累计涨幅仅为 2.08%、2.51% 和 5.9%，其中内蒙古更是出现了连续两年分数下降的情况，表明该地区上市公司五年间无形资产综合实力发展较慢，明显落后于其他地区。

表 6.4　2011～2015 年各区域无形资产指数涨幅情况

地区	2012 年涨幅/%	2013 年涨幅/%	2014 年涨幅/%	2015 年涨幅/%	累计涨幅/%
宁夏	4.02%	3.86	4.18	10.39	24.25
江苏	3.27	5.82	3.92	7.36	21.92
江西	5.88	4.69	3.48	5.23	20.71
浙江	3.64	4.54	3.86	6.83	20.22
天津	6.54	5.52	4.87	1.28	19.40
湖南	4.89	4.56	4.51	3.18	18.26
上海	3.99	4.67	4.93	3.38	18.08
广东	3.23	5.67	4.35	3.60	17.93
陕西	3.77	5.35	5.88	1.79	17.82
四川	4.28	3.71	5.43	2.66	17.05
黑龙江	8.64	6.39	−0.33	1.55	16.99
福建	2.35	5.42	2.76	5.11	16.53
安徽	1.78	4.53	5.09	3.96	16.24
山东	3.28	4.99	4.02	2.63	15.76
吉林	5.34	6.02	4.26	−0.59	15.74
湖北	2.12	4.15	5.29	2.80	15.12

续表

地区	2012 年涨幅/%	2013 年涨幅/%	2014 年涨幅/%	2015 年涨幅/%	累计涨幅/%
河北	1.22	5.99	5.23	1.95	15.10
重庆	1.52	2.12	3.44	7.18	14.93
云南	3.17	2.49	5.80	2.22	14.37
甘肃	3.60	4.76	3.82	1.10	13.92
河南	0.79	4.13	4.61	2.92	13.00
辽宁	2.57	3.41	4.99	1.28	12.78
北京	3.14	3.05	3.32	2.48	12.54
新疆	-0.49	5.30	3.00	3.81	12.03
山西	0.34	3.82	3.83	3.48	11.92
海南	-4.63	8.29	6.82	-0.38	9.90
广西	-0.15	6.22	1.97	1.11	9.35
青海	-5.42	3.44	7.47	0.72	5.90
贵州	-7.29	3.64	5.55	1.08	2.51
内蒙古	-6.37	2.22	7.59	-0.86	2.08

多数地区在五年间排名变化较小（表 6.5），北京、上海和广东没有发生明显的变化，说明无形资产综合实力较为稳定；个别地区也存在大幅度变化，如江西由 2011 年的第 28 名上升至 2015 年的 13 名；天津由 2011 年的第 17 名上升至 2015 年的第 6 名；而内蒙古、贵州和青海则出现了大幅下降，表明内蒙古近年来上市公司无形资产发展相较其他地区更为缓慢。

表 6.5　2011～2015 年各区域无形资产指数评价排名情况

地区	2011 年	2012 年	2013 年	2014 年	2015 年	排名变化
江西	28	18	18	21	13	+15
天津	17	4	4	4	6	+11
宁夏	30	30	30	30	19	+11
湖南	20	10	9	10	10	+10
陕西	25	17	16	11	15	+10
安徽	24	22	23	19	16	+8
江苏	9	5	5	5	2	+7
浙江	12	6	6	9	5	+7
山东	21	14	13	14	14	+7
黑龙江	29	15	10	24	25	+4
四川	14	9	12	8	11	+3
吉林	27	19	15	15	24	+3
福建	11	11	7	12	9	+2
云南	19	13	20	16	17	+2
河北	13	12	11	7	12	+1
辽宁	23	16	21	18	22	+1
北京	1	1	1	1	1	—
上海	3	2	2	2	3	—
广东	4	3	3	3	4	—
重庆	6	7	14	17	7	-1
湖北	7	8	8	6	8	-1

续表

地区	2011年	2012年	2013年	2014年	2015年	排名变化
新疆	22	26	26	28	23	-1
甘肃	26	23	24	25	27	-1
河南	16	20	22	20	18	-2
山西	15	21	25	26	21	-6
海南	10	28	19	13	20	-10
广西	18	24	17	27	28	-10
青海	5	27	28	23	26	-21
贵州	8	29	29	29	30	-22
内蒙古	2	25	27	22	29	-27

三、重点区域分析

由于不同地区的发展背景、地区特点及政策影响有所差异，因此，本节对地区排名的前三位和后三位进行重点分析。

1. 前三位分析

（1）北京。2011～2015年，北京无形资产综合实力稳步上升，其总分在各年度均高于其他地区，68.34分同其他地区相比优势明显，这与北京的政策环境紧密相关。“十二五”期间北京提出建设国家创新中心，依托首都创新资源密集优势，加强央地合作、校企合作、军民合作、内外合作，充分发挥中关村科技创新和产业化促进中心的作用，构造首都创新资源平台，完善创新支持与服务体系，5年统筹500亿元财政资金用于支持国家科技重大专项、科技基础设施和重大科技产业化项目。

2015年4月30日，中共中央政治局召开会议，审议通过《京津冀协同发展规划纲要》，将北京市目标定位为“全国政治中心、文化中心、国际交往中心、科技创新中心”。结合《京津冀协同发展规划纲要》，北京优化三次产业结构，发挥科技创新中心作用，突出高端化、服务化、集聚化、融合化、低碳化，坚持总部经济、消费经济、服务经济、知识经济、绿色经济的首都经济发展定位，以中关村国家自主创新示范区为基础，发挥区域产业创新策源地作用，大力发展服务经济、知识经济和绿色经济，加快构建高精尖经济结构（赵弘，2015）。北京凸显的优势不仅来自于激励政策，还与其得天独厚的地理位置相关，处于政治、经济、文化中心，科技人才聚集的圣地，这些都促使了其创新能力、市场竞争力和可持续发展能力的提升。

（2）上海。上海以63.22分位居第二名。作为我国最大的经济中心城市，上海经济开放度高、产业集中集聚，新世纪以来，上海迈入经济结构战略性调整和发展方式转变的新时期。国际金融危机以后，受国内外经济环境深度调整、深刻变化的影响，特别是自身发展阶段性特征的变化，上海率先转向创新驱动、转型发展的轨道，经济企稳向好，新常态特征更为明显（张道根，2016）。经济结构继续升级，每年淘汰近千项落后产能，有序向外转移重化工企业和劳动密集型出口加工企业，促进先进制造业提升核心竞争力，培育战略性新兴产业，制造业在平稳减速中结构优化，新技术、新产业、新业态、新模式经济加速成长，提升了上海无形资产综合能力指数，增强了该地区的经济发展能力。

2013 年 9 月，我国首个自由贸易园区在上海正式挂牌。上海自由贸易区充分发挥其自身优势，扩大投资领域开放，对外商投资实行负面清单加准入前国民待遇管理模式，营造平等准入的市场环境；推动贸易发展模式转变，营造良好的监管制度环境，创新监管模式；深化金融领域的开放创新，包括人民币资本项目可兑换、利率市场化、人民币跨境使用等；加快政府职能转变。上海自由贸易区建设作为一项国家战略，为上海本地区企业实现创新驱动、转型发展提供了巨大的契机。目前，上海在长期发展方面已经提出在 2020 年基本建成“四个中心”（经济、金融、贸易、航运）和社会主义现代化国际大都市的基础上，2040 年要努力建设成为具有全球资源配置能力、较强国际竞争力和影响力的全球城市，而这也将进一步提升该地区企业的创新能力、市场竞争力和可持续发展能力（赵弘，2015）。

（3）广东。广东以 62.7 分排名第三。广东自改革开放后，由于其自身地域优势和深圳特区政策的影响，经济持续快速发展，但其增长主要依靠粗放的投资拉动及加工贸易占主导的外需拉动。粗放型的投资导致资源大量耗费、环境严重污染的负面效果，2008 年国际金融危机冲击引发海内外市场严重萎缩，这些困境迫使广东向创新和内需带动的产业转型。“十二五”期间，广东产业转型升级收获阶段性成效，传统劳动密集型、加工贸易型和外源式发展模式均发生不同程度的改观。传统粗放式经济增长模式已经逐渐向依赖技术升级、服务增长方面转变，科技、人才和金融已经逐步取代人口红利、政策红利，成为经济发展的重要支柱；产业结构调整的优化和合理化趋势已经显现，高新技术产业、先进制造业、现代服务业及战略新兴产业均在稳步向前推进，产业结构正向高级化迈进；企业规模集聚趋势加快，具备做大做强产业的良好基础。

同时，广东的发展还得益于“一区一策”的创新驱动发展战略，珠三角地区强化自主创新，建立“科研院校—创新服务平台—产业集聚区企业”之间的联盟，加快设立科技孵化器和创新加速器，针对不同发展阶段的中小微企业进行梯度扶持，引领构建省域协同创新体系；粤东地区提升传统产业集群的创新能力，打造创新型特色产业园区；粤西地区发挥大企业创新的龙头带动作用，促进产业链、创新链的同步延伸；粤北山区培育资源型产业与特色产业集群的创新能力，利用“互联网+”促进农业、旅游业的创新发展。

2. *后三位分析*

（1）甘肃。甘肃以五年无形资产指数平均分 57.54 分排名第 28 位，这表明其在全国处于劣势地位，五年累计涨幅也处于全国中下游水平，2011 年全国排名第 26 位，至 2015 年，甘肃全国排名下降到第 27 位，这些现象表明甘肃无形资产发展较为落后，且呈现下降趋势。截至 2015 年，甘肃共有上市公司 24 家，在西部地区处于中游水平。甘肃地处西北，远离经济发达地区和文化中心，是经济欠发达地区，其人均 GDP 与全国人均 GDP 相差较大；生态环境脆弱、经济总量小、人均收入水平低、省内区域差别大等因素导致创新基础设施和市场环境较差，人才流失，尤其是高学历、高职称、高技能的人才和优秀的企业家流失更为严重。同时，由于我国科技创新制度安排的缺失和立法体系的不完善，甘肃企业的无形资产和创新发展存在创新激励不到位、创新主体尚未形成等问题（王学定等，2008）。

（2）贵州。贵州五年无形资产指数平均分为 56.05 分排名第 29 位，五年间累计涨幅 2.51%，且由 2011 年的全国第 8 名下降至 2015 年的全国第 30 名，造成这一结果的原因有微观因素。例如，与 2011 年相比，2015 年贵州上市公司数量增加，大量传统制造业和资源依赖型的公司上市，造成贵州总体名次下滑；但同时也存在宏观因素，与中东部地区及周围发达省市相比较，贵州工业化发展还相对落后，存在明显差距，究其原因主要表现在工业基础薄弱、工业总量小、产业结构不合理、支柱产业单一、产业布局不科学、集聚能力不强、科技发展滞后等方面。作为西部省份，贵州产业结构不合理，高科技企业发展不足，科技研发创新人力投入严重不足，上市企业创新意识不强，研发投入不足，且同时面临着生态保护和可持续发展问题。

（3）宁夏。宁夏五年无形资产指数平均分为 55.16 分，排名第 30 位。虽然宁夏上市公司五年间累计涨幅位列全国第一，达到 24.25%，且排名由 2011 年的第 30 名上升至 2015 年的第 19 名，但由于原有基础薄弱，对新事物、新技术可能产生的影响力认识不足，接受能力差，从而影响了宁夏整体改革与发展的进程与效率；地区持续快速增长的人口为经济发展和解决就业带来了极大压力，尤其是在南部山区，使宁夏处于人民温饱和加快发展两难的境地；工业发展水平的落后，使得宁夏在参与国际国内竞争中多处于不利地位，如果不能尽快解决，原有的市场会逐渐丧失，地位日渐低下。

第二节　分项能力评价

上市公司无形资产指数将对上市公司的创新能力、市场竞争力和可持续发展能力三个方面进行分析和评价。本节将根据区域各年创新能力、市场竞争力和可持续发展能力评价结果、涨幅和排名变化进行统计分析。

一、创新能力评价

1. 总体评价

对不同地区上市公司 2011～2015 年创新能力进行评价，得到区域上市公司创新能力评价结果，如表 6.6 所示。从整体上看，2011 年各地区创新能力普遍较弱，经过五年的稳定发展，到 2015 年多数地区已呈现出一定的创新水平。从分值分布来看，五年平均分超过 27 分的区域共有 5 个，分别为北京、上海、江苏、广东和天津，代表了我国创新能力的最高水平；以浙江为首，排名至四川共计 10 个地区五年创新能力平均分值为 26～27 分；青海、河南、山西等 13 个地区五年创新能力平均分值为 25～26 分；低于 25 分的地区仅有宁夏和贵州 2 个地区。2011～2015 年，全国整体创新平均水平为 27.3 分，超过这一水平的地区仅有北京、上海和江苏，表明绝大多数地区的创新能力仍旧低下，有较大提升空间。

在创新方面排在前三位的依次是北京、上海和江苏，体现出这三个地区的上市公司在研发投入和技术人员引进上更为突出，且上市公司技术型无形资产和有效知识产权更为丰富。

表 6.6　区域上市公司创新能力评价结果

单位：分

地区	2011 年	2012 年	2013 年	2014 年	2015 年	平均分
北京	25.64	28.25	28.19	29.38	31.33	28.56
上海	24.42	26.71	27.47	28.26	30.97	27.57
江苏	24.32	26.28	27.41	28.14	30.34	27.30
广东	24.26	26.11	27.09	28.80	30.07	27.27
天津	24.30	25.87	26.89	28.65	29.36	27.02
浙江	23.92	26.23	26.95	27.95	29.89	26.99
湖南	23.28	26.01	27.44	28.22	29.33	26.85
湖北	24.09	25.79	26.67	28.33	29.25	26.83
重庆	25.59	25.80	26.33	26.85	29.57	26.83
河北	23.90	25.44	27.13	28.03	29.04	26.71
福建	23.68	25.61	26.55	27.71	29.39	26.59
海南	25.30	24.42	25.52	27.43	28.51	26.24
陕西	22.92	25.26	26.03	28.39	28.46	26.21
山东	23.58	25.51	26.53	27.05	27.99	26.13
四川	23.57	25.35	25.93	27.17	28.56	26.12
青海	24.69	24.55	25.44	27.49	27.50	25.94
河南	23.14	25.35	26.01	27.31	27.62	25.89
山西	23.73	25.18	26.21	26.50	27.76	25.88
云南	23.41	25.23	25.67	27.12	27.85	25.86
江西	22.23	25.34	26.43	26.90	28.26	25.83
黑龙江	23.53	25.42	26.75	26.22	27.03	25.79
吉林	21.78	25.26	26.50	27.49	27.55	25.72
甘肃	22.60	25.02	26.49	27.24	27.09	25.69
广西	24.41	24.72	26.24	25.80	26.97	25.63
辽宁	23.19	24.76	25.76	26.60	27.82	25.63
安徽	22.93	24.74	25.82	26.55	27.93	25.59
内蒙古	25.28	24.92	24.76	26.29	26.39	25.53
新疆	22.58	24.32	26.13	26.63	27.63	25.46
宁夏	20.86	24.26	25.37	25.83	28.46	24.96
贵州	24.66	23.58	24.00	24.33	25.14	24.34
合计	25.5	27.18	27.15	27.42	28.25	27.3

（1）北京以平均分 28.56 分居于创新能力榜首。技术人才的聚集及政府对创新活动提供的物质基础和政策保障至关重要。据统计，北京的 R&D 投入从 2010 年的 821.8 亿元增长到 2014 年的 1286.6 亿元，截至 2015 年，北京国际级高新技术企业达到 1.2 万家，科技型企业达到 36 万家；中关村示范区高新技术企业实现总收入 4 万亿元，逐渐形成了以中关村为中心的创新企业群，为上市公司的创新活动提供了氛围和环境。

（2）上海以平均分 27.57 分居于创新能力第二位。上海具有相当发达的科技基础和教育系统，在国际化、高端化进程上有着特有的优势。近年来，上海利用国际化平台积极吸收各国最新技术，加大上海世博会科技成果转化力度，为上海企业增强创新环境和创新能力提供了便利条件。

（3）江苏以平均分 27.3 分排名第三。江苏牢牢抓住全球新一轮科技革命和产业变革这一发展契机，将实施创新驱动发展战略放在区域发展的核心地位，推动沿江产业由要素驱动向创新驱动转变，大力发展战略性新兴产业，加快改造提升传统产业，大幅提高服务业比重，引导产业合理布局及有序转移，培育形成具有国际水平的产业集群，增强长江经济带产业创新能力①。

排在后三位的依次是新疆、宁夏和贵州，表明这些地区上市公司创新能力严重不足，转型发展迫在眉睫。新疆的经济发展长期以来建立在“一黑一白”（“一黑”指石油，“一白”指棉花）为特征的资源主导型基础上，推行的是优势资源转换战略，但当前潜力未充分发挥，还停留在“卖资源”和低层次加工的水平，这也严重阻碍了新疆地区创新能力的发展。宁夏的上市公司由于起步晚、底子薄、缺乏创新意愿与创新能力，企业的创新主体地位不够凸显，且受到地域经济发展影响，企业长期缺乏技术人才与资金支持，人才队伍结构不尽合理，经济发展对科技创新的支撑力度不足。贵州的地区经济结构层次水平低，竞争力较弱，农业规模大但效率不高，工业总量小且不强，服务发展滞后，经济结构战略性调整非常艰巨。

上市公司创新能力累计涨幅排名（表 6.7）中，宁夏、江西和上海排名前三位，其中涨幅最大的是宁夏，从 2011 年到 2015 年累计增幅达 36.39%。这主要源于“十二五”期间，宁夏充分利用资源优势，依托国家政策支持，承接东部地区产业转移，制造业发展突飞猛进，工业增加值，特别是制造业增加值快速增长，自主创新投入力度的稳步提升，但由于其初始能力过低，五年整体创新水平仍处于下游。“十二五”期间全国总体创新能力平均增幅达 10.78%，低于这一水平的只有广西、内蒙古和贵州，这三个地区全部属于我国西部地区，虽然实施西部大开发战略改善了西部地区贫困落后的面貌，但是就目前来看，我国西部地区仍是我国贫困面最广、贫困人口最多、贫困程度最深的区域，且西部地区产业结构层次低，生态环境保护的压力大，特色产业发展区域竞争力不强、后劲不足，这些原因均造成该地区上市公司产业结构单一、创新投入不足、创新产出较低的现状。

表 6.7　区域上市公司创新能力各年度涨幅及累计涨幅情况

地区	2012 年涨幅/%	2013 年涨幅/%	2014 年涨幅/%	2015 年涨幅/%	累计涨幅/%
宁夏	16.28	4.56	1.82	10.17	36.39
江西	14.01	4.30	1.75	5.06	27.12
上海	9.39	2.84	2.87	9.58	26.81
吉林	15.97	4.88	3.76	0.22	26.48
湖南	11.72	5.52	2.83	3.94	26.00
浙江	9.64	2.77	3.71	6.94	24.95
江苏	8.09	4.30	2.66	7.81	24.77
陕西	10.21	3.09	9.06	0.23	24.19

① 中华人民共和国国务院，2014. 关于依托黄金水道推动长江经济带发展的指导意见[EB/OL]. (2014-09-25) [2017-06-20]. http://www.gov.cn/zhengce/content/ 2014-09/25/content_9092.htm.

续表

地区	2012 年涨幅/%	2013 年涨幅/%	2014 年涨幅/%	2015 年涨幅/%	累计涨幅/%
福建	8.13	3.69	4.35	6.07	24.11
广东	7.65	3.72	6.34	4.39	23.95
新疆	7.74	7.42	1.93	3.73	22.37
北京	10.15	−0.21	4.24	6.64	22.18
安徽	7.93	4.35	2.81	5.22	21.84
河北	6.45	6.65	3.29	3.61	21.50
湖北	7.07	3.41	6.21	3.27	21.44
四川	7.54	2.30	4.77	5.10	21.15
天津	6.45	3.94	6.55	2.48	20.82
辽宁	6.79	4.04	3.24	4.61	19.99
甘肃	10.70	5.85	2.85	−0.56	19.83
河南	9.56	2.59	5.01	1.14	19.36
云南	7.76	1.73	5.65	2.71	18.96
山东	8.17	4.00	1.93	3.48	18.66
山西	6.08	4.09	1.14	4.74	16.97
重庆	0.82	2.04	2.00	10.13	15.56
黑龙江	8.02	5.23	−1.96	3.06	14.85
海南	−3.48	4.51	7.49	3.92	12.67
青海	−0.58	3.64	8.04	0.05	11.38
广西	1.29	6.16	−1.68	4.54	10.52
内蒙古	−1.43	−0.67	6.19	0.40	4.38
贵州	−4.37	1.78	1.39	3.30	1.95
合计	6.59	−0.11	0.99	3.03	10.78

从区域上市公司创新能力五年间排名（表 6.8）进行分析可以看出，多数地区排名并未发生明显变化，表明各地区对于创新发展态势趋于一致。上升较为明显的有：宁夏由 2011 年的第 30 名上升至 2015 年的第 15 名，湖南由 2011 年的第 21 名上升至 2015 年的第 9 名，江西由 2011 年的第 28 名上升至 2015 年的第 16 名，陕西由 2011 年的第 25 名上升至 2015 年的第 14 名。下降较为明显的有：内蒙古由 2011 年的第 4 名下降至 2015 年的第 29 名，贵州由 2011 年的第 6 名下降至 2015 年的第 30 名，广西由 2011 年的第 8 名下降至 2015 年的第 28 名，青海由 2011 年的第 5 名下降至 2015 年的第 25 名。

表 6.8　区域上市公司创新能力五年间排名及变化情况

地区	2011 年	2012 年	2013 年	2014 年	2015 年	排名变化
宁夏	30	29	28	28	15	15
湖南	21	6	3	7	9	12
江西	28	16	15	20	16	12
陕西	25	18	20	4	14	11
浙江	13	4	7	10	5	8
福建	16	10	11	11	7	8
广东	11	5	6	2	4	7
江苏	9	3	4	8	3	6
四川	18	15	22	17	12	6

续表

地区	2011 年	2012 年	2013 年	2014 年	2015 年	排名变化
安徽	24	24	23	24	18	6
上海	7	2	2	6	2	5
新疆	27	28	19	22	22	5
吉林	29	17	13	12	24	5
河北	14	12	5	9	11	3
天津	10	7	8	3	8	2
湖北	12	9	10	5	10	2
辽宁	22	23	24	23	20	2
云南	20	19	25	18	19	1
重庆	2	8	16	21	6	-4
山西	15	20	18	25	21	-6
黑龙江	19	13	9	27	27	-8
海南	3	27	26	14	13	-10
青海	5	26	27	13	25	-20
广西	8	25	17	29	28	-20
贵州	6	30	30	30	30	-24
内蒙古	4	22	29	26	29	-25
北京	1	1	1	1	1	—
山东	17	11	12	19	17	—
河南	23	14	21	15	23	—
甘肃	26	21	14	16	26	—

2. 研发投入率评价

通过对上市公司研发投入率进行评价，从结果（表 6.9）中可以看到，排名前三位的分别为北京（7.84 分）、天津（7.45 分）和重庆（7.45 分）。北京以显著的优势居于首位，源自于其知识产权制度的不断规范及人才素质的进一步提升。天津的研发投入与自主创新示范区及滨海新区的快速发展息息相关，高端服务业正在为天津发展助力，东疆港也给天津带来了良好的发展机遇。重庆是面积最大的直辖市，其充分利用国家西部大开发战略，结合自身区域优势，调整产业结构，给予企业创新投入以足够的支持，为重庆经济发展添加助力。排名最低的是内蒙古、贵州和宁夏，截至 2015 年，只有贵州和宁夏在创新投入方面低于 7 分，表明该地域企业创新投入严重不足。

表 6.9　2011～2015 年各区域上市公司研发投入率评价结果

单位：分

地区	2011 年	2012 年	2013 年	2014 年	2015 年	平均分
北京	7.17	7.44	7.76	8.23	8.59	7.84
天津	6.64	6.70	7.35	8.06	8.49	7.45
重庆	6.88	6.64	7.29	8.06	8.37	7.45
海南	6.64	5.95	6.97	7.97	8.83	7.27
广东	6.59	6.67	7.25	7.78	7.97	7.25
湖北	6.43	6.56	7.19	7.85	7.94	7.19
上海	6.36	6.55	6.97	7.40	8.40	7.14

续表

地区	2011 年	2012 年	2013 年	2014 年	2015 年	平均分
湖南	6.18	6.45	7.18	7.79	7.94	7.11
河北	6.19	6.54	7.21	7.57	7.70	7.04
吉林	6.0	6.27	7.06	8.01	7.70	7.02
浙江	6.38	6.34	6.93	7.59	7.80	7.01
甘肃	6.37	6.32	7.05	7.76	7.49	7.00
江苏	6.37	6.42	7.03	7.41	7.74	7.00
四川	6.54	6.61	6.92	7.35	7.56	6.99
福建	6.22	6.36	6.96	7.40	7.92	6.97
陕西	6.04	6.15	6.74	7.85	7.88	6.93
新疆	6.11	6.30	7.10	7.48	7.55	6.91
山西	6.38	6.40	6.78	7.34	7.57	6.89
河南	6.23	6.34	6.80	7.60	7.38	6.87
广西	6.34	6.18	6.95	7.35	7.46	6.86
青海	6.20	6.19	6.84	7.51	7.40	6.83
江西	5.98	6.23	6.77	7.34	7.53	6.77
辽宁	6.07	6.14	6.83	7.15	7.61	6.76
云南	6.13	6.31	6.49	7.47	7.37	6.76
山东	6.10	6.23	6.82	7.19	7.33	6.73
安徽	6.04	6.17	6.62	7.13	7.40	6.67
黑龙江	6.08	6.33	6.64	6.65	7.29	6.60
内蒙古	6.39	6.06	6.29	6.94	7.03	6.54
贵州	6.63	5.75	6.02	6.28	6.61	6.26
宁夏	5.27	5.66	6.05	6.43	6.92	6.06

对各地区五年间研发投入率涨幅及累计涨幅的统计见表 6.10，绝大多数地区五年间涨幅均超过 20%，其中超过 30%的地区有 4 个，分别为海南、上海、宁夏和陕西，唯一出现下滑的地区是贵州。相较 2011 年，贵州 2015 年研发投入率得分降低了 0.34%。

表 6.10　2011～2015 年各区域上市公司研发投入率涨幅情况

地区	2012 年涨幅/%	2013 年涨幅/%	2014 年涨幅/%	2015 年涨幅/%	累计涨幅/%
海南	−10.46	17.14	14.42	10.72	32.87
上海	3.04	6.31	6.21	13.58	32.14
宁夏	7.38	6.95	6.34	7.50	31.29
陕西	1.77	9.59	16.59	0.30	30.42
湖南	4.33	11.38	8.49	1.88	28.44
天津	0.94	9.68	9.77	5.28	27.94
福建	2.24	9.49	6.21	7.10	27.33
吉林	3.07	12.69	13.34	−3.82	26.63
江西	4.20	8.65	8.42	2.62	25.95
辽宁	1.26	11.27	4.56	6.46	25.41
河北	5.52	10.26	5.08	1.63	24.25
新疆	3.15	12.74	5.27	1.01	23.65
湖北	2.09	9.67	9.06	1.15	23.49
安徽	2.28	7.20	7.73	3.81	22.62
浙江	−0.52	9.20	9.58	2.70	22.25

续表

地区	2012 年涨幅/%	2013 年涨幅/%	2014 年涨幅/%	2015 年涨幅/%	累计涨幅/%
江苏	0.93	9.41	5.49	4.45	21.67
重庆	−3.48	9.72	10.53	3.86	21.58
广东	1.25	8.70	7.24	2.49	20.96
云南	3.00	2.82	15.13	−1.35	20.28
山东	2.14	9.50	5.47	1.88	20.18
黑龙江	4.08	4.97	0.18	9.51	19.86
北京	3.89	4.19	6.13	4.33	19.85
青海	−0.20	10.57	9.72	−1.49	19.27
山西	0.30	5.96	8.25	3.13	18.64
河南	1.86	7.26	11.71	−2.94	18.46
广西	−2.47	12.47	5.69	1.52	17.69
甘肃	−0.77	11.50	10.10	−3.48	17.58
四川	0.98	4.81	6.14	2.86	15.54
内蒙古	−5.19	3.79	10.33	1.22	9.90
贵州	−13.25	4.64	4.29	5.28	−0.34

3. 技术型资产比重评价

通过对上市公司技术型无形资产比重进行评价，从结果（表 6.11）中可以看到，排名前三位的分别为宁夏（7.99 分）、内蒙古（7.88 分）、河北和青海（并列第三名，7.81 分）；排名后三位的分别为辽宁（7.17 分）、甘肃（7.10 分）和贵州（6.86 分）。贵州也是唯一一个五年技术型资产比重得分低于 7 分的地区。

表 6.11　区域上市公司技术型资产比重评价结果

单位：分

地区	2011 年	2012 年	2013 年	2014 年	2015 年	平均分
宁夏	6.22	7.68	8.44	8.26	9.37	7.99
内蒙古	8.33	7.64	7.48	8.43	7.54	7.88
河北	7.18	7.37	8.00	8.31	8.16	7.81
青海	7.89	7.25	7.40	8.65	7.89	7.81
北京	7.20	7.91	7.92	7.81	7.91	7.75
上海	7.16	7.54	7.93	7.86	7.93	7.69
江西	6.48	7.67	8.09	7.84	8.07	7.63
湖南	6.77	7.60	8.11	7.85	7.80	7.62
云南	6.94	6.93	7.82	8.18	8.24	7.62
黑龙江	7.25	7.52	8.23	7.97	6.82	7.56
陕西	6.96	7.89	7.65	7.89	7.41	7.56
山东	7.01	7.42	7.67	7.66	7.75	7.50
江苏	6.94	7.37	7.64	7.45	8.06	7.49
山西	7.12	7.16	7.78	7.58	7.74	7.48
浙江	6.68	7.54	7.73	7.59	7.82	7.47
福建	7.05	7.26	7.72	7.53	7.52	7.42
新疆	6.57	7.19	7.77	7.70	7.72	7.39
广东	6.91	7.21	7.46	7.50	7.70	7.35
海南	8.08	7.19	7.28	7.60	6.61	7.35

续表

地区	2011 年	2012 年	2013 年	2014 年	2015 年	平均分
河南	6.54	7.41	7.54	7.65	7.60	7.35
天津	6.84	7.35	7.60	7.90	7.09	7.35
安徽	6.72	7.14	7.54	7.59	7.63	7.33
湖北	6.78	7.28	7.40	7.48	7.69	7.33
广西	7.41	7.14	7.68	7.12	7.10	7.29
重庆	6.97	7.26	7.28	7.16	7.58	7.25
吉林	6.09	7.48	7.76	7.73	7.15	7.24
四川	6.69	7.10	7.25	7.39	7.65	7.22
辽宁	6.80	7.06	7.36	7.51	7.12	7.17
甘肃	6.14	6.93	7.80	7.54	7.07	7.10
贵州	7.24	6.66	6.83	6.67	6.88	6.86

对各地区五年间上市公司技术型无形资产比重涨幅及累计涨幅的统计见表 6.12，宁夏累计涨幅达到 50.51%，远远领先于全国其他地区；排名第二位的是江西，其累计涨幅达到 24.47%；其余大部分地区均呈现上升态势。出现下滑的有青海、广西、贵州、黑龙江、内蒙古和海南，其中海南下滑最为严重，累计降幅达 18.23%。这表明海南发达的旅游业虽带动了该地区经济增长，但实业相较其他地区较少，经济增长略显薄弱，创新性产出明显不足，且呈现倒退现象。

表 6.12　2011～2015 年各区域上市公司技术型无形资产比重涨幅情况

地区	2012 年涨幅/%	2013 年涨幅/%	2014 年涨幅/%	2015 年涨幅/%	累计涨幅/%
宁夏	23.48	9.86	−2.18	13.42	50.51
江西	18.29	5.53	−3.07	2.86	24.47
云南	−0.19	12.78	4.73	0.62	18.62
新疆	9.46	8.05	−0.87	0.21	17.48
吉林	22.71	3.80	−0.42	−7.51	17.31
浙江	12.92	2.52	−1.78	2.91	17.02
江苏	6.26	3.58	−2.43	8.18	16.18
河南	13.37	1.71	1.44	−0.69	16.16
湖南	12.31	6.80	−3.32	−0.55	15.33
甘肃	12.97	12.59	−3.33	−6.33	15.17
四川	6.21	2.04	1.90	3.58	14.40
安徽	6.26	5.55	0.76	0.51	13.59
河北	2.65	8.53	3.91	−1.92	13.54
湖北	7.24	1.78	1.08	2.77	13.38
广东	4.30	3.58	0.48	2.67	11.45
上海	5.26	5.24	−0.89	0.86	10.74
山东	5.77	3.40	−0.08	1.16	10.56
北京	9.81	0.15	−1.44	1.33	9.84
山西	0.56	8.61	−2.55	2.12	8.68
重庆	4.14	0.19	−1.59	5.81	8.64
福建	2.94	6.35	−2.49	−0.18	6.55
陕西	13.36	−3.03	3.07	−5.99	6.51
辽宁	3.76	4.24	2.10	−5.23	4.65

续表

地区	2012 年涨幅/%	2013 年涨幅/%	2014 年涨幅/%	2015 年涨幅/%	累计涨幅/%
天津	7.39	3.53	3.88	-10.31	3.59
青海	-8.17	2.16	16.78	-8.76	-0.03
广西	-3.64	7.48	-7.21	-0.34	-4.23
贵州	-8.06	2.63	-2.45	3.15	-5.04
黑龙江	3.73	9.51	-3.21	-14.37	-5.86
内蒙古	-8.27	-2.15	12.81	-10.64	-9.52
海南	-11.00	1.20	4.42	-13.05	-18.23

4. 技术人员密度评价

通过对上市公司技术人员密度进行评价，从结果（表 6.13）中可以看到，排名前三位的分别为北京（4.73 分）、江苏（4.53 分）、上海（4.44 分）。排名后三位的分别为山西（3.76 分）、青海（3.75 分）和宁夏（3.65 分）。

表 6.13　区域上市公司技术人员密度评价结果

单位：分

地区	2011 年	2012 年	2013 年	2014 年	2015 年	平均分
北京	4.39	4.91	4.79	4.78	4.81	4.73
江苏	4.12	4.60	4.76	4.59	4.59	4.53
上海	3.93	4.56	4.55	4.63	4.51	4.44
浙江	3.93	4.45	4.45	4.34	4.43	4.32
广东	3.80	4.30	4.41	4.43	4.37	4.26
天津	3.82	4.41	4.37	4.39	4.24	4.25
湖北	3.99	4.27	4.28	4.39	4.22	4.23
福建	3.78	4.33	4.36	4.32	4.32	4.22
四川	3.70	4.25	4.31	4.37	4.25	4.17
辽宁	3.88	4.24	4.27	4.30	4.03	4.14
河北	3.76	4.10	4.32	4.28	4.16	4.12
重庆	4.09	4.22	4.06	4.05	4.20	4.12
湖南	3.70	4.18	4.22	4.26	4.14	4.10
山东	3.59	4.13	4.27	4.22	4.13	4.07
安徽	3.57	4.03	4.14	4.17	4.15	4.01
陕西	3.65	4.00	4.05	4.22	4.15	4.01
河南	3.65	4.03	4.07	4.12	4.11	4.00
江西	3.45	4.14	4.20	4.16	4.04	4.00
黑龙江	3.62	4.25	4.26	3.95	3.87	3.99
甘肃	3.55	4.15	4.04	4.17	4.01	3.98
云南	3.73	4.22	3.90	4.01	3.98	3.97
吉林	3.40	4.00	4.19	4.13	3.99	3.94
海南	3.57	3.87	4.00	4.02	4.04	3.90
新疆	3.62	3.87	4.01	3.91	3.93	3.87
广西	3.56	3.95	4.03	3.99	3.78	3.86
内蒙古	3.59	3.89	3.74	3.83	3.97	3.81
贵州	3.59	3.81	3.83	3.92	3.74	3.78
山西	3.47	3.86	3.78	3.86	3.81	3.76
青海	3.53	3.80	3.77	3.82	3.83	3.75
宁夏	3.30	3.63	3.61	3.78	3.95	3.65

对各地区上市公司五年间技术人员密度涨幅及累计涨幅的统计见表6.14，宁夏累计涨幅达到19.96%，位居第一位；排名第二的是吉林，其累计涨幅达到17.20%；第三名是江西，累计涨幅达17.16%。排名最低的三个分别为贵州（4.39%）、辽宁（3.92%）和重庆（2.54%）。从各地区五年涨幅可以看出，除海南五年持续上涨外，其余29个地区都出现涨幅波动，海南基于寻找和确定属于自身独有的差异化创新发展模式，持续吸引技术性人才，推动了本省创新能力的发展。

表6.14　区域上市公司技术人员密度各年涨幅及累计涨幅情况

地区	2012年涨幅/%	2013年涨幅/%	2014年涨幅/%	2015年涨幅/%	累计涨幅/%
宁夏	10.29	−0.71	4.71	4.62	19.96
吉林	17.70	4.71	−1.57	−3.38	17.20
江西	20.03	1.38	−1.02	−2.73	17.16
安徽	13.04	2.79	0.72	−0.55	16.39
广东	13.13	2.50	0.39	−1.29	14.90
山东	14.89	3.39	−1.04	−2.28	14.87
上海	16.06	−0.24	1.72	−2.50	14.82
四川	15.00	1.25	1.51	−2.87	14.81
福建	14.54	0.84	−0.89	0.03	14.52
陕西	9.60	1.14	4.21	−1.67	13.58
海南	8.59	3.30	0.51	0.56	13.37
甘肃	16.76	−2.58	3.30	−4.00	12.80
浙江	13.02	0.14	−2.50	2.11	12.67
河南	10.41	0.99	1.16	−0.20	12.57
湖南	13.01	0.95	0.95	−2.69	12.07
江苏	11.67	3.45	−3.56	0.00	11.42
天津	15.52	−0.94	0.51	−3.31	11.22
河北	9.17	5.22	−0.85	−2.70	10.83
内蒙古	8.43	−3.94	2.49	3.68	10.68
山西	11.46	−2.15	2.02	−1.23	9.90
北京	11.91	−2.56	−0.11	0.55	9.52
新疆	6.81	3.65	−2.61	0.56	8.44
青海	7.54	−0.73	1.29	0.15	8.29
黑龙江	17.62	0.22	−7.31	−2.05	7.02
云南	13.41	−7.72	2.94	−0.75	6.92
广西	11.03	1.90	−1.01	−5.13	6.25
湖北	6.99	0.14	2.61	−3.79	5.78
贵州	6.14	0.73	2.21	−4.48	4.39
辽宁	9.23	0.68	0.82	−6.27	3.92
重庆	3.11	−3.85	−0.22	3.65	2.54

5. 人均专利授权量评价

通过对上市公司人均专利授权量进行评价，从结果（表6.15）中可以看到，排名前三位的分别为广东（8.40分）、上海（8.31分）、江苏（8.28分）。排名后三位的分别为内蒙古（7.30分）、新疆（7.29分）和宁夏（7.24分）。这一结果说明，东部发达地区创新发展速度比西部地区较快，发挥其牢固经济基础优势，逐步调整区域产业布局，实现区域产业转移，将资源和劳动密集型企业逐步转移扩散出去，集中力量发展高新技术产业和高端制造业，取得了显著的创新产出成果。而西部地区则正逐步摆脱过去落后的经济发展状态，厚积薄发，享受国家倾斜式发展政策，创新发展增长速度较为明显，但由于起步晚、创新动力不足，其创新成果转化明显落后于东部地区。

表 6.15　2011～2015 年各区域上市公司人均专利授权量评价结果

单位：分

地区	2011 年	2012 年	2013 年	2014 年	2015 年	平均分
广东	6.96	7.93	7.96	9.10	10.03	8.40
上海	6.97	8.06	8.02	8.37	10.12	8.31
江苏	6.90	7.89	7.99	8.69	9.95	8.28
北京	6.89	7.98	7.73	8.57	10.03	8.24
浙江	6.93	7.90	7.84	8.42	9.85	8.19
湖北	6.89	7.69	7.80	8.61	9.40	8.08
湖南	6.64	7.78	7.93	8.33	9.45	8.03
重庆	7.64	7.67	7.70	7.59	9.43	8.01
福建	6.63	7.66	7.50	8.46	9.63	7.97
天津	7.01	7.42	7.57	8.30	9.54	7.97
山东	6.88	7.74	7.78	7.96	8.78	7.83
山西	6.77	7.76	7.87	7.73	8.64	7.75
河北	6.77	7.43	7.61	7.86	9.02	7.74
四川	6.65	7.39	7.46	8.07	9.10	7.73
海南	7.01	7.41	7.27	7.84	9.03	7.71
陕西	6.27	7.22	7.60	8.44	9.02	7.71
河南	6.72	7.56	7.59	7.94	8.54	7.67
黑龙江	6.59	7.32	7.61	7.65	9.05	7.65
广西	7.09	7.44	7.59	7.34	8.63	7.62
甘肃	6.55	7.63	7.60	7.77	8.53	7.61
安徽	6.60	7.40	7.52	7.65	8.75	7.58
辽宁	6.44	7.33	7.31	7.64	9.07	7.56
青海	7.07	7.32	7.43	7.52	8.39	7.54
吉林	6.21	7.52	7.48	7.63	8.72	7.51
云南	6.62	7.76	7.46	7.45	8.26	7.51
贵州	7.20	7.36	7.31	7.47	7.91	7.45
江西	6.32	7.30	7.38	7.56	8.62	7.43
内蒙古	6.97	7.33	7.25	7.08	7.85	7.30
新疆	6.28	6.96	7.25	7.55	8.43	7.29
宁夏	6.08	7.29	7.27	7.36	8.22	7.24

对各地区上市公司五年间人均专利授权量涨幅及累计涨幅的统计见表 6.16，北京累计涨幅达到 45.58%，位居第一位；第二名是上海，累计涨幅达到 45.23%；第三名是福建，累计涨幅达 45.22%。涨幅超过 40%的地区有 10 个，低于 20%的地区有 3 个，即青海（累计涨幅为 18.74%）、内蒙古（累计涨幅为 12.68%）、贵州（累计涨幅为 9.86%）。

表 6.16　2011～2015 年各区域上市公司人均专利授权量涨幅情况

地区	2012 年涨幅/%	2013 年涨幅/%	2014 年涨幅/%	2015 年涨幅/%	累计涨幅/%
北京	15.88	-3.22	10.86	17.09	45.58
上海	15.66	-0.48	4.34	20.92	45.23
福建	15.53	-2.04	12.72	13.84	45.22
江苏	14.39	1.29	8.73	14.49	44.25
广东	14.05	0.31	14.33	10.20	44.15
陕西	15.20	5.31	10.99	6.95	44.01
湖南	17.28	1.87	4.99	13.50	42.37
浙江	13.89	-0.69	7.45	16.89	42.06
辽宁	13.74	-0.26	4.56	18.67	40.76
吉林	21.04	-0.47	2.03	14.23	40.40
黑龙江	11.13	3.97	0.51	18.23	37.30
四川	11.19	0.91	8.17	12.85	36.98
湖北	11.61	1.42	10.43	9.23	36.53
江西	15.61	0.97	2.49	14.00	36.39
天津	5.82	2.08	9.58	14.98	36.11
宁夏	19.89	-0.27	1.29	11.68	35.25
新疆	10.95	4.05	4.19	11.64	34.27
河北	9.83	2.39	3.30	14.79	33.35
安徽	12.02	1.67	1.69	14.36	32.46
甘肃	16.44	-0.38	2.24	9.80	30.21
海南	5.65	-1.78	7.75	15.18	28.79
山西	14.60	1.48	-1.77	11.82	27.72
山东	12.46	0.47	2.44	10.21	27.56
河南	12.52	0.37	4.61	7.50	27.01
云南	17.34	-3.86	-0.23	10.96	24.88
重庆	0.44	0.38	-1.51	24.32	23.44
广西	4.93	1.91	-3.21	17.56	21.67
青海	3.51	1.50	1.21	11.66	18.74
内蒙古	5.09	-1.06	-2.33	10.96	12.68
贵州	2.29	-0.69	2.17	5.85	9.86

二、市场竞争力评价

1. 总体评价

对各地区上市公司市场竞争力分数进行统计得到表 6.17。整体来看，市场竞争力呈稳定增长态势，说明提升品牌价值优势、增加市场竞争地位，高效率使用无形资产已被各地区逐步重视；五年间，各地区市场竞争力呈较稳定状态，反映大部分地区对品牌价值优势的认识比较一致，希望获得超额收益，增强地区的市场竞争力。从分值分布可以大致将 30 个地区分为三档：第一档（18 分以上）有 5 个，分别为北京、天津、上海、广东和江苏；第二档（17～18 分）有湖北等 19 个地区；第三档（17 分以下）有 6 个，分别为甘肃、广西、新疆、青海、海南和宁夏。总体来看，除第一档地区在全国范围内具备较强的竞争水平外，其余地区的竞争力分数差距较小，表明不同区域之间竞争力方面尚不存在严重的两极分化，但上市公司整体缺乏竞争力。

表 6.17　2011～2015 年各区域上市公司市场竞争力评价结果

单位：分

地区	2011 年	2012 年	2013 年	2014 年	2015 年	平均分
北京	17.57	18.45	18.94	19.49	20.82	19.05
天津	16.61	18.28	19.19	20.12	18.45	18.53
上海	16.64	17.65	18.74	19.44	18.45	18.19
广东	16.52	17.72	18.40	19.15	19.06	18.17
江苏	16.10	17.37	18.29	19.10	19.46	18.06
湖北	16.24	17.52	18.25	18.93	18.21	17.83
四川	16.02	17.54	18.13	18.89	18.43	17.80
浙江	15.85	17.10	18.08	19.02	18.63	17.74
重庆	15.69	17.16	17.93	19.48	18.17	17.69
陕西	16.18	17.48	18.00	18.88	17.69	17.65
河北	15.58	17.06	18.07	19.19	18.19	17.62
湖南	15.92	17.15	17.96	19.02	18.01	17.62
山东	15.58	17.11	17.99	18.94	18.21	17.57
江西	15.47	17.04	17.89	19.07	18.13	17.52
福建	16.15	17.08	17.70	18.27	18.37	17.51
安徽	15.12	16.97	17.78	18.89	18.28	17.41
河南	15.56	16.92	17.59	18.41	18.10	17.32
内蒙古	16.57	16.59	17.04	18.23	17.78	17.24
辽宁	15.92	17.04	17.55	18.53	17.12	17.23
吉林	15.55	16.96	17.70	18.91	16.84	17.19
贵州	16.04	16.33	17.21	18.07	18.10	17.15
黑龙江	15.34	17.09	18.27	18.07	16.92	17.14
云南	14.66	16.78	17.17	18.72	18.17	17.10
山西	14.73	16.69	17.42	18.35	18.06	17.05
甘肃	14.90	17.03	17.34	17.92	17.28	16.90
广西	15.63	16.58	17.39	18.29	16.45	16.87
新疆	15.65	16.44	17.35	17.79	17.00	16.85
青海	16.92	15.92	16.68	17.66	16.05	16.65
海南	14.75	15.69	15.84	17.16	16.89	16.07
宁夏	14.24	15.82	16.31	17.00	16.94	16.06

1）前三位分析

市场竞争力排名前三位的是北京、天津和上海，均为直辖市，且地处东部经济发达地区，表明经济发展水平同市场竞争力有相关关系。

（1）北京以 19.05 分排名第一。北京作为首都，聚集着众多优秀品牌，以其独特的政治、经济、文化、科技、思想、人才等优势增强经济活跃度，配合京津冀协同发展战略，主动开展非首都功能疏解，积极推动京津冀协同发展，产业疏解取得积极进展，结构优化升级的调整成效进一步凸显。同时，北京高技术产业功能区加快调整转型力度，在“双创”和京津冀协同创新的带动下，园区特色化、高端化特征愈发明显，强劲的创新能力为其带来丰厚的超额利润，使北京整体具有极强的市场竞争力。

（2）天津以 18.53 分位列第二名。天津作为毗邻首都的特大城市和海上门户，为京津双城互动的多元化、常态化乃至区域一体化发展提供了原动力。通过与北京进行产业分工，2014 年，全市国内招商引资 3090 亿元中，北京投资总额达到 1022 亿元，占全市吸引内资总额的 35%，吸引了用友软件集团、大唐电信科技股份有限公司、紫光集团等一批北京科技企业来津落户，对于加快提升天津生产性服务业发展，构成了有力支撑，同时天津滨海新区经过不断发展，以全方位跨越式发展的速度、规模、质量和效益，使天津的经济发展走在全国前列，从而进一步提升了天津企业的竞争力。

（3）上海以 18.19 分排名第三。上海自由贸易区作为我国第一家自贸试验区，为上海经济发展起到巨大的促进作用，试验区扩大投资领域开放，对外商投资实行准入前国民待遇加负面清单管理模式，营造平等准入的市场环境；推动转变贸易发展模式，营造良好的监管制度环境，创新监管模式；深化金融领域的开放创新，包括人民币资本项目可兑换、利率市场化、人民币跨境使用；加快政府职能转变等。这一系列变化，推动着上海这一全国改革开放的排头兵朝着国际化大都市迈进，而其区域企业市场竞争力也在这一大背景下得以快速提升。

2）后三位分析

在市场竞争力中排名后三位的地区是青海、海南和宁夏。

（1）青海以 16.65 分排名第 28 位。青海地处我国西部，资源丰富，土地广袤。但多年来，青海的资源优势并未有效转化为地区的经济优势，原因可以总结为，青海企业普遍缺乏核心竞争力，创新动力不足，内部管理低效，资源开发粗放，产品附加值较低，产业链条短，全省域市场化程度较低。青海企业创新活动效率的低下，给企业提高市场竞争力带来了很大障碍，导致了企业在新产品开发活动、产品创新活动中技术和信息流动不畅，最终造成资源浪费、生产制造成本过高及创新扩散困难等问题。

（2）海南以 16.07 分排名第 29 位。海南作为我国最大的海岛，农业在其产业结构中占有较大比重，而其农业现代化水平偏低；工业基础薄弱，明显落后于全国平均水平；服务业主体以交通运输、批发零售及餐饮业等传统产业为主。产业结构不合理、技术性人才较少、城乡经济差距较大、金融行业对省域企业支持力度不足等诸多因素造成海南上市公司整体市场竞争力较弱。

（3）宁夏以 16.06 分排名第 30 位。由于受区位条件、资源禀赋、历史沿革等多方面因素的影响，宁夏仍然存在产业结构不合理，经济发展方式仍属粗放型，调结构、转方式任务艰巨，企业科技创新存在意识不强、投入力度不大、高端人才缺乏、创新体系不完善、支撑经济转型升级的能力严重不足等问题，科技支撑经济发展和自主创新“两弱”现象依然存在。

上市公司市场竞争力累计涨幅排名中，云南、山西和安徽排名前三位，如表 6.18 所示。其中涨幅最大的是云南，从 2011 年的 14.66 分上升到 2015 年的 18.17 分，累计涨幅达 23.98%。由于云南上市公司市场竞争力起点较低，其在新一轮发展博弈过程中，利用市场、地域特色、人文文化等经济社会资源，打造具有鲜明特色的“后发优势”以推动经济发展转型，提升区域市场竞争力。唯一出现下滑的是青海，相较 2011 年，2015 年其市场竞争力得分下滑 5.15%。

表 6.18　2012～2015 年各区域上市公司市场竞争力涨幅情况

地区	2012 年涨幅/%	2013 年涨幅/%	2014 年涨幅/%	2015 年涨幅/%	累计涨幅/%
云南	14.49	2.35	9.03	−2.96	23.98
山西	13.29	4.39	5.35	−1.58	22.61
安徽	12.23	4.81	6.26	−3.25	20.92
江苏	7.86	5.34	4.38	1.92	20.88
宁夏	11.08	3.09	4.22	−0.34	18.94
北京	4.99	2.62	2.93	6.81	18.46
浙江	7.90	5.75	5.19	−2.06	17.55
江西	10.20	4.99	6.57	−4.95	17.20
山东	9.77	5.19	5.26	−3.87	16.83
河北	9.54	5.92	6.16	−5.22	16.74
河南	8.78	3.95	4.67	−1.66	16.39
甘肃	14.29	1.80	3.37	−3.57	15.98
重庆	9.38	4.53	8.59	−6.68	15.87
广东	7.26	3.85	4.09	−0.46	15.40
四川	9.48	3.38	4.20	−2.46	15.04
海南	6.33	0.95	8.39	−1.62	14.45
福建	5.79	3.60	3.25	0.56	13.80
湖南	7.74	4.73	5.90	−5.31	13.15
贵州	1.77	5.41	5.00	0.15	12.81
湖北	7.92	4.15	3.71	−3.80	12.14
天津	10.05	4.96	4.84	−8.29	11.06
上海	6.07	6.17	3.71	−5.09	10.85
黑龙江	11.44	6.88	−1.08	−6.34	10.34
陕西	7.98	3.03	4.85	−6.28	9.33
新疆	5.03	5.58	2.50	−4.40	8.67
吉林	9.07	4.33	6.83	−10.94	8.28
辽宁	7.06	2.95	5.60	−7.63	7.52
内蒙古	0.15	2.68	6.96	−2.42	7.33
广西	6.12	4.88	5.14	−10.02	5.29
青海	−5.93	4.78	5.90	−9.12	−5.15

从表 6.19 可以看出，排名上升较为明显的有：安徽由 2011 年的第 25 名上升至 2015 年的第 9 名，云南由 2011 年的第 29 名上升至 2015 年的第 14 名，浙江由 2011 年的第 15 名上升至 2015 年的第 4 名，山西由 2011 年的第 28 名上升至 2015 年的第 18 名。排名下降较为明显的有：广西由 2011 年的第 18 名下降至 2015 年的第 29 名，陕西由 2011 年的第 8 名下降至 2015 年的第 21 名，内蒙古由 2011 年的第 5 名下降至 2015 年的第 20 名，青海由 2011 年的第 2 名下降至 2015 年的第 30 名。

表 6.19　2011～2015 年各区域上市公司市场竞争力排名及变化情况

地区	2011 年	2012 年	2013 年	2014 年	2015 年	排名变化
安徽	25	19	16	14	9	+16
云南	29	22	26	17	14	+15
浙江	15	12	9	10	4	+11
山西	28	23	21	20	18	+10
山东	19	11	12	11	11	+8
江西	23	16	15	8	15	+8
江苏	10	8	5	7	2	+8
河北	20	15	10	5	12	+8
四川	12	5	8	15	7	+5
宁夏	30	29	29	30	25	+5
河南	21	21	19	19	16	+5
甘肃	26	18	24	26	22	+4
重庆	16	9	14	3	13	+3
广东	6	3	4	6	3	+3
福建	9	14	18	22	8	+1
海南	27	30	30	29	27	—
北京	1	1	2	2	1	—
天津	4	2	1	1	6	−2
上海	3	4	3	4	5	−2
黑龙江	24	13	6	25	26	−2
湖北	7	6	7	12	10	−3
吉林	22	20	17	13	28	−6
湖南	13	10	13	9	19	−6
贵州	11	27	25	24	17	−6
新疆	17	26	23	27	24	−7
辽宁	14	17	20	18	23	−9
广西	18	25	22	21	29	−11
陕西	8	7	11	16	21	−13
内蒙古	5	24	27	23	20	−15
青海	2	28	28	28	30	−28

2. 品牌优势评价

通过对上市公司品牌优势进行评价，从结果（表 6.20）中可以看到，排名前三位的分别为北京（5.71 分）、青海（5.55 分）、海南（5.53 分）。黑龙江、辽宁和宁夏并列最后一名（4.9 分）。后三名中有 2 个属于我国东北地区，表明东北地区在品牌建设上发展较为落后，具有影响力的区域品牌数量较少，创新能力低下导致区域品牌竞争力不足及区域品牌定位缺乏特色。

表 6.20　2011～2015 年各区域上市公司品牌优势评价结果

单位：分

地区	2011 年	2012 年	2013 年	2014 年	2015 年	平均分
北京	5.19	5.55	5.81	5.91	6.08	5.71
青海	5.83	5.10	5.42	5.91	5.51	5.55
海南	5.29	5.59	5.50	5.91	5.37	5.53
吉林	5.09	5.60	5.68	5.99	5.24	5.52
天津	4.95	5.58	5.72	5.67	5.68	5.52
湖南	5.15	5.45	5.54	5.77	5.64	5.51
山西	4.84	5.29	5.51	6.03	5.86	5.50
上海	4.94	5.25	5.48	5.70	5.72	5.42
广东	4.99	5.17	5.43	5.67	5.70	5.39
重庆	5.23	5.14	5.28	5.53	5.62	5.36
广西	5.07	5.35	5.43	5.58	5.28	5.34
福建	4.97	5.19	5.34	5.53	5.59	5.32
浙江	4.79	5.15	5.43	5.52	5.65	5.31
甘肃	5.11	5.13	5.35	5.52	5.35	5.29
河北	4.73	5.14	5.29	5.71	5.52	5.28
湖北	4.90	5.15	5.29	5.52	5.52	5.27
江苏	4.83	4.96	5.21	5.56	5.78	5.27
四川	4.67	4.95	5.19	5.47	5.62	5.18
云南	4.78	5.21	5.02	5.43	5.32	5.15
新疆	4.56	4.85	5.24	5.47	5.56	5.14
内蒙古	4.90	4.98	4.99	5.39	5.37	5.13
安徽	4.61	4.96	5.14	5.49	5.41	5.12
河南	4.64	5.03	5.10	5.46	5.35	5.12
山东	4.58	4.95	5.13	5.45	5.40	5.10
陕西	4.57	4.98	5.10	5.41	5.34	5.08
江西	4.41	4.85	4.97	5.32	5.28	4.97
贵州	5.33	4.49	4.61	5.06	5.13	4.92
黑龙江	4.27	5.02	5.10	5.00	5.11	4.90
辽宁	4.50	4.83	4.91	5.21	5.06	4.90
宁夏	4.51	4.65	4.84	5.21	5.31	4.90

对各地区上市公司五年间品牌优势的涨幅及累计涨幅进行的统计得到表 6.21，新疆累计涨幅达到 22.01%，位居第一位；排名第二的是山西，其累计涨幅达到 21.08%；第三名是四川，累计涨幅达 20.20%。排名较低的三个分别为海南（1.58%）、贵州（−3.78%）和青海（−5.38%）。从五年累计涨幅来看，出现品牌优势降低的有贵州和青海，说明这两个区域上市公司无力提升企业品牌价值，在全国企业逐渐开始以创新为导向的转移过程中，贵州和青海未能及时调整，丧失了原有优势。

表 6.21　2011～2015 年各区域上市公司品牌优势涨幅情况

地区	2012 年涨幅/%	2013 年涨幅/%	2014 年涨幅/%	2015 年涨幅/%	累计涨幅/%
新疆	6.33	8.08	4.42	1.67	22.01
山西	9.25	4.21	9.48	−2.86	21.08
四川	5.88	4.94	5.41	2.64	20.20
江西	9.91	2.42	7.09	−0.71	19.69
黑龙江	17.54	1.65	−1.97	2.16	19.66
江苏	2.69	5.00	6.70	4.02	19.66
浙江	7.56	5.38	1.78	2.33	18.06
山东	8.09	3.63	6.22	−0.78	18.05
宁夏	2.96	4.13	7.66	1.93	17.65
安徽	7.40	3.70	6.87	−1.40	17.36
北京	6.90	4.74	1.65	2.94	17.16
河北	8.76	2.93	8.00	−3.32	16.88
陕西	9.08	2.35	6.11	−1.33	16.88
上海	6.28	4.39	3.98	0.46	15.90
河南	8.30	1.49	6.91	−2.04	15.11
天津	12.64	2.47	−0.73	0.06	14.65
广东	3.74	4.85	4.49	0.58	14.32
湖北	5.03	2.76	4.40	0.03	12.70
辽宁	7.43	1.71	6.04	−2.91	12.49
福建	4.42	2.92	3.63	0.99	12.47
云南	8.99	−3.77	8.25	−2.02	11.25
内蒙古	1.53	0.23	8.00	−0.36	9.51
湖南	5.72	1.76	4.10	−2.22	9.50
重庆	−1.72	2.68	4.73	1.58	7.36
甘肃	0.28	4.37	3.22	−3.19	4.58
广西	5.56	1.41	2.78	−5.23	4.26
吉林	9.93	1.54	5.31	−12.50	2.86
海南	5.65	−1.69	7.46	−8.99	1.58
贵州	−15.88	2.76	9.66	1.51	−3.78
青海	−12.41	6.25	8.93	−6.67	−5.38

3. 市场占有率评价

通过对上市公司市场占有率进行评价，从结果（表 6.22）中可以看到，排名前三位的分别为天津（8.69 分）、北京（8.55 分）、陕西（8.45 分），排名后三位的分别为宁夏（7.19 分）、青海（6.96 分）和海南（6.09 分）。青海是唯一出现市场占有率下滑的地区，海南则虽然上升明显，但由于基础较差，仍明显落后于全国大部分地区。

表 6.22　2011～2015 年各区域上市公司市场占有率评价结果

单位：分

地区	2011 年	2012 年	2013 年	2014 年	2015 年	平均分
天津	7.81	8.42	8.97	10.03	8.21	8.69
北京	7.54	8.33	8.42	8.73	9.74	8.55
陕西	7.80	8.67	8.69	9.19	7.88	8.45
江苏	7.10	8.23	8.64	8.93	8.90	8.36
广东	7.30	8.26	8.57	8.92	8.64	8.34
江西	6.97	8.20	8.78	9.46	8.21	8.32
四川	7.17	8.31	8.65	8.96	8.31	8.28
贵州	6.66	8.07	8.77	8.83	8.99	8.27
上海	7.55	8.08	8.76	9.06	7.91	8.27
湖北	7.09	8.22	8.71	8.97	8.13	8.23
山东	6.99	7.97	8.56	9.00	8.28	8.16
安徽	6.47	8.01	8.51	9.10	8.32	8.08
黑龙江	7.24	8.08	8.95	8.71	7.43	8.08
河北	6.75	7.87	8.66	8.94	8.13	8.07
辽宁	7.37	8.09	8.29	8.94	7.61	8.06
浙江	6.94	7.77	8.33	9.02	8.17	8.05
重庆	6.11	7.79	8.45	9.54	7.98	7.97
河南	6.81	7.92	8.31	8.65	8.13	7.96
内蒙古	7.36	7.56	7.98	8.51	8.01	7.88
福建	6.90	7.70	7.99	8.39	8.08	7.81
湖南	6.42	7.48	8.18	8.83	7.86	7.76
云南	5.87	7.44	8.05	9.14	8.22	7.74
新疆	6.80	7.58	7.94	8.11	6.98	7.48
吉林	6.25	7.24	7.87	8.60	7.05	7.40
甘肃	5.46	7.88	7.85	8.15	7.44	7.36
山西	5.64	7.22	7.70	8.01	7.81	7.28
广西	6.54	7.00	7.60	8.16	6.91	7.24
宁夏	5.90	7.29	7.65	7.87	7.22	7.19
青海	6.96	6.67	7.15	7.57	6.46	6.96
海南	5.25	5.75	5.93	6.43	7.09	6.09

对各区域上市公司五年间市场占有率各年涨幅及累计涨幅的统计如表 6.23 所示，云南累计涨幅达到 40.11%，位居第一位，也是唯一累计涨幅超过 40%的地区；排名第二的是山西，其累计涨幅达到 38.61%；第三名是甘肃，累计涨幅达 36.24%。排名后三位的分别为黑龙江（2.58%）、陕西（1.10%）和青海（−7.11%）。青海是唯一出现下滑的地区，且下滑幅度明显。从各地区五年涨幅可以看出，除北京、贵州、海南五年持续上涨外，其余 27 个地区都出现若干年度下滑，说明各地区市场份额竞争激烈，抢占市场行为日益明显。

表 6.23　2011～2015 年各区域上市公司市场占有率涨幅情况

地区	2012 年涨幅/%	2013 年涨幅/%	2014 年涨幅/%	2015 年涨幅/%	累计涨幅/%
云南	26.74	8.22	13.58	−10.06	40.11
山西	28.03	6.71	4.00	−2.45	38.61
甘肃	44.25	−0.35	3.80	−8.69	36.24
贵州	21.20	8.61	0.74	1.79	34.99
海南	9.51	3.09	8.47	10.15	34.90
重庆	27.52	8.50	12.90	−16.35	30.67
北京	10.49	1.08	3.64	11.54	29.10
安徽	23.90	6.18	7.01	−8.63	28.63
江苏	15.87	5.02	3.31	−0.28	25.37
宁夏	23.56	5.01	2.85	−8.21	22.48
湖南	16.44	9.35	7.98	−10.98	22.40
河北	16.54	10.07	3.19	−9.02	20.43
河南	16.40	4.85	4.12	−6.01	19.45
山东	14.00	7.40	5.11	−7.97	18.43
广东	13.27	3.71	4.03	−3.11	18.40
江西	17.72	7.00	7.76	−13.21	17.82
浙江	11.94	7.25	8.29	−9.44	17.74
福建	11.58	3.76	4.96	−3.64	17.09
四川	15.81	4.11	3.59	−7.26	15.84
湖北	15.92	5.98	2.95	−9.31	14.70
吉林	15.74	8.78	9.22	−18.04	12.71
内蒙古	2.76	5.62	6.54	−5.84	8.87
广西	7.09	8.52	7.37	−15.27	5.73
天津	7.87	6.46	11.83	−18.10	5.17
上海	7.00	8.47	3.44	−12.72	4.78
辽宁	9.81	2.42	7.89	−14.94	3.21
新疆	11.56	4.67	2.24	−13.99	2.68
黑龙江	11.53	10.74	−2.66	−14.68	2.58
陕西	11.25	0.16	5.82	−14.26	1.10
青海	−4.11	7.10	5.94	−14.63	−7.11

4. 超额收益率评价

通过对上市公司超额收益率进行评价，从结果（表 6.24）中可以看到，排名前三位的分别为北京（4.79 分）、上海（4.50 分）、广东（4.44 分），排名后三位的分别为陕西（4.12 分）、宁夏（3.97 分）和贵州（3.96 分）。排名前三位的是我国一线经济较发达地区，排名后三位的是我国西部经济欠发达地区，说明地区经济发展程度对该地区企业超额收益能力具有直接影响。

表 6.24　2011～2015 年各区域上市公司超额收益率评价结果

单位：分

地区	2011 年	2012 年	2013 年	2014 年	2015 年	平均分
北京	4.84	4.57	4.70	4.85	5.00	4.79
上海	4.16	4.33	4.50	4.68	4.82	4.50
广东	4.24	4.28	4.41	4.57	4.72	4.44
海南	4.21	4.35	4.41	4.83	4.43	4.44
江苏	4.17	4.17	4.44	4.61	4.77	4.43
福建	4.28	4.19	4.37	4.35	4.71	4.38
浙江	4.12	4.18	4.33	4.48	4.81	4.38
重庆	4.35	4.23	4.21	4.41	4.58	4.36
湖南	4.35	4.23	4.24	4.42	4.51	4.35
四川	4.18	4.28	4.29	4.46	4.50	4.34
湖北	4.25	4.16	4.25	4.44	4.55	4.33
天津	3.85	4.28	4.51	4.42	4.56	4.32
山东	4.02	4.19	4.31	4.50	4.52	4.31
广西	4.02	4.23	4.37	4.55	4.26	4.29
河北	4.10	4.05	4.12	4.53	4.53	4.27
吉林	4.21	4.13	4.14	4.32	4.55	4.27
辽宁	4.05	4.12	4.34	4.37	4.45	4.27
山西	4.26	4.19	4.21	4.31	4.39	4.27
甘肃	4.33	4.03	4.14	4.25	4.50	4.25
河南	4.10	3.97	4.18	4.30	4.63	4.24
江西	4.08	3.99	4.15	4.29	4.63	4.23
内蒙古	4.31	4.06	4.07	4.33	4.40	4.23
新疆	4.29	4.00	4.17	4.20	4.46	4.23
安徽	4.04	4.00	4.13	4.30	4.55	4.20
云南	4.00	4.13	4.11	4.15	4.63	4.20
黑龙江	3.83	4.00	4.22	4.36	4.39	4.16
青海	4.14	4.14	4.11	4.19	4.08	4.13
陕西	3.82	3.82	4.22	4.27	4.47	4.12
宁夏	3.83	3.89	3.82	3.92	4.41	3.97
贵州	4.05	3.77	3.83	4.18	3.97	3.96

对各地区上市公司五年间超额收益率各年涨幅及累计涨幅进行统计得到表 6.25，天津累计涨幅达到 18.38%，位居第一位；第二是陕西，累计涨幅达到 17.07%；第三名是浙江，累计涨幅达 16.64%。排名后三位的分别为内蒙古（2.20%）、青海（-1.52%）和贵州（-1.84%）。青海和贵州是少数出现下滑的地区，陕西虽然超额收益能力基础较差，但“十二五”期间，尤其 2013 年效果提升明显，到 2015 年已接近全国中游水平。整体来看全国各地区超额收益能力表现出的波动较大，而其发展速度缓慢。

表 6.25　2011～2015 年各区域上市公司超额收益率涨幅情况

地区	2012 年涨幅/%	2013 年涨幅/%	2014 年涨幅/%	2015 年涨幅/%	累计涨幅/%
天津	11.16	5.24	−1.99	3.25	18.38
陕西	−0.02	10.42	1.34	4.65	17.07
浙江	1.49	3.42	3.47	7.40	16.64
上海	4.13	4.04	3.88	2.95	15.87
云南	3.08	−0.49	1.08	11.43	15.54
宁夏	1.43	−1.74	2.61	12.45	14.99
黑龙江	4.45	5.63	3.32	0.56	14.64
江苏	0.21	6.40	3.76	3.63	14.64
江西	−2.31	3.97	3.42	8.01	13.45
河南	−3.29	5.26	3.00	7.55	12.77
山东	4.33	2.84	4.39	0.58	12.65
安徽	−0.96	3.43	3.95	5.78	12.64
广东	1.05	2.90	3.70	3.40	11.49
河北	−1.09	1.67	10.05	−0.15	10.51
福建	−1.96	4.14	−0.34	8.12	10.01
辽宁	1.65	5.46	0.75	1.72	9.86
吉林	−1.88	0.31	4.39	5.36	8.25
四川	2.63	0.17	3.98	0.94	7.89
湖北	−2.10	2.26	4.42	2.59	7.24
广西	5.23	3.27	4.20	−6.50	5.88
重庆	−2.74	−0.53	4.78	3.90	5.32
海南	3.20	1.50	9.42	−8.29	5.12
新疆	−6.69	4.28	0.60	6.23	3.99
甘肃	−6.97	2.75	2.75	5.76	3.87
湖南	−2.72	0.36	4.26	1.96	3.79
北京	−5.61	2.87	3.23	3.01	3.26
山西	−1.66	0.61	2.40	1.82	3.16
内蒙古	−5.88	0.22	6.52	1.71	2.20
青海	0.11	−0.79	1.83	−2.62	−1.52
贵州	−6.96	1.72	9.15	−4.97	−1.84

三、可持续发展能力评价

1. 总体分析

对各区域上市公司可持续发展能力总分进行统计得到表 6.26。五年间各地区可持续发展能力平均水平不高，表明我国绝大多数地区资产经营规模扩张速度慢，且无形资产占据比重较小。分数总体分布于三个层次，超过 17 分具有良好发展潜力的地区为北京、上海和广东；介于 15～17 分的包括江苏、浙江、四川在内的 24 个地区，代表了中等发展潜力的区域；低于 15 分的包括甘肃、贵州、宁夏等三个地区则展现出了不利的发展前景。

表 6.26 2011～2015 年各区域上市公司可持续发展能力评价结果

单位：分

地区	2011 年	2012 年	2013 年	2014 年	2015 年	平均分
北京	21.03	19.57	21.17	21.69	20.16	20.72
上海	16.92	15.92	16.89	18.52	19.04	17.46
广东	16.84	15.64	17.36	17.63	18.81	17.26
江苏	16.34	14.96	16.32	17.22	19.40	16.85
浙江	16.52	15.02	15.95	16.37	19.15	16.60
四川	16.05	15.13	16.11	17.37	18.14	16.56
福建	16.49	14.95	16.52	16.46	17.86	16.46
湖北	16.71	14.93	15.74	16.61	18.20	16.44
海南	16.54	13.87	17.09	17.84	16.81	16.43
云南	17.07	14.88	15.47	15.85	17.04	16.06
重庆	16.14	15.33	15.26	15.24	18.24	16.04
河北	16.74	14.40	15.11	16.25	17.48	16.00
天津	14.36	14.74	16.06	16.40	18.19	15.95
湖南	15.93	14.67	15.06	15.95	17.86	15.89
山东	15.82	14.18	15.10	16.04	17.46	15.72
辽宁	15.83	14.54	14.95	16.05	17.01	15.68
安徽	16.61	13.92	14.54	15.66	17.31	15.61
内蒙古	17.05	13.63	14.58	16.14	15.95	15.47
吉林	15.80	13.75	15.15	15.47	17.12	15.46
河南	16.71	13.57	14.56	15.11	16.88	15.37
广西	15.23	13.88	14.98	15.68	17.00	15.35
山西	17.04	13.83	14.19	15.18	16.30	15.31
新疆	16.72	13.92	14.10	14.88	16.93	15.31
青海	15.84	13.87	14.08	15.26	17.29	15.27
黑龙江	13.37	14.24	15.37	15.89	17.17	15.21
陕西	14.89	13.29	14.98	15.22	17.45	15.17
江西	15.18	13.59	14.28	14.68	17.44	15.03
甘肃	15.89	13.27	14.13	15.01	16.46	14.95
贵州	16.19	12.83	13.45	15.28	15.08	14.57
宁夏	15.14	12.19	12.62	13.73	17.04	14.15

1）前三位分析

在可持续发展能力排名前三位的地区是北京、上海和广东，均为我国东部一线经济发达地区，表明经济发展水平同可持续发展能力有相关关系。

（1）北京以 20.72 分排名第一。北京的可持续发展水平长期领先全国水平，但 2015 年出现大幅衰退，原因是北京患上一定程度的“城市病”，严重影响城市的可持续发展。而人口过度聚集是北京“城市病”的主要原因之一。因此，北京积极探索财税体制改革，增强中心城区非首都功能疏解，积极推行京津冀协同发展战略，建立区域利益共享机制，强化非首都功能疏解的资金保障，疏解存量与控制增量并重，巩固疏解成效，为城市可持续发展注入活力。

（2）上海以 17.46 分排名第二。上海从可持续发展的角度出发，充分了解自身科技创新情况，合理进行科技创新资源投入，避免资源浪费，加强科技成果转化在各个主体之间的信息沟通与合作，发挥科技成果在可持续发展中的整体协调效用（刘俊婉等，2015）。

（3）广东以 17.26 分排名第三。广东为加快科技进步、实现经济可持续发展，不断加大对教育的投入，以提高劳动者的素质，同时积极吸引高科技人才，进一步贯彻科教兴国战略，从根本上解决了科技进步动力问题。广东还加大对产业技术进步有重要影响的关键性技术的开发投入力量，发展高技术行业，鼓励企业积极推进自主创新，推动企业自身取得科技及制度上的创新，提高企业可持续发展能力。

2）后三位分析

可持续发展能力排名后三位的是甘肃、贵州和宁夏。

（1）甘肃以 14.95 分排名第 28 位。甘肃地处我国西北经济欠发达地区，自然条件相对恶劣，水土流失、水资源枯竭、天然草场退化等问题严重制约着甘肃人民的生存、生产和生活，而教育经费短缺造成甘肃总体文化程度偏低，尚未形成以适应社会发展需求为目标的教育培养体系，就业人口整体以低层次文化人口为主体。员工素质较低、基础设施落后、区域资源枯竭等诸多问题影响着甘肃企业自身发展，难以形成以创新为核心的发展路径。

（2）贵州以 14.57 分排名第 29 位。贵州地处西南喀斯特岩溶分布的中心，省内土地面积石漠化比重较大，且现今仍处于工业化发展的初期，长期依赖煤炭、化学、有色金属和火电工业等污染较重行业，缺少对后续产业规划和产业的可持续发展的思考，造成生态环境愈发恶劣。伴随着人口不断增加，就业压力提高，而高素质人才缺乏，贵州企业发展面临严重困境，产业转型迫在眉睫。

（3）宁夏以 14.15 分排名第 30 位。宁夏受到传统资源主导发展因素的影响，可持续发展能力长期处于全国低位，但宁夏通过西部大开发战略，加快产业转型，截至 2015 年，其可持续发展能力已达到全国第 24 位。但与此同时，宁夏仍面临着诸多问题，如长期形成的科技队伍结构不合理，具有中高级职称的科研人员大多集中在文教卫生系统，另有相当数量的科技人员在行政机关，不能发挥其专业特长，再加上宁夏一直缺乏前沿科技带头人，缺乏科学研究与实验的基础设施，科研环境不尽如人意，企业科技人员素质尚处在低层次，专利授权水平较低，技术市场发育较慢，科技成果转化能力不强，影响了宁夏企业可持续发展的动力与方向。

如表 6.27 所示，上市公司可持续发展能力涨幅情况排名中，黑龙江、天津和江苏排名前三位，其中涨幅最大的是黑龙江，从 2011 年的 13.37 分上升到 2015 年的 17.17 分，累计涨幅达 28.39%，连续五年持续增长。黑龙江地处我国东北，地邻韩国、蒙古国、朝鲜及俄罗斯，是我国“一带一路”沿线省份，利用这一优势，黑龙江经济发展逐渐实现以市场为价值导向的观念转变，形成了以农业为根本，以工业求发展的改革模式，切实实现可持续发展战略的深化改革。全国各区域上市公司可持续发展能力出现下滑的分别为北京、山西、内蒙古和贵州。北京作为首都，人口资源环境矛盾日益突出，“城市病”日益凸显，城市治理难度加大，维护社会和谐稳定的任务艰巨，严重影响了首都形象和群众的生产生活，对照全面建成小康社会的目标要求，北京发展的协调性、平衡性和可持续发展等方面面临着诸多问题。

表 6.27　2011～2015 年各区域上市公司可持续发展能力涨幅情况

地区	2012 年涨幅/%	2013 年涨幅/%	2014 年涨幅/%	2015 年涨幅/%	累计涨幅/%
黑龙江	6.52	7.89	3.41	8.03	28.39
天津	2.61	8.99	2.08	10.94	26.65
江苏	−8.43	9.07	5.51	12.66	18.71
陕西	−10.71	12.70	1.57	14.68	17.23
浙江	−9.13	6.25	2.62	16.98	15.91
江西	−10.42	5.05	2.82	18.75	14.90
四川	−5.71	6.46	7.86	4.39	13.03
重庆	−5.01	−0.46	−0.15	19.68	13.01
上海	−5.86	6.09	9.65	2.80	12.58
宁夏	−19.51	3.49	8.87	24.08	12.52
湖南	−7.95	2.66	5.91	11.96	12.05
广东	−7.09	10.98	1.52	6.74	11.73
广西	−8.88	7.93	4.69	8.43	11.64
山东	−10.41	6.52	6.23	8.86	10.37
青海	−12.43	1.55	8.32	13.34	9.17
湖北	−10.65	5.42	5.57	9.53	8.91
福建	−9.33	10.47	−0.34	8.52	8.32
吉林	−12.99	10.19	2.12	10.61	8.30
辽宁	−8.12	2.85	7.30	6.04	7.51
河北	−13.98	4.91	7.58	7.57	4.42
安徽	−16.21	4.52	7.70	10.51	4.24
甘肃	−16.51	6.49	6.19	9.70	3.57
海南	−16.17	23.26	4.37	−5.79	1.61
新疆	−16.78	1.29	5.57	13.77	1.23
河南	−18.78	7.26	3.81	11.71	1.03
云南	−12.83	3.94	2.47	7.51	−0.18
北京	−6.94	8.15	2.46	−7.04	−4.15
山西	−18.86	2.64	6.93	7.42	−4.34
内蒙古	−20.02	6.92	10.70	−1.14	−6.42
贵州	−20.73	4.79	13.67	−1.36	−6.85

从对区域上市公司可持续发展能力五年间排名情况进行的分析（表 6.28）可以看出，上升较为明显的有：天津由 2011 年的第 29 名上升至 2015 年的第 8 名，陕西由 2011 年的第 28 名上升至 2015 年的第 14 名，江苏由 2011 年的第 15 名上升至 2015 年的第 2 名；下降较为明显的有：内蒙古由 2011 年的第 3 名下降至 2015 年的第 29 名，山西由 2011 年的第 4 名下降至 2015 年的第 28 名，云南由 2011 年的第 2 名下降至 2015 年的第 21 名，新疆和河南分别由 2011 年的第 8 名和第 9 名下降至 2015 年的第 24 名和第 25 名。

表 6.28　2011～2015 年各区域上市公司可持续发展能力排名及变化情况

地区	2011 年	2012 年	2013 年	2014 年	2015 年	排名变化
天津	29	11	8	9	8	+21
陕西	28	27	18	24	14	+14
江苏	15	7	6	6	2	+13
黑龙江	30	15	12	16	18	+12

续表

地区	2011年	2012年	2013年	2014年	2015年	排名变化
江西	26	25	24	29	15	+11
浙江	13	6	9	10	3	+10
山东	23	16	16	14	13	+10
四川	18	5	7	5	9	+9
重庆	17	4	13	23	6	+8
湖南	19	12	17	15	11	+8
宁夏	27	30	30	30	20	+7
吉林	24	23	14	20	19	+5
青海	21	20	28	22	17	+3
湖北	10	9	10	7	7	+3
广西	25	19	19	18	23	+2
上海	5	2	4	2	4	+1
广东	6	3	2	4	5	+1
北京	1	1	1	1	1	—
辽宁	22	13	20	13	22	—
福建	14	8	5	8	10	−4
河北	7	14	15	11	12	−5
安徽	11	18	23	19	16	−5
甘肃	20	28	26	27	27	−7
海南	12	21	3	3	26	−14
贵州	16	29	29	21	30	−14
河南	9	26	22	26	25	−16
新疆	8	17	27	28	24	−16
云南	2	10	11	17	21	−19
山西	4	22	25	25	28	−24
内蒙古	3	24	21	12	29	−26

2. 资产增长率评价

通过对上市公司资产增长率进行评价，从结果（表6.29）中可以看到，排名前三位的分别为北京（4.08分）、海南（3.62分）、上海（3.50分），排名后三位的分别为宁夏（2.82分）、内蒙古（2.71分）和贵州（2.69分）。从各五年分数来看，虽然大部分地区上市公司资产增长速度有所提升，但提升幅度较小，同时，各地区分数差别不大，没有拉开较大差距。

表6.29　2011～2015年各区域上市公司资产增长率评价结果

单位：分

地区	2011年	2012年	2013年	2014年	2015年	平均分
北京	3.78	2.92	6.10	3.35	4.24	4.08
海南	3.69	2.51	4.15	3.40	4.36	3.62
上海	3.90	2.49	3.50	3.18	4.43	3.50
福建	3.23	2.46	3.54	3.15	4.36	3.35
广东	3.38	2.54	3.60	2.84	4.30	3.33
重庆	3.76	2.45	2.51	3.01	4.93	3.33
浙江	4.04	2.44	2.59	3.00	4.56	3.32

续表

地区	2011 年	2012 年	2013 年	2014 年	2015 年	平均分
青海	4.23	2.25	2.36	2.99	4.61	3.29
湖南	3.48	2.46	2.84	3.04	4.49	3.26
云南	3.81	2.30	3.07	2.74	4.37	3.26
河北	4.50	2.37	2.20	2.73	4.18	3.20
江苏	3.65	2.41	2.52	3.05	4.34	3.19
广西	3.98	2.41	2.47	2.79	4.26	3.18
四川	3.71	2.49	2.94	2.66	4.02	3.16
甘肃	3.65	2.22	2.26	3.08	4.35	3.11
河南	3.63	2.25	2.46	2.81	4.25	3.08
山西	4.17	2.19	2.22	2.76	4.09	3.08
山东	3.78	2.29	2.46	2.71	4.10	3.07
辽宁	3.25	2.33	2.86	2.82	4.03	3.06
安徽	4.38	2.24	2.34	2.36	3.90	3.04
吉林	2.99	2.18	2.46	3.11	4.43	3.04
湖北	3.78	2.39	2.16	2.54	4.22	3.02
天津	2.58	2.48	2.50	2.96	4.59	3.02
江西	3.23	2.23	2.16	2.62	4.27	2.90
新疆	3.59	2.31	2.19	2.52	3.88	2.90
黑龙江	3.08	2.36	2.34	2.45	3.97	2.84
陕西	3.13	2.23	2.33	2.57	3.94	2.84
宁夏	3.57	1.95	2.01	2.06	4.48	2.82
内蒙古	3.30	2.14	2.23	2.37	3.52	2.71
贵州	4.56	2.04	1.85	1.97	3.05	2.69

对各地区上市公司五年间资产增长率各年涨幅及累计涨幅进行统计得到表 6.30，天津累计涨幅达到 78.02%，位居第一位，远远领先其他地区，尤其 2015 年单年增幅达 55.08%；排名第二的是吉林，累计涨幅达到 47.98%；第三名是福建，累计涨幅达 35.13%。排名较低的四个地区均出现资产增长速度下降的现象，分别为山西（降幅达 1.95%）、河北（降幅达 7.11%）、安徽（降幅达 10.79%）、贵州（降幅达 33.08%）。从这一角度看出，虽然各地区的资产增长速度差别不大，但各地区的发展速度已出现分化，部分地区快速增长，还有部分地区则处于慢速增长甚至下滑。

表 6.30　2011～2015 年各区域上市公司资产增长率涨幅情况

地区	2012 年涨幅/%	2013 年涨幅/%	2014 年涨幅/%	2015 年涨幅/%	累计涨幅/%
天津	−3.99	1.11	18.25	55.08	78.02
吉林	−27.31	13.18	26.37	42.33	47.98
福建	−23.73	43.70	−10.87	38.32	35.13
江西	−30.99	−2.98	21.04	63.02	32.12
重庆	−34.81	2.54	19.87	63.69	31.16
黑龙江	−23.13	−1.23	5.10	61.87	29.17
湖南	−29.42	15.57	6.94	47.79	28.92
广东	−25.03	41.76	−20.93	51.24	27.10
陕西	−28.81	4.48	10.20	53.49	25.80

续表

地区	2012 年涨幅/%	2013 年涨幅/%	2014 年涨幅/%	2015 年涨幅/%	累计涨幅/%
宁夏	−45.53	3.44	2.47	117.33	25.49
辽宁	−28.30	22.97	−1.58	43.14	24.22
江苏	−33.91	4.74	20.84	42.50	19.19
甘肃	−39.29	1.93	36.30	41.15	19.05
海南	−31.85	65.01	−18.13	28.42	18.24
河南	−38.09	9.51	13.95	51.46	17.01
云南	−39.54	33.46	−11.03	59.94	14.81
上海	−36.22	40.65	−9.18	39.58	13.70
浙江	−39.67	6.12	15.98	52.08	12.93
北京	−22.55	108.65	−45.06	26.58	12.38
湖北	−36.81	−9.62	17.61	66.08	11.56
青海	−46.65	4.52	26.97	53.95	9.00
山东	−39.36	7.53	10.15	51.38	8.74
四川	−32.87	17.82	−9.56	51.28	8.21
新疆	−35.64	−5.09	15.00	53.76	8.02
广西	−39.36	2.17	13.16	52.48	6.90
内蒙古	−35.30	4.25	6.47	48.56	6.68
山西	−47.46	1.43	24.34	47.97	−1.95
河北	−47.28	−7.29	23.83	53.48	−7.11
安徽	−48.78	4.48	0.73	65.49	−10.79
贵州	−55.27	−9.18	6.09	55.27	−33.08

3. 无形资产收益率评价

通过对上市公司无形资产收益率进行评价得到表 6.31，从结果中可以看到，排名前三位的分别为北京（6.70 分）、广东（4.84 分）、上海（4.76 分），排名后三位的分别为青海（3.49 分）、宁夏（3.33 分）和贵州（3.10 分）。除北京这一分数领先其余地区较多外，其余地区较为接近。

表 6.31　2011～2015 年各区域上市公司无形资产收益能力评价结果

单位：分

地区	2011 年	2012 年	2013 年	2014 年	2015 年	平均分
北京	7.82	6.59	5.09	8.27	5.70	6.70
广东	4.90	4.09	4.80	5.44	4.96	4.84
上海	4.78	4.29	4.01	5.49	5.23	4.76
福建	5.43	3.89	4.32	4.55	4.53	4.54
海南	4.82	2.98	4.72	5.80	4.05	4.47
四川	4.30	3.79	4.16	4.65	4.66	4.31
江苏	4.12	3.43	4.57	4.23	5.11	4.29
浙江	4.19	3.66	4.40	3.94	5.14	4.27
新疆	5.56	3.62	3.53	3.29	4.24	4.05
辽宁	4.49	3.54	3.43	3.94	4.39	3.96
吉林	5.25	2.98	4.16	3.55	3.84	3.95
湖北	3.68	3.33	4.26	4.04	4.39	3.94
湖南	4.62	3.51	3.43	3.84	4.31	3.94
安徽	4.72	3.33	3.56	3.59	4.36	3.91

续表

地区	2011 年	2012 年	2013 年	2014 年	2015 年	平均分
内蒙古	5.58	3.06	3.61	3.61	3.64	3.90
河南	5.47	3.05	3.74	3.38	3.67	3.86
云南	5.73	3.35	3.40	3.28	3.49	3.85
山东	4.23	3.19	3.63	3.74	4.22	3.80
天津	3.05	3.10	4.39	3.78	4.24	3.71
陕西	3.82	2.71	4.21	3.59	4.16	3.70
河北	4.24	3.13	3.61	3.48	3.98	3.69
江西	4.56	2.97	3.49	3.07	4.19	3.66
重庆	3.41	3.26	3.68	3.34	4.37	3.61
山西	4.90	2.95	3.46	3.24	3.49	3.60
甘肃	5.02	2.64	3.51	2.99	3.72	3.58
黑龙江	2.83	2.86	3.42	4.08	4.61	3.56
广西	3.12	3.06	3.76	3.76	3.90	3.52
青海	3.53	3.43	3.46	3.11	3.94	3.49
宁夏	4.97	2.46	2.88	2.68	3.65	3.33
贵州	3.43	2.64	3.07	3.09	3.28	3.10

对各地区上市公司五年间无形资产收益率各年涨幅及累计涨幅进行统计，得到表 6.32。黑龙江累计涨幅达到 63.11%，位居第一位，领先幅度较大，且黑龙江连续五年实现正向增长；排名第二的是天津，其累计涨幅达到 39.02%；第三名是重庆，其累计涨幅达 27.95%。排名较低的三个分别为河南（−32.92%）、内蒙古（−34.84%）和云南（−39.20%）。降幅较大的三个地区的发展主要依赖于特色民族产业，尽管民族产业品牌价值影响较大，但缺乏创新动力，不能及时开发出创新产品以满足需求不断提高的消费者，因此缺乏知识成果提升企业盈利能力。关于无形资产收益能力累计涨幅，各地区出现明显两极分化，五年累计涨幅为正的只有 12 个地区，而其余 18 个地区则出现明显下滑，从累计涨幅为正和为负的地区分布来看，并未发现明显地域集中性，因此这一问题值得进一步研究。

表 6.32　2011～2015 年各区域上市公司无形资产收益率涨幅情况

地区	2012 年涨幅/%	2013 年涨幅/%	2014 年涨幅/%	2015 年涨幅/%	累计涨幅/%
黑龙江	1.16	19.68	19.21	13.01	63.11
天津	1.70	41.46	−13.90	12.24	39.02
重庆	−4.51	13.00	−9.44	30.93	27.95
广西	−2.13	22.97	0.18	3.48	24.77
江苏	−16.71	33.27	−7.48	20.79	24.05
浙江	−12.63	20.19	−10.48	30.29	22.47
湖北	−9.29	27.76	−5.10	8.58	19.40
青海	−2.96	0.94	−10.06	26.53	11.47
上海	−10.27	−6.54	36.91	−4.65	9.48
陕西	−29.08	55.57	−14.72	15.85	9.01
四川	−11.77	9.77	11.59	0.26	8.36
广东	−16.48	17.21	·13.34	−8.85	1.13
山东	−24.57	13.80	3.06	12.86	−0.15

续表

地区	2012年涨幅/%	2013年涨幅/%	2014年涨幅/%	2015年涨幅/%	累计涨幅/%
辽宁	−21.17	−3.08	14.75	11.52	−2.23
贵州	−23.10	16.21	0.57	6.21	−4.55
河北	−26.32	15.55	−3.71	14.28	−6.31
湖南	−23.97	−2.20	11.68	12.45	−6.62
安徽	−29.41	6.69	1.04	21.39	−7.62
江西	−34.85	17.35	−11.99	36.53	−8.14
海南	−38.15	58.33	23.05	−30.16	−15.84
福建	−28.30	10.88	5.47	−0.61	−16.67
新疆	−34.90	−2.58	−6.58	28.89	−23.64
甘肃	−47.43	32.96	−14.71	24.09	−26.02
宁夏	−50.51	16.87	−6.76	36.21	−26.55
吉林	−43.29	39.70	−14.77	8.19	−26.94
北京	−15.71	−22.87	62.66	−31.09	−27.12
山西	−39.80	17.20	−6.35	7.71	−28.84
河南	−44.22	22.51	−9.57	8.55	−32.92
内蒙古	−45.14	17.96	0.02	0.68	−34.84
云南	−41.50	1.50	−3.62	6.25	−39.20

4. 员工素质评价

通过对上市公司员工素质进行评价，从结果（表6.33）中可以看到，排名前三位的分别为北京（5.05分）、上海（4.73分）、江苏（4.70分），排名后三位的分别为青海（4.04分）、宁夏（4.01分）和山西（3.99分）。山西过往发展长期依赖资源型企业，经济得到一定程度发展，但受到国际市场价格冲击及环境污染问题困扰，近几年经济出现衰落，缺乏第三产业和创新型企业的发展，地区缺乏人才吸引力，导致员工素质处于全国整体较低水平。

表6.33　2011～2015年各区域上市公司员工素质评价结果

单位：分

地区	2011年	2012年	2013年	2014年	2015年	平均分
北京	4.85	5.08	5.14	5.07	5.11	5.05
上海	4.41	4.73	4.87	4.90	4.74	4.73
江苏	4.39	4.62	4.70	4.76	5.02	4.70
天津	4.47	4.64	4.61	4.96	4.77	4.69
湖北	4.66	4.64	4.62	4.78	4.68	4.68
陕西	4.17	4.47	4.63	4.90	4.87	4.61
河北	4.23	4.46	4.57	4.78	4.65	4.54
重庆	4.62	4.60	4.33	4.54	4.34	4.49
黑龙江	4.29	4.61	4.81	4.50	4.21	4.48
广东	4.20	4.46	4.56	4.59	4.54	4.47
福建	4.11	4.49	4.57	4.55	4.57	4.46
浙江	4.17	4.41	4.44	4.50	4.64	4.43
辽宁	4.25	4.47	4.43	4.66	4.27	4.42
山东	4.07	4.35	4.48	4.52	4.52	4.39
四川	4.08	4.28	4.38	4.60	4.46	4.36

续表

地区	2011年	2012年	2013年	2014年	2015年	平均分
湖南	3.96	4.27	4.46	4.53	4.53	4.35
新疆	4.24	4.11	4.26	4.44	4.40	4.29
海南	4.05	4.39	4.20	4.60	4.18	4.28
云南	3.92	4.41	4.13	4.41	4.31	4.24
内蒙古	4.36	4.06	3.94	4.40	4.33	4.22
河南	3.92	4.17	4.12	4.37	4.44	4.20
安徽	3.92	4.13	4.14	4.35	4.36	4.18
甘肃	3.78	4.37	4.15	4.39	4.20	4.18
江西	3.85	4.17	4.26	4.32	4.29	4.18
广西	4.18	4.08	4.33	4.23	4.00	4.16
贵州	4.14	4.02	4.12	4.26	4.21	4.15
吉林	3.74	4.11	4.14	4.32	4.18	4.10
青海	4.04	3.83	3.88	4.13	4.30	4.04
宁夏	3.58	3.88	3.77	4.23	4.61	4.01
山西	3.77	3.89	3.98	4.15	4.17	3.99

对各地区上市公司五年间员工素质各年涨幅及累计涨幅进行统计得到表6.34，宁夏累计涨幅达到28.67%，位居第一位；排名第二的是陕西，其累计涨幅达到16.94%；第三名是湖南，累计涨幅达 14.49%。全国上市公司“十二五”期间员工素质得分累计涨幅出现下滑的有四个地区，分别为内蒙古（−0.63%）、黑龙江（−1.89%）、广西（−4.13%）和重庆（−5.97%）。从各地区五年涨幅可以看出，除江苏、浙江、山东和陕西四个地区五年持续上涨外，其余26个地区都出现下降年份，说明各地区在发展创新型产业和确定属于自身独有的差异化发展模式中，均出现技术性人才流失，影响了本地区创新能力的发展。

表6.34　2011～2015年各区域上市公司员工素质涨幅情况

地区	2012年涨幅/%	2013年涨幅/%	2014年涨幅/%	2015年涨幅/%	累计涨幅/%
宁夏	8.26	−2.83	12.18	9.04	28.67
陕西	7.22	3.51	5.94	−0.54	16.94
湖南	8.08	4.39	1.54	−0.06	14.49
江苏	5.29	1.74	1.13	5.48	14.27
河南	6.41	−1.07	6.01	1.59	13.38
吉林	9.98	0.89	4.30	−3.29	11.92
江西	8.44	2.13	1.49	−0.87	11.42
甘肃	15.69	−5.09	5.69	−4.12	11.26
福建	9.16	1.85	−0.51	0.52	11.17
山东	6.98	2.95	0.84	0.03	11.10
安徽	5.19	0.32	5.03	0.21	11.07
浙江	5.69	0.70	1.32	3.00	11.07
山西	3.29	2.34	4.26	0.33	10.58
云南	12.59	−6.38	6.96	−2.30	10.15
河北	5.30	2.55	4.51	−2.60	9.92
四川	4.91	2.49	4.87	−3.05	9.33
广东	6.31	2.20	0.59	−1.07	8.12

续表

地区	2012 年涨幅/%	2013 年涨幅/%	2014 年涨幅/%	2015 年涨幅/%	累计涨幅/%
上海	7.25	2.94	0.50	−3.25	7.34
天津	3.80	−0.48	7.43	−3.80	6.76
青海	−5.27	1.34	6.48	4.16	6.47
北京	4.89	1.12	−1.30	0.64	5.35
新疆	−3.14	3.80	4.17	−0.97	3.73
海南	8.48	−4.36	9.38	−8.98	3.28
贵州	−2.82	2.42	3.46	−1.15	1.79
湖北	−0.37	−0.60	3.58	−2.04	0.49
辽宁	5.20	−0.92	5.15	−8.38	0.41
内蒙古	−6.89	−2.82	11.57	−1.57	−0.63
黑龙江	7.66	4.24	−6.54	−6.47	−1.89
广西	−2.24	5.99	−2.15	−5.44	−4.13
重庆	−0.38	−6.01	4.84	−4.21	−5.97

5. 每股无形资产评价

对上市公司每股无形资产进行评价，从结果（表 6.35）中可以看到，排名前三位的分别为北京（4.90 分）、湖北（4.80 分）、四川（4.73 分），排名后三位的分别为海南（4.05 分）、陕西（4.02 分）和宁夏（3.99 分）。各区域上市公司每股无形资产分值较为集中，最高的北京与最低的宁夏分值差别只有 0.91 分，说明各地区每股无形资产没有形成竞争优势。各地区应以市场需求为导向，以特色资源为基础，发挥区位优势、拓展对外交流，延长产业链、提升产品的高附加值，构建基于“循环经济”理念的产业发展模式，发展绿色产业、培育民族文化产业，以提高区域特色经济的可持续发展能力。

表 6.35　2011～2015 年各区域上市公司每股无形资产评价结果

单位：分

地区	2011 年	2012 年	2013 年	2014 年	2015 年	平均分
北京	4.59	4.97	4.84	4.99	5.11	4.90
湖北	4.59	4.56	4.70	5.25	4.90	4.80
四川	3.96	4.57	4.62	5.47	5.00	4.73
云南	3.61	4.82	4.86	5.42	4.87	4.71
江苏	4.19	4.50	4.52	5.18	4.93	4.66
内蒙古	3.80	4.38	4.80	5.75	4.46	4.64
山西	4.21	4.80	4.53	5.03	4.57	4.63
广东	4.35	4.55	4.41	4.75	5.02	4.62
贵州	4.05	4.13	4.41	5.97	4.53	4.62
重庆	4.35	5.02	4.74	4.36	4.60	4.61
浙江	4.12	4.50	4.52	4.93	4.82	4.58
河北	3.76	4.44	4.72	5.27	4.67	4.57
天津	4.26	4.52	4.55	4.70	4.59	4.52
广西	3.95	4.32	4.43	4.89	4.85	4.49
安徽	3.59	4.22	4.51	5.37	4.69	4.47
上海	3.82	4.41	4.51	4.96	4.64	4.47
山东	3.75	4.34	4.53	5.07	4.61	4.46
青海	4.04	4.36	4.39	5.02	4.44	4.45

续表

地区	2011 年	2012 年	2013 年	2014 年	2015 年	平均分
吉林	3.82	4.49	4.39	4.49	4.67	4.37
湖南	3.88	4.42	4.32	4.54	4.52	4.34
黑龙江	3.18	4.40	4.80	4.86	4.38	4.32
江西	3.53	4.22	4.37	4.67	4.69	4.29
辽宁	3.84	4.20	4.23	4.63	4.32	4.24
河南	3.70	4.11	4.24	4.56	4.53	4.23
福建	3.72	4.11	4.09	4.20	4.40	4.10
甘肃	3.44	4.04	4.21	4.55	4.19	4.09
新疆	3.34	3.88	4.12	4.63	4.41	4.07
海南	3.98	3.98	4.02	4.04	4.21	4.05
陕西	3.77	3.89	3.81	4.16	4.47	4.02
宁夏	3.02	3.91	3.96	4.77	4.30	3.99

对各地区上市公司五年间每股无形资产各年涨幅及累计涨幅进行统计得到表 6.36。宁夏累计涨幅达到 42.36%，位居第一位；排名第二的是黑龙江，其累计涨幅达到 37.55%；第三名是云南，累计涨幅达 34.76%。排名较低的三个分别为湖北（6.88%）、重庆（5.75%）和海南（5.60%）。

表 6.36　2011～2015 年各区域上市公司每股无形资产涨幅情况

地区	2012 年涨幅/%	2013 年涨幅/%	2014 年涨幅/%	2015 年涨幅/%	累计涨幅/%
宁夏	29.39	1.37	20.33	−9.79	42.36
黑龙江	38.43	8.94	1.28	−9.94	37.55
云南	33.33	0.97	11.48	−10.20	34.76
江西	19.42	3.52	6.94	0.38	32.72
新疆	16.36	6.02	12.41	−4.67	32.21
安徽	17.49	6.93	19.01	−12.59	30.69
四川	15.43	1.22	18.38	−8.60	26.41
河北	18.10	6.30	11.62	−11.39	24.17
山东	15.86	4.22	11.98	−8.96	23.09
广西	9.48	2.35	10.49	−0.89	22.70
河南	11.13	3.16	7.59	−0.70	22.48
吉林	17.39	−2.31	2.45	3.90	22.08
甘肃	17.47	4.22	7.93	−7.75	21.90
上海	15.52	2.27	9.92	−6.54	21.37
陕西	3.14	−1.88	9.00	7.66	18.75
福建	10.44	−0.45	2.83	4.71	18.39
江苏	7.53	0.45	14.65	−4.95	17.70
内蒙古	15.07	9.53	20.00	−22.45	17.30
浙江	9.37	0.41	9.03	−2.23	17.07
湖南	14.06	−2.32	5.15	−0.43	16.65
广东	4.50	−3.17	7.91	5.49	15.20
辽宁	9.48	0.70	9.52	−6.69	12.66
贵州	1.87	6.69	35.54	−24.06	11.87
北京	8.35	−2.62	3.09	2.42	11.41
青海	7.93	0.68	14.40	−11.48	10.04

续表

地区	2012 年涨幅/%	2013 年涨幅/%	2014 年涨幅/%	2015 年涨幅/%	累计涨幅/%
山西	13.99	−5.52	10.89	−9.18	8.45
天津	6.03	0.73	3.17	−2.38	7.57
湖北	−0.60	3.09	11.65	−6.58	6.88
重庆	15.42	−5.57	−8.07	5.54	5.75
海南	−0.11	1.11	0.46	4.08	5.60

第七章　中国上市公司无形资产指数：板块评价

20 世纪 90 年代初，沪深交易所的成立，标志着我国证券交易市场的开端。2004 年 5 月，为促进证券市场深化改革，深圳证券交易所在主板市场内设立中小企业板块。2009 年 10 月，创业板的推出标志着我国多层次的资本市场体系框架已经基本建成。回顾我国证券市场近 30 年的发展历程，从初步形成到如今规模日益壮大，证券市场在优化资源配置、促进企业转制、改善融资结构和推动经济发展方面发挥了重要作用。

对比不同上市板块的企业特点发现，主板和中小板对上市公司的股本规模及盈利的绝对额均有较高要求，而创业板则更看重上市公司在盈利方面的成长性，并且要求企业具有一定的自主创新能力，满足“两高五新”（高科技、高增长、新经济、新服务、新能源、新材料与新农业）的准则（冯根福等，2013）。不同特点的上市公司对无形资产的重视与管理能力也有所差异。本章基于当前我国证券市场的上市板块结构，对上市公司样本进行分类，对不同板块上市公司的无形资产管理情况进行评价，可为企业经营管理与投资者投资决策提供参考。

第一节　总 体 情 况

一、样本分布与变动情况

主板、中小板和创业板是构成我国证券交易市场的三个子市场，同时也是我国多层次资本市场战略布局的重要组成部分。将 2011～2015 年的上市公司有效样本按照企业公开挂牌上市的板块不同，可以分为主板上市公司、中小板上市公司和创业板上市公司。如表 7.1 所示，从整体样本分布来看，主板上市公司样本量排名首位，占比 46.67%；排名第二位的是中小板上市公司，占比达到 34.57%；创业板上市公司在本次评价中的占比为 18.76%，排名第三位。现阶段我国上市公司更习惯于接受政府监督部门强制规范管理，缺乏符合投资者需求的信息披露动机，特别是创业板市场挂牌公司多为中小高科技、高增长企业，相对主板市场而言，其上市条件更为宽松，对无形资产相关信息披露的监管有待进一步完善。

表 7.1　2011～2015 不同板块上市公司样本变动及分布

板块	2011 年	2012 年	2012 年涨幅	2013 年	2013 年涨幅	2014 年	2014 年涨幅	2015 年	2015 年涨幅	总计	占比
创业板	232	300	29.31%	341	13.67%	342	0.29%	459	34.21%	1674	18.76%
中小板	505	587	16.24%	627	6.81%	632	0.80%	733	15.98%	3084	34.57%
主板	523	672	28.49%	750	11.61%	822	9.60%	1397	69.95%	4164	46.47%

从图 7.1 可以看出，不同板块的上市公司样本数量在 2011～2015 年整体呈现上涨态势。首先，主板上市公司的样本量五年间持续上升，并且始终保持领先地位，2015 年实现较大涨幅（高达 69.95%），超过 2011 年样本量的 2 倍；其次，中小板上市公司在 2011～2015 年该板块上市公司样本量稳中有升，波动较小，五年间实现累计增幅 16.24%；最后，作为高成长性企业的代表，创业板上市公司在 2011～2015 年波动较小，但在 2015 年实现了 34.21%的最高年度涨幅，在一定程度上也表明，创业板上市公司信息披露的监管力度正在不断增强，对无形资产相关信息的自愿性披露意愿有所提升。

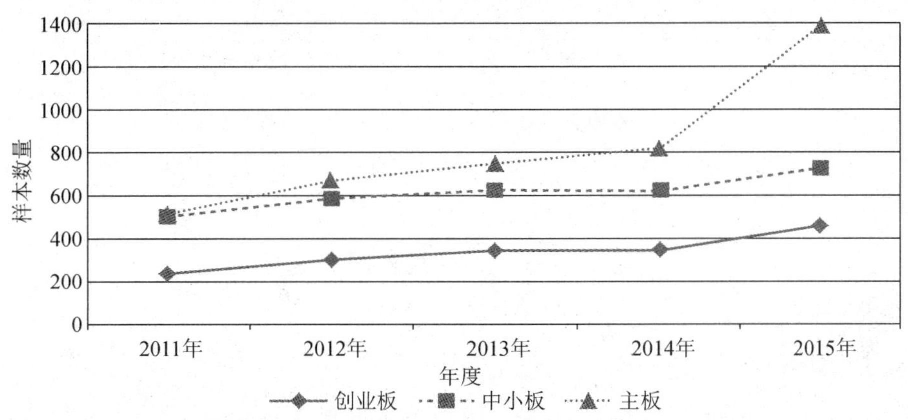

图 7.1　2011～2015 年不同板块上市公司有效样本变化趋势

二、整体得分与发展情况

通过对不同板块上市公司无形资产指数得分的计算与整理，得到各行业在 2011～2015 年的年度得分、总分均值及涨幅情况，如表 7.2 和图 7.2 所示。2011～2015 年，各板块上市公司的无形资产总分均值均超过 60 分，不同板块之间差异不大，且各年整体分数呈现上升态势。其中，创业板上市公司表现较为突出，不仅五年间均值高于其他板块上市公司，各年度得分也保持明显的领先优势，但其累计涨幅明显落后于其他板块的上市公司。总分排名第二的中小板上市公司在 2011～2015 年保持了持续上涨的态势，五年间累计涨幅为 6.17%，超过主板和创业板上市公司。主板上市公司虽然规模较大，管理经验更为丰富，盈利模式也更加成熟，但在无形资产的投入、应用和转化方面不及创业板和中小板上市公司，排名第三位。相比之下，尽管中小板以微弱优势领先于主板企业，但两者在得分与涨幅变化趋势基本保持一致。

综上可知，创业板上市公司作为高技术、高成长型企业的代表，在无形资产综合实力方面优于中小板与主板上市公司。

表 7.2　2011～2015 年不同板块上市公司无形资产指数得分及变化幅度

单位：分

板块	2011 年	2012 年	2012 年涨幅	2013 年	2013 年涨幅	2014 年	2014 年涨幅	2015 年	2015 年涨幅	2011～2015 年均值	累计涨幅
创业板	63.06	63.71	1.03%	64.20	0.77%	65.54	65.54	66.18	0.98%	64.54	4.95%
中小板	60.47	61.23	1.26%	61.97	1.22%	62.91	62.91	64.20	2.04%	62.16	6.17%
主板	60.15	60.86	1.18%	61.69	1.37%	62.48	62.48	63.43	1.54%	61.72	5.46%

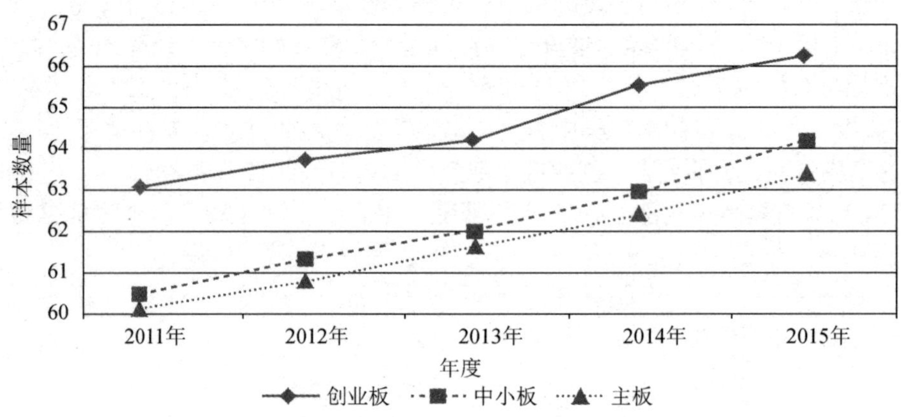

图 7.2　2011～2015 年不同板块上市公司无形资产指数得分变化趋势

第二节　分项能力评价

一、创新能力评价

具有核心竞争力和持续长期发展的企业均是创新能力很强的企业。能够在变化的经济形势中保持稳定竞争力并引领行业发展的企业，才能不断地持续成长。因此，创新是企业获取市场竞争力与持续发展的基础。本节拟对不同板块上市公司的创新能力得分进行对比，并从研发投入率、技术型无形资产比重、技术人员密度和人均专利授权量四项二级指标进行深入分析，为上市公司的创新能力评价提供重要依据。

由表 7.3 可知，创业板上市公司创新能力各年度得分及五年均值均领先于主板与中小板上市公司，也是唯一得分超过 25 分的板块，体现了较强的创新能力。中小板和主板上市公司以 24.96 分和 24.83 分分列排行的第二位和第三位，两者分值相差不大。但在累计涨幅方面，主板与中小板上市公司的表现要优于创业板上市公司，特别是主板上市公司厚积薄发，累计涨幅超过创业板上市公司一倍之多。从创新能力各年度得分变化趋势（图 7.3）来看，三个板块的上市公司在 2011～2015 年整体呈现波动态势。其中，创业板与中小板上市公司的变化趋势较为一致，均呈现升降交替的波动规律，分别在 2013 年与 2015 年出现小幅下滑。尽管主板上市公司的创新能力得分在 2013 年、2014 年连续下跌，但凭借 2015 年的强势反弹，累计涨幅在三个板块中排名第一。

表 7.3　2011～2015 年不同板块上市公司创新能力得分及变化幅度

单位：分

板块	2011 年	2012 年	2012 年涨幅	2013 年	2013 年涨幅	2014 年	2014 年涨幅	2015 年	2015 年涨幅	2011～2015 年均值	累计涨幅
创业板	24.84	26.07	4.94%	25.49	-2.23%	25.82	1.29%	25.58	-0.93%	25.56	2.96%
中小板	24.21	25.32	4.59%	25.04	-1.09%	25.16	0.47%	25.05	-0.45%	24.96	3.48%
主板	24.12	25.12	4.17%	24.83	-1.15%	24.74	-0.38%	25.37	2.54%	24.83	5.19%

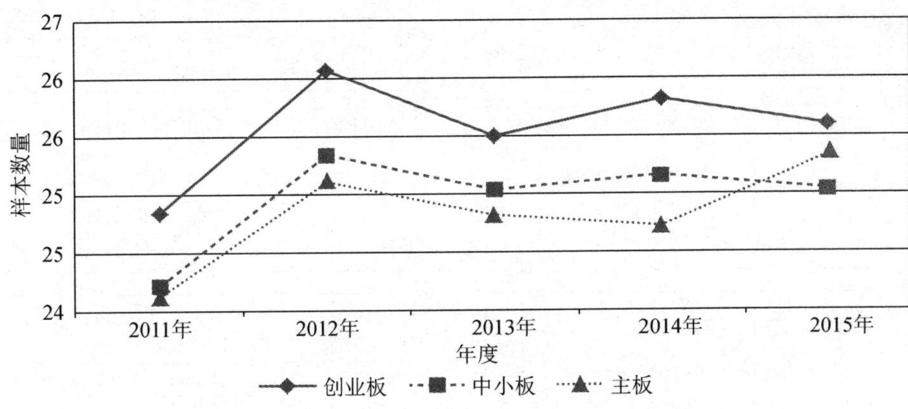

图 7.3　2011～2015 年不同板块上市公司创新能力得分变化趋势

通过比较表 7.4 中不同板块上市公司创新能力的二级指标各年得分及均值发现，技术人员密度和技术型无形资产比重两项指标得分均保持在较为稳定的区间。相比之下，研发投入率和人均专利授权量两项得分波动较大，是影响不同板块上市公司创新能力的主要因素。

表 7.4　2011～2015 年不同板块上市公司创新能力二级指标得分变化情况

单位：分

二级指标		2011 年	2012 年	2013 年	2014 年	2015 年	2011～2015 年均值
研发投入率	创业板	7.21	7.2	7.53	7.88	7.47	7.46
	中小板	6.84	6.8	7.11	7.45	7.3	7.10
	主板	6.64	6.68	7.04	7.32	7.79	7.09
技术人员密度	创业板	4.28	4.79	4.6	4.46	4.4	4.51
	中小板	4.04	4.51	4.42	4.29	4.17	4.29
	主板	4.04	4.44	4.35	4.26	4.08	4.23
技术型无形资产比重	创业板	7.34	7.58	7.53	7.27	7.49	7.44
	中小板	7.27	7.69	7.75	7.53	7.66	7.58
	主板	7.43	7.85	7.82	7.55	7.26	7.58
人均专利授权量	创业板	7.21	8.28	7.91	8.52	9.07	8.20
	中小板	7.27	8.13	7.88	8.24	8.82	8.07
	主板	7.22	7.95	7.74	7.94	9.21	8.01

从各项指标变动趋势（图 7.4）来看，在创新投入方面，研发投入率与技术人员密度的得分呈现相反走势，体现出上市公司创新投入的结构调整。2011～2015 年，创业板与中小板上市公司的研发投入率得分均呈现先增后降的态势，在 2015 年出现了小幅下跌；而主板上市公司则每年不断加大研发投入力度，从 2011 年的得分排名最后到 2015 年反超其他两个板块实现“逆袭”。可见，主板上市公司依托科研实力强、融资能力强、资源整合能力强的优势，对自主创新能力的提高也起到突出的作用。技术人员密度得分方面，三类上市公司均呈现先增后降的趋势，2012 年达到得分的最高值。

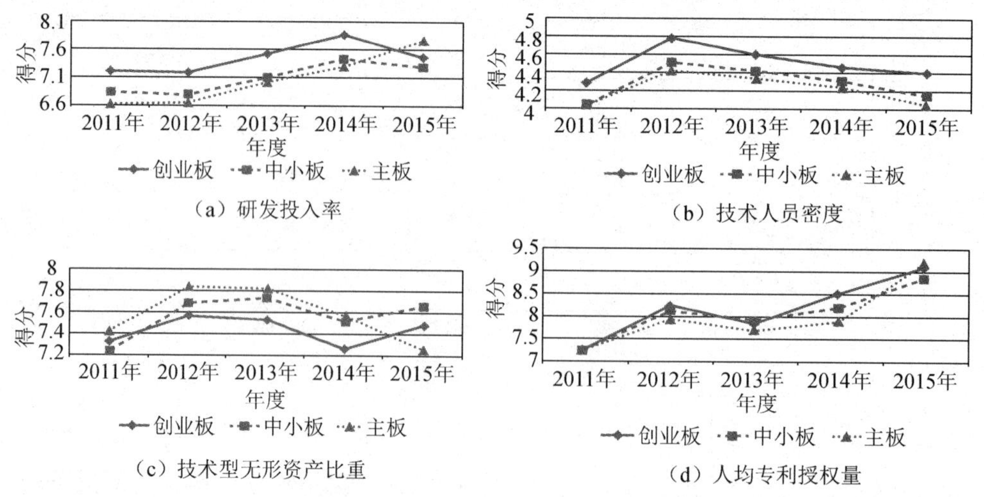

（a）研发投入率　（b）技术人员密度　（c）技术型无形资产比重　（d）人均专利授权量

图 7.4　2011～2015 年不同板块上市公司创新能力二级指标得分变化趋势

在创新产出方面，不同板块上市公司的人均专利授权量的得分变化较为一致，而在技术型无形资产比重的分值变化有所差异。从技术型无形资产比重得分来看，创业板和主板上市公司在经历了一年增长后，于 2103 年起连续三年呈下降态势；而中小板上市公司则在 2015 年实现逆转。在人均专利授权量得分方面，除 2013 年各板块上市公司均出现下滑外，整体呈现上升趋势。

由此可见，创业板上市公司的创新能力领先于中小板与主板上市公司，这主要源于其在创新投入强度与产出转化能力方面的优势。从上市要求来看，创业板市场对上市公司规模要求较低，而更为关注企业成长前景，激励着创业板上市公司积极进行创新，以应对由于业绩评价导致的优胜劣汰。从上市公司特点来看，"两高五新"的特点使创业板上市公司在创新能力方面具备天然的优势，在经营业务方面也更为专注和集中。

二、市场竞争力评价

随着我国上市公司自然资源和廉价劳动力优势的失去，控制成本、打价格战已经不再是保持企业核心竞争力的最佳方案，竞争者能提供更高品质的产品和服务是获取客户和盈利的重要原因。本节对不同板块上市公司的市场竞争力得分进行对比，并从品牌优势、市场占有率及超额收益率三项二级指标进行深入分析，为上市公司的市场竞争力评价提供重要依据。

表 7.5 体现了不同板块上市公司 2011～2015 年的市场竞争力总体得分及变化幅度情况。评价结果可知，三个板块的上市公司均突破 18 分，且三者之间分数相差不大。可见，尽管创业板与中小板上市公司的市场竞争力领先于主板，但优势并不明显。这一结果与创新能力评价较为相似，也进一步说明创新能力是保持企业异质性、决定其竞争优势的基础。

从各年分数变化情况来看，2015 年成为各板块成绩的"分水岭"，如图 7.5 所示。2011～2014 年，三个板块的上市公司得分均保持上涨态势，差距并未拉开；但在 2015 年中小板和主板出现了不同程度的下滑，特别是主板上市公司下降幅度达到 8.28%，使其与创业板的得分差距达到 2 分以上。而创业板则一路“高歌猛进”，凭借五年来市场竞争力得分的不断提升，累计涨幅达到 12.16%。

表 7.5 2011～2015 年不同板块上市公司市场竞争力得分及变化幅度

单位：分

板块	2011 年	2012 年	2012 年涨幅	2013 年	2013 年涨幅	2014 年	2014 年涨幅	2015 年	2015 年涨幅	2011～2015 年均值	累计涨幅
创业板	17.50	18.33	4.73%	18.38	0.28%	18.44	0.35%	19.63	6.42%	18.46	12.16%
中小板	17.22	18.26	6.03%	18.49	1.27%	18.84	1.85%	18.48	-1.89%	18.26	7.29%
主板	17.39	18.48	6.31%	18.60	0.64%	19.08	2.56%	17.50	-8.28%	18.21	0.65%

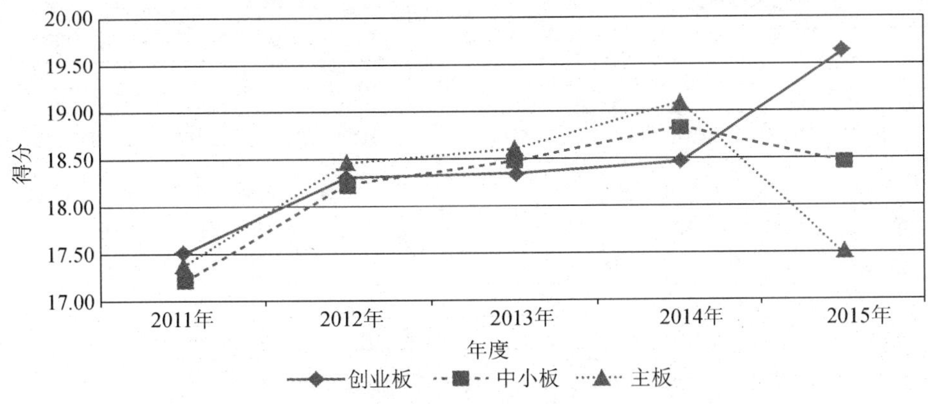

图 7.5 2011～2015 年不同板块上市公司市场竞争力得分变化趋势

表 7.6 呈现了 2011～2015 年不同板块上市公司市场竞争力的二级指标得分及五年均值，比较各年得分及均值发现，品牌优势和超额收益率两项指标得分均保持在较为稳定的区间，相比之下，市场占有率得分波动较大，是影响不同板块上市公司市场竞争力的主要因素。

表 7.6 2011～2015 年不同板块上市公司市场竞争力二级指标得分变化情况

单位：分

二级指标		2011 年	2012 年	2013 年	2014 年	2015 年	2011～2015 年均值
品牌优势	创业板	5.35	5.51	5.51	5.6	5.59	5.51
	中小板	5.2	5.38	5.41	5.52	5.52	5.41
	主板	5.09	5.39	5.39	5.5	5.33	5.34
市场占有率	创业板	7.41	8.32	8.4	8.29	9.52	8.39
	中小板	7.5	8.45	8.7	8.87	8.42	8.39
	主板	7.83	8.67	8.76	9.11	7.67	8.41
超额收益率	创业板	4.74	4.51	4.47	4.55	4.52	4.56
	中小板	4.52	4.43	4.39	4.45	4.54	4.47
	主板	4.47	4.43	4.45	4.47	4.5	4.46

结合各指标得分变化趋势（图 7.6）来看，三个板块上市公司品牌优势和超额收益率得分在 2011～2015 年偶有小幅波动，但总体表现差异不大。从市场占有率来看，2011～2014 年各板块上市公司整体呈现上升态势，且主板上市公司始终领先于中小板与创业

板；到 2014 年，主板上市公司与排名第三的创业板之间的差距，已由 2011 年的 0.42 上升到 0.82；但 2015 年未能延续这一优势，主板上市公司的市场占有率得分反而出现大幅下滑，一度落后于创业板与中小板上市公司，加之其品牌与超额收益率得分的劣势，使得主板上市公司市场竞争力排名垫底。可见，由于创业板上市公司业绩增长迅猛，加之其所代表的新兴产业、高科技产业与我国经济转型升级的大方向相契合，创业板上市公司的市场份额日益扩大，因而其在市场竞争方面的优势也日渐凸显。

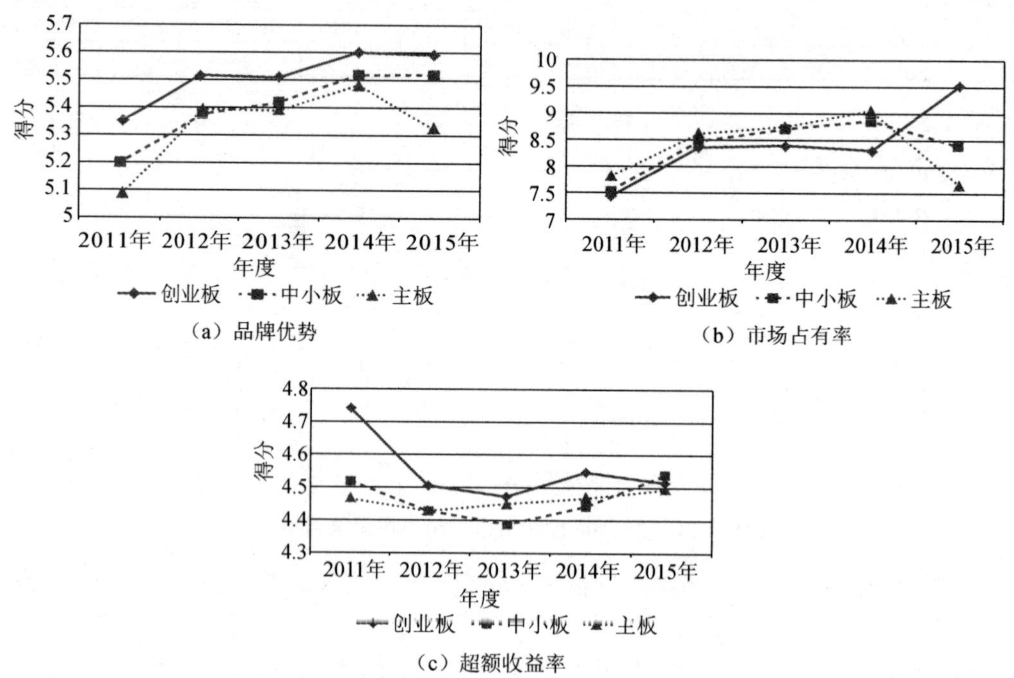

图 7.6　不同板块上市公司市场竞争力二级指标得分变化趋势

三、可持续发展能力评价

可持续发展能力是影响企业在激烈复杂的竞争环境中能够生存并得到持续长远发展的重要因素，使公司保持持续的盈利增长，实现长远发展的战略目标。可持续发展能力是评价企业持续成长、获得长期成功的重要指标。本节对不同板块上市公司的可持续发展能力得分进行对比，并从资产增长率、无形资产收益率、员工素质及每股无形资产四项二级指标进行深入分析，为上市公司的可持续发展能力评价提供重要依据。

从表 7.7 可知，创业板上市公司可持续发展能力均值为 18.48 分，以绝对优势领先于中小板与主板公司，也是唯一突破 18 分的板块，体现了强劲的可持续发展能力。中小板与主板企业以可持续发展能力均值 16.86 分和 16.59 分分列排行榜第二位和第三位，而这一排名与 2011～2015 年各年度得分排名保持一致。

表 7.7 2011～2015 年不同板块上市公司可持续发展能力得分及变化幅度

板块	2011 年	2012 年	2012 年涨幅	2013 年	2013 年涨幅	2014 年	2014 年涨幅	2015 年	2015 年涨幅	2011～2015 年均值	累计涨幅
创业板	19.52	17.53	-10.18%	18.26	4.15%	18.98	3.91%	18.12	-4.51%	18.48	-7.18%
中小板	17.82	15.84	-11.10%	16.32	3.02%	16.57	1.52%	17.77	7.27%	16.86	-0.26%
主板	17.43	15.45	-11.36%	16.14	4.48%	16.33	1.17%	17.59	7.72%	16.59	0.93%

从各年分数变化情况（图 7.7）来看，创业板上市公司的各年得分起伏较大，但始终保持榜首地位；2012 年与 2015 年的大幅下滑，使该板块累计涨幅为负。中小板与主板上市公司整体保持先降后升的趋势，而与创业板之间存在的较大差距，也随着 2015 年创业板得分的大幅下降有所缩小。

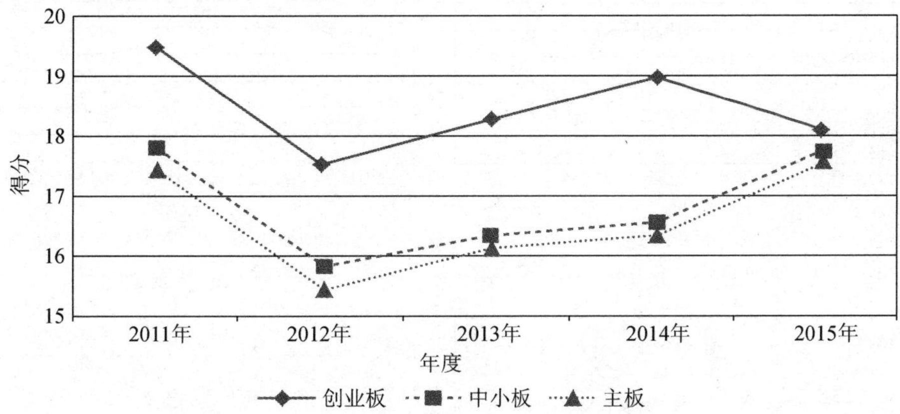

图 7.7 2011～2015 年不同板块上市公司可持续发展能力得分变化趋势

表 7.8 呈现了不同板块上市公司可持续发展能力的二级指标得分及五年均值。比较各年得分及均值发现，员工素质和每股无形资产两项指标得分保持在较为稳定的区间。相比之下，资产增长率和无形资产收益率的得分波动较大，是影响不同板块上市公司可持续发展能力的主要因素。

表 7.8 2011～2015 年不同板块上市公司可持续发展能力二级指标得分变化情况

单位：分

二级指标		2011 年	2012 年	2013 年	2014 年	2015 年	2011～2015 年均值
资产增长率	创业板	3.97	2.71	4.57	2.97	4.07	3.66
	中小板	3.78	2.55	2.93	2.79	4.19	3.25
	主板	3.99	2.56	2.83	2.91	4.15	3.29
员工素质	创业板	4.73	4.89	4.81	4.64	4.65	4.74
	中小板	4.46	4.65	4.59	4.48	4.51	4.54
	主板	4.44	4.62	4.53	4.57	4.32	4.50
无形资产收益率	创业板	6.27	5.1	4.36	6.59	4.78	5.42
	中小板	5.28	3.95	4.2	4.38	4.41	4.44
	主板	4.84	3.67	4.24	4.09	4.57	4.28

续表

二级指标		2011 年	2012 年	2013 年	2014 年	2015 年	2011～2015 年均值
每股无形资产	创业板	4.55	4.83	4.52	4.78	4.62	4.66
	中小板	4.29	4.69	4.6	4.92	4.66	4.63
	主板	4.16	4.6	4.54	4.76	4.56	4.52

结合图 7.8 来看，不同板块上市公司的员工素质和每股无形资产得分在 2011～2015 年经历了小范围波动，且变动态势趋于一致。资产增长率方面，中小板和主板上市公司的得分变动较为统一，但创业板上市公司的分值波动幅度较大，在 2013 年和 2014 年分别出现了大幅涨跌后，又与其他上市公司趋同。无形资产收益率方面，创业板上市公司在 2014 年出现了较大涨幅，是形成其领先优势的重要原因。

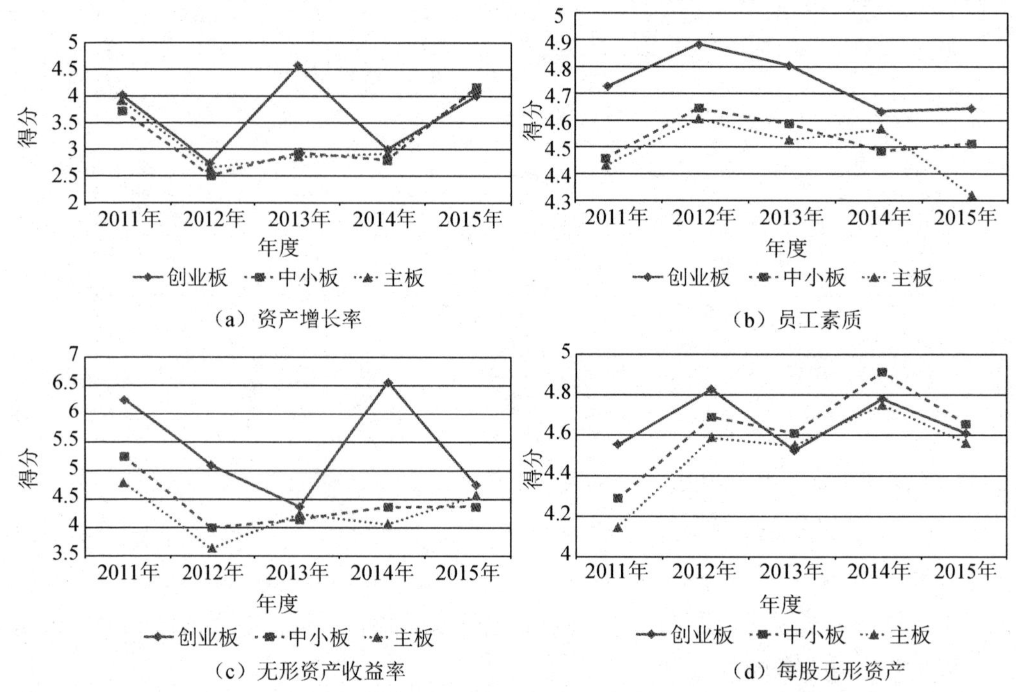

图 7.8　不同板块上市公司可持续发展能力二级指标得分变化趋势

深入分析可持续发展能力的各项二级指标发现，由于创业板公司在发展时间与规模方面不及中小板与主板企业，因此资产增长率的起伏较大；但其无形资产收益率、员工素质及每股无形资产得分均高于其他两个板块，其一级指标得分明显优于后二者。这在一定程度上也说明，我国创业板上市公司主要以高科技、高成长企业为主，在无形资产研发与转化方面优势明显。但随着创新驱动发展战略的不断推进、创新理念的不断深化，主板与中小板上市公司的无形资产综合实力也将有所完善。

第八章　中国上市公司无形资产指数：产权性质评价

我国经济正处于经济转型的深水区。传统投资主导型增长模式向生产力主导型转变，有助于经济平稳过渡并实现可持续增长[①]。经济转型背景下，不同产权性质的上市公司由于资源禀赋与制度差异（杨洋等，2015），无形资产的获得、应用与转化也会受到影响。本章对不同产权性质上市公司的无形资产综合实力进行评价与分析，有助于上市公司了解自身优势与不足，进一步提升无形资产从创新投入到成果转化过程中的管理效果；也有助于国有、民营和外资持有的上市公司对比各自的现状与特点，为国家政府部门制定战略与政策提供参考。

第一节　总 体 情 况

一、样本分布与变动情况

按照第一大股东最终控制人性质不同，可将 2011～2015 年上市公司有效样本分为国有控股、民营控股、外资控股及其他控股四种类型。从整体样本分布来看，如表 8.1 所示，民营控股上市公司有效样本量排名首位，占比高达 61.08%，超过样本总数的一半之多。国有控股上市公司样本占比达到 33.85%。外资控股上市公司占比为 4.09%，排名第三位。相比前三位的公司样本量而言，其他控股的上市公司占比不足 1%，对研究整体的影响较小，加之其包含类别较为复杂，关于产权性质的研究本章仅就前三位的上市公司进行分析。

结合图 8.1 来看，不同产权性质上市公司的有效样本量在 2011～2015 年整体呈现上涨态势。其中，民营企业和外资企业在绝对数量上均呈现出逐年递增趋势，随着无形资产相关信息披露日益完善，二者在 2015 年都实现了最大的年度涨幅，分别为 32.28%和 37.35%。而国有企业在 2014 年的绝对数量出现了轻微下降，下跌幅度为 2.8%；但 2015 年其有效样本量又明显上涨，累计增幅达到 123.40%。综上可见，政府部门对上市公司信息披露的监管力度整体不断增强，对民营和外资企业的监管效果优于国有企业；同时，上市公司对无形资产相关信息的自愿性披露意愿也有所提升。

① 麦肯锡全球研究院 2016 年发布的《中国的选择：抓住 5 万亿美元的生产力机遇》。

表 8.1　2011～2015 年不同产权性质上市公司有效样本数量变动幅度情况及分布

产权性质	2011 年	2012 年	2012 年涨幅	2013 年	2013 年涨幅	2014 年	2014 年涨幅	2015 年	2015 年涨幅	总计	占总样本量比重
民营	783	963	22.99%	1063	10.38%	1137	6.96%	1504	32.28%	5450	61.08%
国企	423	526	24.35%	571	8.56%	555	−2.80%	945	70.27%	3020	33.85%
外资	43	55	27.91%	70	27.27%	83	18.57%	114	37.35%	365	4.09%

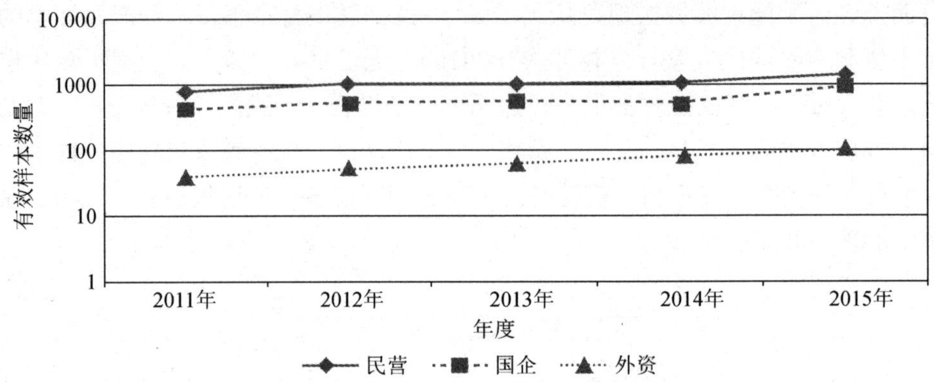

图 8.1　2011～2015 年不同产权性质上市公司有效样本变化趋势

二、整体得分与发展情况

通过计算对不同产权性质上市公司无形资产指数的计算与整理，得到各行业在 2011～2015 年的年度得分、总分均值及涨幅情况，如表 8.2 和图 8.2 所示。

表 8.2　2011～2015 年不同产权性质上市公司无形资产指数得分及变化幅度

单位：分

产权性质	2011 年	2012 年	2012 年涨幅	2013 年	2013 年涨幅	2014 年	2014 年涨幅	2015 年	2015 年涨幅	2011～2015 年均值
民营	61.08	61.81	1.19%	62.53	1.16%	63.50	1.55%	64.55	1.67%	62.69
外资	60.69	61.39	1.15%	62.38	1.61%	63.12	1.20%	64.11	1.57%	62.34
国企	60.36	61.10	1.22%	61.85	1.23%	62.62	1.23%	63.50	1.41%	61.89

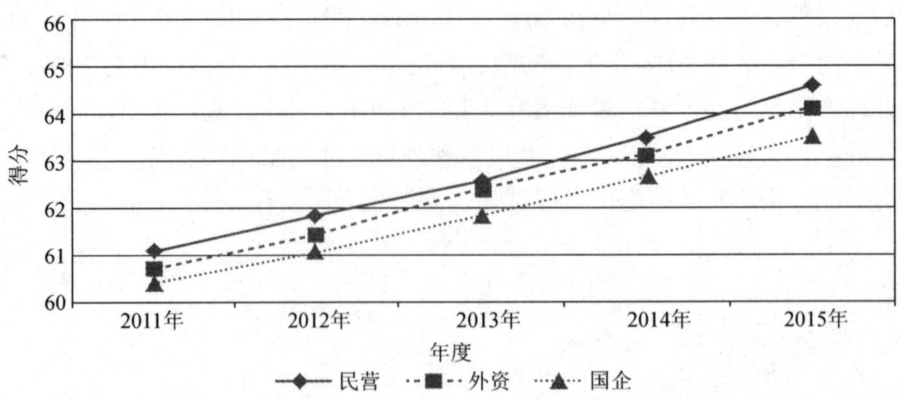

图 8.2　2011～2015 年不同产权性质上市公司无形资产指数得分变化趋势

2011～2015 年，不同产权性质上市公司的无形资产指数年度得分均超过 60 分，且整体呈现上升态势。其中，民营企业表现最为突出，不仅五年间均值高于其他上市公司，各年度得分也保持领先水平，累计涨幅达到 5.57%，榜首位置实至名归。外资企业虽以微弱差距落后于民营企业，但五年间其无形资产指数得分也保持逐年递增态势。相比之下，国有企业的表现差强人意，不论年度得分，抑或累计涨幅，均落后与其他两类上市公司；但深入比较发现，三类上市公司中，仅国有企业在 2011～2015 年的无形资产指数得分及其年度增幅始终保持增长态势，积极表现令人期待。

综上可知，民营和外资企业在无形资产综合实力方面明显优于国有企业，但随着国有企业深化改革的不断推进、国有企业监管的日益规范，国有企业对无形资产的管理、应用与转化也将逐渐成熟与完善。

第二节 分项能力评价

一、创新能力评价

创新能力是提高企业竞争力的直接保障，可使企业处于价值生产链上游；通过研究开发满足市场需求的产品，可为企业带来丰厚的利润。本节对不同产权性质上市公司的创新能力得分进行对比，并从研发投入率、技术型无形资产比重、技术人员密度和人均专利授权量四项二级指标进行深入分析，为不同产权性质上市公司创新能力评价提供重要依据。

从总体发展情况来看，不同产权性质上市公司的创新能力在 2011～2015 年整体呈现上升态势（图 8.3）。从得分情况来看，不同产权性质上市公司创新能力得分均超过 27 分，且分值差距不大。其中，外资上市公司以创新能力均值 27.41 分排在首位，民营与国有上市公司分别以 27.11 分和 27 分排名第二位和第三位。从各年度创新能力得分变化幅度来看，外资上市公司在 2011～2015 年始终保持上升态势，累计涨幅达到 5.67%。而民营与国有上市公司虽然在 2013 年经历了小幅下降，但随后实现连续增长，其中国有上市公司在 2015 年的得分已经赶超外资企业，跃居该年度首位，如表 8.3 所示。

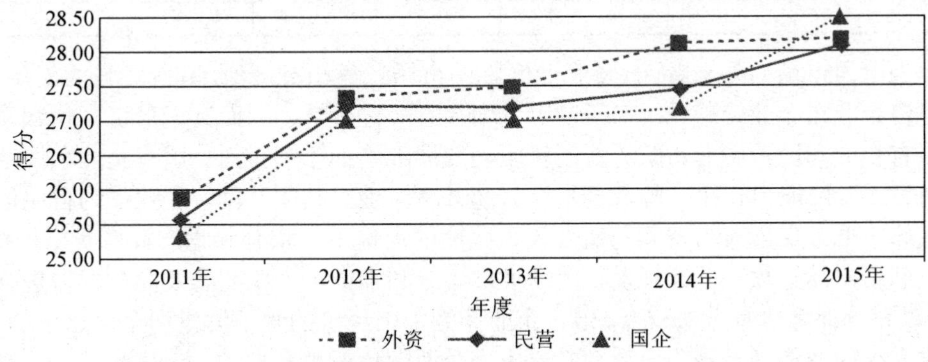

图 8.3 2011～2015 年不同产权性质上市公司创新能力得分变化趋势

表 8.3　2011～2015 年不同产权性质上市公司创新能力得分及变化幅度

单位：分

产权性质	2011 年	2012 年	2012 年涨幅	2013 年	2013 年涨幅	2014 年	2014 年涨幅	2015 年	2015 年涨幅	2011～2015 年均值	累计涨幅
外资	25.88	27.35	5.67%	27.48	0.48%	28.14	2.42%	28.20	0.19%	27.41	5.67%
民营	25.57	27.24	6.55%	27.18	−0.23%	27.46	1.03%	28.10	2.31%	27.11	6.55%
国企	25.33	27.02	6.68%	27.01	−0.06%	27.17	0.61%	28.48	4.82%	27.00	6.68%

深入分析各项二级指标发现，在创新投入方面，2011～2015 年国有企业的研发投入率持续上升，民营企业与外资企业除 2012 年小幅下降外也保持整体增长态势；除民营企业外，国有企业与外资企业的技术人员密度有所下滑，这表明我国上市公司的研发投入强度正在逐年递增，对自主创新的关注也与日俱增，但研发投资结构有所变化。在创新产出方面，各类上市公司五年中技术型无形资产比重的波动较大，这体现出上市公司无形资产的结构调整；从人均专利授权量来看，各类上市公司在 2013 年出现了不同程度的下滑，但这一颓势并未持续，2014 年已经出现逆转，并将上涨态势保持到 2015 年，其中国有上市公司累计涨幅超过 30%，这在一定程度上表明，我国上市公司在经历了攻坚克难的研发阶段后，已逐步迈入正轨，创新效率得到改善，如表 8.4 所示。

表 8.4　2011～2015 年不同产权性质上市公司创新能力二级指标得分情况

单位：分

二级指标	产权	2011 年	2012 年	2013 年	2014 年	2015 年	2011～2015 年均值
研发投入率	外资	6.99	6.84	7.3	7.63	7.56	7.26
	民营	6.90	6.86	7.22	7.52	7.44	7.19
	国企	6.69	6.77	7.02	7.33	7.84	7.13
技术人员密度	外资	4.10	4.53	4.37	4.28	4.13	4.28
	民营	4.10	4.56	4.46	4.34	4.21	4.33
	国企	4.05	4.48	4.37	4.25	4.10	4.25
技术型无形资产比重	外资	7.43	7.94	7.84	7.55	7.4	7.63
	民营	7.3	7.68	7.67	7.41	7.54	7.52
	国企	7.44	7.82	7.85	7.61	7.21	7.59
人均专利授权量	外资	7.37	8.04	7.96	8.67	9.1	8.23
	民营	7.27	8.14	7.84	8.19	8.91	8.07
	国企	7.16	7.96	7.77	7.99	9.33	8.04

作为国内市场的外来者，外资企业面临的市场竞争相对激烈，具有较强的创新动力，加之外资企业在企业管理、技术研发等方面具有一定优势，因而其无形资产指数暂时领先于国有企业和民营企业。但随着创新驱动发展战略的不断推进，国有企业和民营企业蓄势待发，创新能力正在追赶甚至已经赶超外资企业。其中，民营企业作为自主创新的重要主体，要在保证人力资本与研发投入强度的前提下，增强知识产权自我保护意识，对自主创新产品立项、设计开发、市场推广、专利申请、产权归属及商业保密进行系统管理，以充分保障自身合法权益。国有企业作为中国经济的骨干力量和全民意志的体现，既要成为中国经济增长的稳定器，又要成为全面深化改革和自主创新的排头兵。当前多数国有企业缺少具有自主知识产权的关键技术，在全球产业链中难以获得话语权。新常态下，要切实通过体制机制改革，加大智力资本投入，充分激发国企的创新能力。

二、市场竞争力评价

市场竞争力作为无形资产指数的又一重要构成，是企业在市场竞争中成为领先者的实力体现。本节对不同产权性质上市公司的市场竞争力得分进行对比，并从品牌优势、市场占有率及超额收益率三项二级指标进行深入分析，为上市公司市场竞争力评价提供重要依据。

总体发展情况来看，不同产权性质上市公司的市场竞争力得分在 2011～2015 年均经历了先增后降的态势，其中 2015 年降幅颇为明显（图 8.4）。从具体得分情况来看，不同产权性质上市公司的市场竞争力得分均值差距不大，民营上市公司以 18.31 分排在首位，外资上市公司 18.26 分紧随其后，国有上市公司以 18.18 分排在第三位。从各年度市场竞争力得分变化幅度来看，2011～2014 年三类公司持续均实现增长，且同一年度内增幅差异较小，但 2015 年受宏观经济下行的影响，均出现了不同程度的下滑，以国有企业降幅比例最大。最终，民营企业累计涨幅 7.13%排名首位，国有企业 3.36%排在次席，而外资企业累计涨幅不足 1%，如表 8.5 所示。

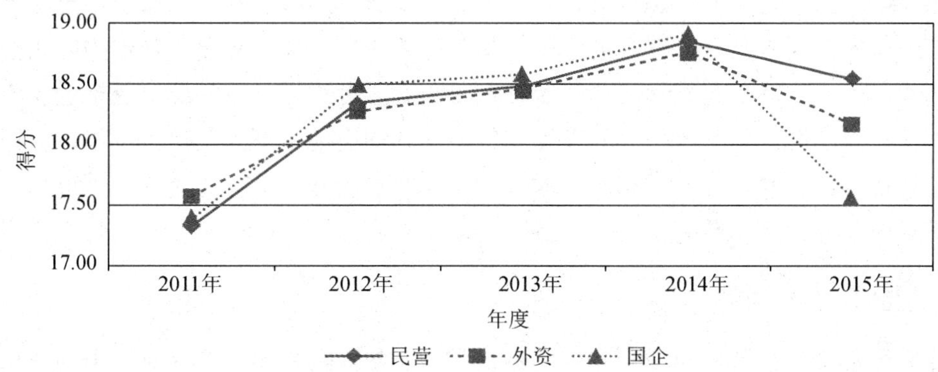

图 8.4 2011～2015 年不同产权性质上市公司市场竞争力得分变化趋势

表 8.5 2011～2015 年不同产权性质上市公司市场竞争力得分及变化幅度

单位：分

产权性质	2011 年	2012 年	2012 年涨幅	2013 年	2013 年涨幅	2014 年	2014 年涨幅	2015 年	2015 年涨幅	2011～2015 年均值	累计涨幅
民营	17.31	18.31	5.77%	18.49	0.97%	18.86	1.99%	18.55	−1.63%	18.31	7.13%
外资	17.56	18.30	4.21%	18.45	0.81%	18.84	2.10%	18.15	−3.64%	18.26	3.36%
国企	17.39	18.48	6.30%	18.59	0.60%	18.90	1.67%	17.54	−7.19%	18.18	0.89%

深入分析各项二级指标（表 8.6）发现，2011～2015 年，不同产权性质上市公司的品牌优势并不稳固，早期外资上市公司的领先优势在逐渐被民营上市公司所取代。市场占有率方面，各类上市公司得分在 2011～2014 年保持上涨态势，但在 2015 年出现了不同程度的下滑，特别是国有上市公司受市场占有率大幅下跌的影响，在市场竞争力的综合评价中落后于其他两类公司。相比之下，各类上市公司的超额收益率在经历了前几年的得分波动后，于 2015 年实现小幅上涨，一定程度上缓解了品牌建设与市场占有率的

不利变动。

表 8.6　2011～2015 年不同产权性质上市公司市场竞争力二级指标得分情况

单位：分

二级指标	产权	2011 年	2012 年	2013 年	2014 年	2015 年	2011～2015 年均值
品牌优势	民营	5.26	5.45	5.49	5.56	5.5	5.45
	外资	5.54	5.63	5.56	5.76	5.44	5.59
	国企	4.99	5.3	5.27	5.43	5.31	5.26
市场占有率	民营	7.48	8.4	8.58	8.81	8.53	8.36
	外资	7.23	8.13	8.38	8.54	8.09	8.07
	国企	7.95	8.79	8.88	9.04	7.74	8.48
超额收益率	民营	4.58	4.46	4.42	4.5	4.51	4.49
	外资	4.8	4.54	4.5	4.54	4.62	4.60
	国企	4.45	4.39	4.44	4.43	4.49	4.44

在日益多变的市场条件下，品牌已经成为赢得顾客忠诚和企业求得长期生存与成长的关键。早期，外资企业依靠强大的品牌价值和技术优势获取超额收益，但随着我国企业自主品牌和市场份额的不断提升，外资企业的优势不断被弱化。受益于特定的经济发展制度，国有企业本身具有强大的地位优势，但政府“保护”背景所导致的僵化体制和官僚思想，在一定程度上会影响其工作效率和风险应对能力。2015 年，受宏观经济下行的影响，不同产权性质上市公司的市场竞争力得分均出现了不同程度的下滑，但民营上市公司凭借品牌优势与强大的市场占有率占据榜首的位置。国有企业主要受市场占有率下降的影响，竞争实力落后于外资企业，排名末位。

三、可持续发展能力评价

作为无形资产指数的第三个重要指标，可持续发展能力体现了企业未来的成长空间与发展前景。本节对不同产权性质上市公司的可持续发展能力得分进行对比，并从资产增长率、无形资产收益率、员工素质及每股无形资产四项二级指标进行深入分析，为上市公司的可持续发展能力评价提供重要依据。

总体发展情况来看，不同产权性质上市公司的可持续发展能力得分均在 2011～2015 年呈现了先降后增的态势（图 8.5）。从具体得分情况来看，民营上市公司业以 17.28 分排在首位，领先优势较为明显；国有上市公司以 16.70 分排在次席，外资上市公司以 0.03 分的劣势居于末位。从各年度可持续发展能力得分变化来看，三类公司在 2012 年都经历较大幅度的下滑，但从 2013 年开始，下滑趋势有所缓解。其中，民营与国有上市公司的上升趋势较为稳定，但均未恢复到最初的实力，累计涨幅为负；反观外资上市公司虽然在 2014 年再次经历了小幅下跌，但凭借 2015 年的大幅上涨，超过国有上市公司，累计涨幅达到 3.02%，如表 8.7 所示。

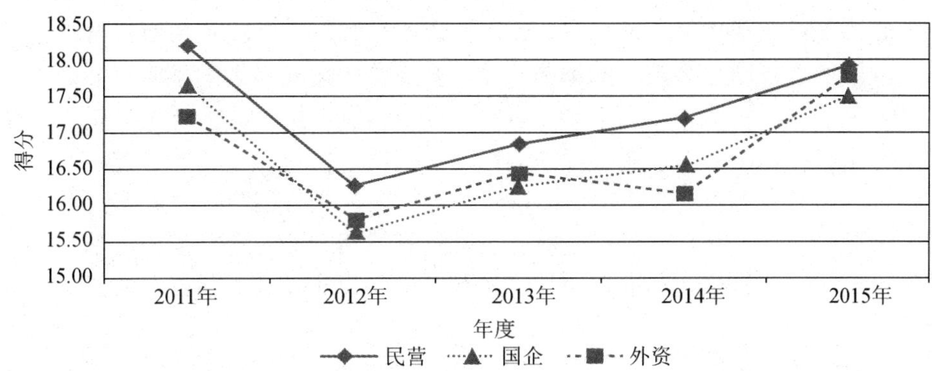

图 8.5　2011～2015 年不同产权性质上市公司市场竞争力得分变化趋势

表 8.7　2011～2015 年不同产权性质上市公司可持续发展能力得分及变化幅度

单位：分

产权性质	2011 年	2012 年	2012 年涨幅	2013 年	2013 年涨幅	2014 年	2014 年涨幅	2015 年	2015 年涨幅	2011～2015 年均值	累计涨幅
民营	18.20	16.25	-10.70%	16.85	3.70%	17.18	1.91%	17.91	4.27%	17.28	-1.60%
国企	17.64	15.59	-11.62%	16.25	4.22%	16.54	1.77%	17.47	5.64%	16.70	-0.98%
外资	17.24	15.74	-8.74%	16.45	4.52%	16.14	-1.86%	17.77	10.05%	16.67	3.02%

深入分析二级指标变化情况发现，员工素质与每股无形资产在 2011～2015 年的变动较为平稳，而不同产权性质性质上市公司的可持续发展能力得分变动，主要源于资产增长率与无形资产收益率的波动。

在资产增长率得分方面，各类上市公司均经历先降后升的过程，但国有上市公司后劲不足，由 2011 年的排名第一滑落至 2015 年的末位，其可持续发展能力得分也受到重大影响。无形资产收益率得分方面，不同产权性质上市公司的分值波动起伏较大，民营企业五年中三年获得排名第一，无形资产收益能力要优于后两者，为其最终排名奠定良好基础，如表 8.8 所示。

表 8.8　2011～2015 年不同产权性质上市公司创新能力二级指标得分情况

单位：分

二级指标	产权	2011 年	2012 年	2013 年	2014 年	2015 年	2011～2015 年均值
资产增长率	民营	3.87	2.59	3.43	2.95	4.26	3.42
	国企	4.02	2.56	2.88	2.73	3.93	3.22
	外资	3.37	2.71	2.74	2.91	4.37	3.22
员工素质	民营	4.52	4.68	4.62	4.51	4.49	4.56
	国企	4.49	4.69	4.6	4.61	4.34	4.55
	外资	4.4	4.69	4.61	4.62	4.47	4.56
无形资产收益率	民营	5.45	4.23	4.22	4.92	4.53	4.67
	国企	4.97	3.75	4.22	4.25	4.65	4.37
	外资	5.15	3.96	4.85	4.13	4.26	4.47
每股无形资产	民营	4.35	4.75	4.59	4.79	4.63	4.62
	国企	4.15	4.59	4.55	4.95	4.55	4.56
	外资	4.32	4.38	4.25	4.48	4.67	4.42

随着我国劳动力成本的大幅提升，外资企业以往依靠人口红利与廉价劳动力的情况已难以为继；加之我国经济转型的不断深化，企业自主创新能力的不断提高，外资企业先前在技术上的绝对优势也不再明显，因此其资产和资本扩张能力及无形资产收益能力均有了一定下滑。相比之下，随着我国的市场化程度、投资环境和技术发展水平的不断提高和优化，使得本土企业，特别是民营企业在规模扩张与创新效率都实现了进一步提升。特别是在“一带一路”倡议和“创新驱动发展战略”的宏观背景下，知识产权制度在立法、司法和行政保护方面取得了巨大进步，为本土企业“走出去”提供了良好的契机和保障。

第三篇　专题研究

第九章　重点经济区域上市公司无形资产发展研究

随着改革开放的深入推进，我国区域经济一体化取得了迅速的发展，逐渐形成了以京津冀、长三角、东北三省（简称东三省）等各具特色的重点经济区域。无形资产在区域经济发展中的地位越来越重要，有利于提升区域经济质量和改善区域经济结构。不同的经济区域在地理位置、自然资源、制度差异和市场需求等方面存在差异，无形资产呈现出不同的发展态势。本章以京津冀、长三角和东三省作为典型区域进行分析，考察各经济区域作为一个整体的发展水平及无形资产现状，并对区域内部主要省份进行评价，这对政府部门监管政策的强化、上市公司的经营战略的实施及投资者的投资决策的制定具有重要的参考意义。

第一节　京津冀上市公司无形资产综合实力分析

京津冀的概念最早可以追溯到 1982 年《北京城市建设总体规划方案》中提出的“首都圈”设想（白彦锋等，2015）。2015 年 4 月 30 日，中共中央政治局审议通过《京津冀协同发展规划纲要》。京津冀经济圈是继珠三角都市圈、长三角城市群后被誉为引领中国未来发展的第三经济增长极。北京在政治、人才、资本、信息、管理、科技等创新要素方面均处于领先地位，同时凭借天然的优越条件便于利用国际创新要素和吸纳国际优秀人才。天津不仅地理位置优越，坐拥丰富的自然资源（如水资源、海洋资源、矿产资源、土地资源、生物资源等），而且已经建立起全国领先的现代产业体系，高新技术企业集聚效应明显，易于形成规模优势，且科研创新能力、自主创新能力和综合实力雄厚。河北拥有完整的矿产资源和丰富的人力资源，在传统产业和重工业等方面具备发展优势。京津冀三地的生产要素具有较强的互补性（蓝庆新等，2016），为该区域无形资产的发展奠定了基础。京津冀协同发展，实现了资源共享、融为一体、错位发展、共生共荣。

从京津冀一体化整体发展历程来看，京津冀协同发展思路清晰、脉络清楚，正步入一个崭新的创新驱动发展阶段。其中，无形资产是体现京津冀企业自主创新能力和综合实力的战略性资源，关系到企业在激烈的市场竞争中能否占领制高点和掌握主动权（崔也光等，2016）。京津冀企业不能再像传统经济一样拘泥于有形资产的争夺，只注重规模的扩张，而应凭借无形资产的优势达到效率的提高以占领行业市场，进而获取超过行业平均利润水平的超额收益，实现企业价值最大化。鉴于无形资产对京津冀协同发展的重要性，本节将从京津冀整体角度，以无形资产指数评价结果为依据，对该区域无形资产综合实力进行分析与评价。

一、样本分布与变动情况

上市公司信息披露是我国资本市场发展的重要环节，是管理层与公众投资者之间信息沟通的桥梁。真实、及时、充分的财务信息是我国资本市场的基石。无形资产信息是信息披露内容的重要组成部分，对政府制定创新扶持政策、高管实施无形资产运营战略、投资者进行无形资产价值评估有重要意义。因此，首先对上市公司信息披露现状进行分析。

由表 9.1 可知，京津冀上市公司有效样本的绝对数量逐年递增，有效样本数占京津冀上市公司总数比例整体表现出上升的趋势，从 2011 年的 52.14%上升至 2015 年的 84.99%，其中 2015 年较往年大幅度增加，这表明京津冀三地整体无形资产披露状况愈发良好。从京津冀上市公司总数占全国比例来看，京津冀整体并不具备明显优势。从图 9.1 可以看出，京津冀有效样本数及占全国上市公司总数比例整体呈现上升趋势，其中 2015 年增幅最大。

表 9.1　2011～2015 年京津冀有效样本数量及其占比情况

项目	2011 年	2012 年	2013 年	2014 年	2015 年
京津冀有效样本数	146	185	201	214	317
京津冀上市公司总数	280	305	305	329	373
京津冀有效样本数占京津冀上市公司总数比例	52.14%	60.66%	65.90%	65.05%	84.99%
京津冀上市公司总数占全国上市公司总数比例	22.10%	19.46%	17.68%	18.29%	17.19%

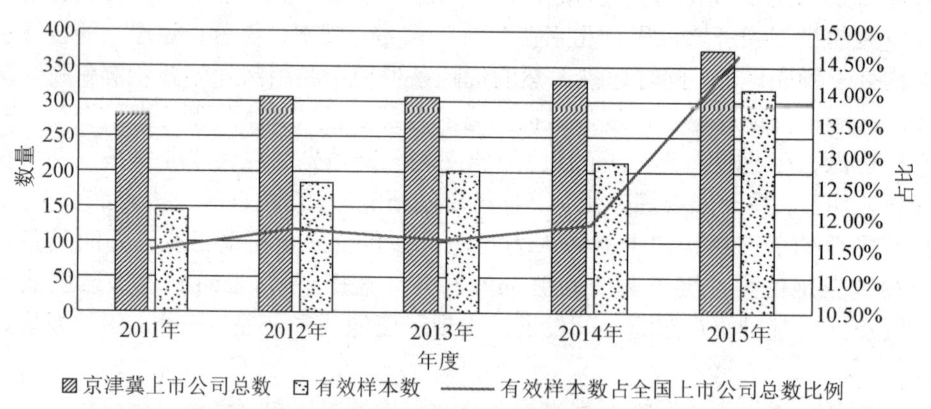

图 9.1　京津冀有效样本数及占全国上市公司总数比例年度变化趋势

由表 9.2 可知，北京、天津、河北三地有效样本数在 2011～2015 年均呈现出逐年上升的势头，其中北京上市公司在数量上占有绝对的优势，其有效样本在 2015 年达到了 226 家，约为河北的 4.61 倍、天津的 5.38 倍，五年累计增幅高达 115%，这反映出北京在区域协同发展中具有领头作用。京津冀三地 2011～2015 年无形资产信息披露质量均有所提升，其中天津提升最大，从 2011 年的 40.54%增至 2015 年的 100%，增幅高达 147%；河北次之，从 2011 年的 55.32%增至 2015 年的 92.45%，增幅达到 67.12%；北京也呈逐年上升趋势，增幅约为 51.75%。由此可见，随着政府部门监管力度进一步加大及企业对无形资产的重视程度不断提高，京津冀上市公司建立了较为完善的无形资产信息披露机制，京津冀三地无形资产信息披露状况愈发良好。

表 9.2　京津冀有效样本数占京津冀上市公司总数比例及分布情况

年度	类别	北京	天津	河北	合计	A 股
2011	上市总数	196	37	47	280	1267
	样本数	105	15	26	146	146
	样本占比	53.57%	40.54%	55.32%	52.14%	11.52%
2012	上市总数	219	38	48	305	1567
	样本数	134	20	31	185	185
	样本占比	61.19%	52.63%	64.58%	60.66%	11.81%
2013	上市总数	219	38	48	305	1725
	样本数	145	21	35	201	201
	样本占比	66.21%	55.26%	72.92%	65.90%	11.65%
2014	上市总数	237	42	50	329	1799
	样本数	155	23	36	214	214
	样本占比	65.40%	54.76%	72.00%	65.05%	11.90%
2015	上市总数	278	42	53	373	2170
	样本数	226	42	49	317	317
	样本占比	81.29%	100%	92.45%	84.99%	14.61%

二、总体评价结果

1. 京津冀上市公司无形资产指标总体评价结果

京津冀区域是引领中国经济未来发展的第三增长极，肩负着无形资产创新的历史使命。京津冀三地充分发挥各自的优势，通过区域协调和合作共赢，打造具有世界影响力和竞争力的无形资产聚集区。通过对京津冀区域上市公司和全国整体上市公司无形资产指数的计算与整理，得到在 2011～2015 年的年度得分、总分均值及涨幅情况，如表 9.3 和图 9.2 所示。

表 9.3　2011～2015 年京津冀区域上市公司无形资产指数得分与全国整体比较

单位：分

项目	2011 年	2012 年	2012 年涨幅	2013 年	2013 年涨幅	2014 年	2014 年涨幅	2015 年	2015 年涨幅	总分均值	累计涨幅
京津冀区域	58.58	60.69	3.60%	63.58	4.77%	66.40	4.43%	67.67	1.92%	63.39	15.52%
全国整体	55.81	56.80	1.77%	59.38	4.55%	62.01	4.42%	63.94	3.11%	59.59	14.57%

由表 9.3 可知，“十二五”期间，京津冀上市公司无形资产指数不仅五年总分均值高于全国整体水平，单年度得分也保持领先地位，累计涨幅达到 15.52%，略高于全国 14.57%。其主要原因是京津冀区域是我国无形资产最为密集的区域，拥有雄厚的产业基础、丰富的科研人才、集中的科研机构，这促使京津冀上市公司整体无形资产综合实力的提升较为显著。

由图 9.2 所示的京津冀上市公司无形资产指数总分的变化趋势可知，京津冀区域上市公司五年间无形资产指数呈现出整体攀升的趋势，从 2011 年的 58.58 分提升至 2015 年的 67.67 分，这说明京津冀上市公司无形资产初步体现整体优势，协同效应较为明显，发展潜力逐步显现。其主要原因是京津冀三地地缘相接，充分利用创新要素的互补性，有效发挥国家创新政策优势，积极展开和完善战略对话，推进区域科技协同创新，打破行政体制障碍，实现创新要素互通有无，释放京津冀地区无形资产发展潜能，如 2014 年，京津冀三地科技厅共同签署了《国际科技合作框架协议》和《京津冀协同发展战略创新研究和基础研究合作框架协议》。

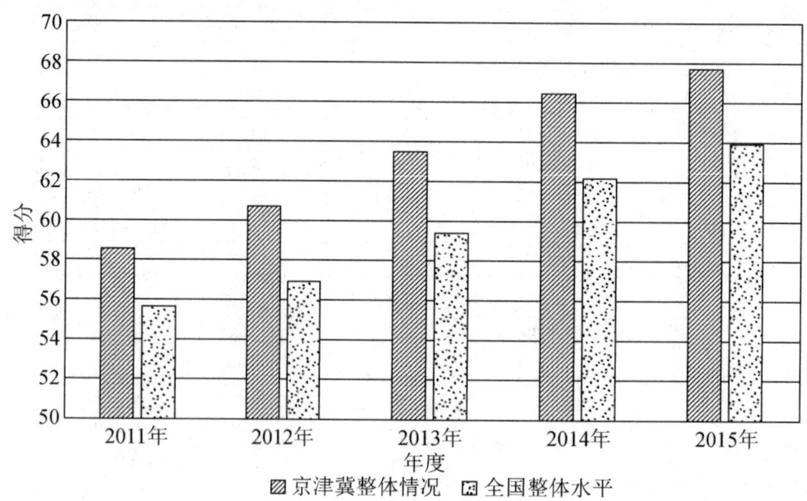

图 9.2 京津冀区域上市公司无形资产指数总分均值与全国总分均值比较与变化

由表 9.4 可得，2011～2015 年，北京、天津和河北三地无形资产指数总分呈现上升态势。

表 9.4 2011～2015 年京津冀三地上市公司无形资产指数总分与全国整体比较

单位：分

年度	北京	天津	河北	全国平均
2011	64.25	55.28	56.22	55.81
2012	66.27	58.89	56.90	56.80
2013	68.29	62.14	60.31	59.38
2014	70.56	65.17	63.46	62.01
2015	72.31	66.00	64.70	63.94
总分均值	68.34	61.50	60.32	59.60

（1）北京上市公司无形资产指数存在显著上升趋势，不仅五年总分均值 68.34 分高于天津 61.50 分、河北 60.32 分，每年度得分也均优于其他两地，这与北京独特的区位因素和政策环境有关。“十二五”期间，北京利用独特的首都区位优势，积极搭建创新平台，聚集创新人才，投入 500 亿元财政资金全力支持科技成果转化，制定“1+6”“新四条”“京校十条”“京科九条”等创新政策，实施 20 多项创新体制改革措施，推进“外专千人计划”“海聚工程”，举办国际性学术会议与科技展览活动，充分发挥中关村先锋带头作用，这无疑提升了该地区的无形资产实力。

（2）天津上市公司无形资产指数表现较为出色，从 2011 年的 55.28 分升至 2015 年的 66.00 分，五年均值 61.50 位居第二。其主要原因是天津地理位置优越，坐拥丰富的自然资源，高新技术企业集聚效应明显，出台“新型企业家培养工程”“百万技能人才培训福利计划”“千企万人”“杀手锏产品认定补贴办法”等一系列地方性创新政策，鼓励金融机构支持科技创新，促进科技与金融相结合，提高了该市无形资产综合实力。但北京的“虹吸效应”一定程度上限制了天津无形资产综合实力的提高。

（3）河北上市公司无形资产指数虽五年总分均值和每年度总分落后于北京、天津两地，但五年间始终保持增长态势，从 2011 年的 56.22 分增长到 2015 年的 64.70 分，总体涨幅 15.08%。究其原因主要是河北形成无形资产所需的资源相对其他两地较为短缺，加上该地区以传统重工业为主、夕阳产业密集、高精尖产品较少、附加值较低等，导致河北无形资产综合实力较弱。“十二五”期间，河北实施支持科技创新“政策组合包”，加大科研投入力度，扩大政府投资基金规模，启动“六大引智计划”，引进外国专家 3.2 万人次，培养 25 万名高技能人才，实施知识产权“三优”工程，支持专利质押融资和专利保险试点，成立知识产权服务机构，推动无形资产综合实力的提升。综上所述，“双核”城市北京、天津多年以来保持高速增长态势，而河北近些年以创新为导向，逐步转变经济增长方式，实现产业结构优化升级，推进全省经济的迅猛发展，这就使京津冀区域整体高于全国上市公司平均水平，且差距不断扩大。

2. 京津冀上市公司无形资产指数一级指标分析

无形资产协同发展是京津冀一体化战略重要的组成部分，它能够促进该区域经济发展的质量，给该区域人民带来更多福利。表 9.5 为京津冀上市公司无形资产指数一级指标评价结果与全国上市公司整体对比情况。

表 9.5　2011～2015 年京津冀上市公司无形资产指数一级指标评价结果与全国整体情况对比

单位：分

年度	创新能力		市场竞争力		可持续发展能力	
	京津冀	全国	京津冀	全国	京津冀	全国
2011	24.62	23.77	16.59	15.79	17.38	16.25
2012	26.52	25.36	17.93	17.00	16.24	14.43
2013	27.40	26.31	18.73	17.74	17.44	15.33
2014	28.69	27.27	19.60	18.63	18.11	16.11
2015	29.91	28.39	19.15	17.96	18.61	17.59
总分均值	27.43	26.22	18.40	17.42	17.56	15.94

（1）创新能力方面。京津冀区域上市公司创新能力各年度得分均高于全国上市公司平均水平，体现了该区域上市公司具有较强的创新能力。这与京津冀协同创新紧密相关。北京依托宽松的创新政策环境和包容的创新文化氛围吸引了海内外的技术人才，发挥北京创新活动对津冀两地的辐射作用。天津依托滨海新区的开发，研发投入的稳步增长，创新型人力资源的集聚，推动了该区域的创新能力的提高。河北经济发展较京津两地落后，但近几年随着对创新重视程度的提高，科技创新支出的加大，多项创新政策的实施，该省加快了科技创新的步伐，经济结构出现了积极的变化。京津冀三地在《京津冀协同发展规划纲要》的指引下，充分发挥各自优势，积极展开合作交流，致力于将其打造成为科技创新核心区，促使该区域创新能力处于全国领先水平。

（2）市场竞争力方面。京津冀区域上市公司市场竞争力各年度得分均强于全国上市公司平均水平，体现了该区域上市公司具有强劲的市场竞争力。京津冀三地发展水平差异较大，但该地区整体常住人口过亿，市场前景十分广阔，并且塑造了众多享誉全国乃至世界的知名品牌。2015 年，京津冀受到宏观经济基本面下滑的影响，市场竞争力整体得分出现大幅度下滑，但京津冀上市公司积极利用协同发展优势使区域市场竞争力处于领先水平。

（3）可持续发展能力方面。2011～2015 年，京津冀区域上市公司可持续发展能力无论企业各年度得分，还是五年均值得分均领先于全国上市公司平均水平。这主要与京津冀三地资源的互补性有关。北京相比较其他地区在人力、资本、信息、科技等方面具有无可比拟的优势。作为畿辅门户，天津地理位置优越，自然资源丰富，而且政策优势明显，具有全国领先的现代产业体系。河北拥有完整的矿产资源和丰富的人力资源，在传统产业和重工业等方面具备发展优势。随着创新要素的多重叠加，京津冀三地在错位发展的过程中，协同效应逐渐显现，使该区域整体可持续发展超过全国平均水平。

3. 北京上市公司无形资产指数一级指标评结果

北京作为京津冀无形资产协同发展的重要枢纽，推进无形资产创新驱动，实现高精尖产业转型，打造科技创新国际型大都市，以适应新常态的经济发展。表 9.6 列示了 2011～2015 年北京上市公司无形资产指数一级指标评价结果。

表 9.6　2011～2015 年北京上市公司无形资产指数一级指标评价结果

单位：分

年度	创新能力	市场竞争力	可持续发展能力	总得分
2011	25.64	17.57	21.03	64.25
2012	28.25	18.45	19.57	66.27
2013	28.19	18.94	21.17	68.29
2014	29.38	19.49	21.69	70.56
2015	31.33	20.82	20.16	72.31
总分均值	28.56	19.05	20.72	68.34

（1）创新能力方面。北京上市公司创新能力除在 2013 年出现小幅回落外，总体保持上升趋势，凭借 2015 年的 6.64%高速增长，创新能力五年累计涨幅 22.19%，五年总分均值高达 28.56 分，这体现了北京地区的上市公司强劲的创新能力。北京之所以具有旺盛的创新活力主要得益于技术创新人才的高度集聚、政府对创新投入力度的有力保障和创新政策的充分支持。北京的 R&D 投入从 2010 年的 821.8 亿元增长到 2014 年的 1286.6 亿元。截至 2015 年，北京国际级高新技术企业达到 1.2 万家，科技型企业达到 36 万家。为了促进城市创新能力的提高，北京还出台了一系列创新政策，如“1+6”“新四条”“京校十条”“京科九条”。

（2）市场竞争力方面。北京上市公司市场竞争力存在显著增长，从 2011 年的 17.57 分跃至 2015 年的 20.82 分，五年均值达到 19.05 分，体现了北京上市公司市场竞争力较强。北京作为全国科技创新中心和国际交往大都市，吸引了众多优秀企业品牌入驻，积极贯彻创新驱动发展战略，逐步实现园区特色化、产业高端化，经济结构进一步优化升级，创新活力转化持续的超额收益，使北京市场竞争力首屈一指。

（3）可持续发展能力方面。北京上市公司可持续发展能力总分均值为20.72分，表现出波动态势，在2012年和2015年出现负增长，主要原因是北京“大城市病”日益显现，如人口过多、交通拥堵、资源短缺、污染严重等，这严重影响到该地区的可持续发展。因此，北京积极探索疏解北京非首都功能体制创新，实施“京津冀协同发展”战略，建立多元化的资金筹措渠道，疏解存量的同时严格控制增量，以促进其可持续发展。

4. 天津上市公司无形资产指数一级指标评价结果

天津是京津冀地区第二大中心城市，在全国无形资产发展格局中的地位稳步提升。在京津冀一体化的发展背景下，天津应该积极培育和利用无形资产以突破产业发展瓶颈，完成转型升级。表9.7列示了2011～2015年天津上市公司无形资产指数一级指标评价结果。

表9.7　2011～2015年天津上市公司无形资产指数一级指标评价结果

单位：分

年度	创新能力	市场竞争力	可持续发展能力	总得分
2011	24.30	16.61	14.36	55.28
2012	25.87	18.28	14.74	58.89
2013	26.89	19.19	16.06	62.14
2014	28.65	20.12	16.40	65.17
2015	29.36	18.45	18.19	66.00
总分均值	27.02	18.53	15.95	61.50

（1）创新能力方面。天津创新能力存在上升趋势，从24.30分一路涨至29.36分，五年总分均值27.02分。“十二五”时期，天津出台《天津市人民政府关于进一步深化行政审批制度改革的意见》《天津市人民政府关于减少和调整下放行政审批事项的通知》等文件降低政府对企业创新的干预，通过“创新人才推进计划实施方案”“绿卡暂行办法”引入了大量创新型人才。政府还结合本地实际情况，制定了90多项具有地方特色的创新政策，如“科技小巨人”“万企转型”“众创空间”，鼓励保险公司开展专利权质押贷款保险，创新创业环境进一步优化，大大提高了自身的创新能力。与北京相比，天津对高端人才的吸引力稍显不足，同时缺乏像中关村示范区“6+4”等在全国范围内具有广泛影响力的创新政策（孙德升，2017）。

（2）市场竞争力方面。天津上市公司市场竞争力呈现先升后降趋势，但2015年出现下滑。作为我国重要港口城市、全国先进制造研发基地和改革开放先行区，天津引进一批北京科技型、互联网创新载体，对于提升天津市场竞争力构成了强有力的支撑。与此同时，国家级新区滨海新区科技创新综合能力雄厚，但北京的极化效应一定程度上阻碍了天津的市场竞争力的进一步提高。

（3）可持续发展能力方面。天津可持续发展能力虽整体处于上升趋势，但每年度得分和总分均值处于较低水平。天津呈现出重化工业的特征，第二产业常年保持50%左右，第三产业发展乏力，产业结构调整遭遇瓶颈（文魁等，2016），过度依赖外向型经济，资源承载力无法满足以创新驱动经济发展的需要，形势依然复杂严峻，这些短板阻碍了天津的可持续发展。

5. 河北上市公司无形资产指数一级指标评价结果

近年来，河北作为京津冀区域重要组成部分，积极实施各种创新政策，培育新的经济增长点，产业结构呈现出积极的变化，经济发展呈现“转型”和“绿色”的特征。表 9.8 列示了 2011～2015 年河北上市公司无形资产指数一级指标评价结果。

表 9.8 2011～2015 年河北上市公司无形资产指数一级指标评价结果

单位：分

年度	创新能力	市场竞争力	可持续发展能力	总得分
2011	23.90	15.58	16.74	56.22
2012	25.44	17.06	14.40	56.90
2013	27.13	18.07	15.11	60.31
2014	28.03	19.19	16.25	63.46
2015	29.04	18.19	17.48	64.70
总分均值	26.71	17.62	16.00	60.32

（1）创新能力方面。河北上市公司创新能力五年总分均值虽处于相对较低水平，但每年度得分整体显著增长，从 2011 年的 23.90 分逐渐攀升至 2015 年的 29.04 分。河北创新资源相较于北京、天津两地处于弱势地位，2011 年 R&D 经费支出占 GDP 的比重仅为 0.82%，R&D 人员只有 7.3 万，远远落后于京津两地。河北大部分上市公司由于受粗放式生产方式的影响，更加注重生产规模与技术模仿，另外产能过剩、耗能过高、环境污染也阻碍了该地区创新能力的提高。但河北以创新驱动为导向，出台创新政策组合包，深化科技创新体制，支持创业导师、创客和众创空间发展，大力推进“大众创业、万众创新”。

（2）市场竞争力方面。河北市场竞争力五年间有所波动，且得分总体偏低。由于京津两地的“虹吸效应”，河北创新资源始终处于净流出状态。同时，为了服务国家发展战略的调整，京津两地许多高污染高耗能企业迁往河北，这就限制了该地区的市场竞争力的提升。

（3）可持续发展能力方面。河北上市公司可持续发展能力虽有所波动，但整体有所上升，总分均值达到 16.00 分。“十二五”时期，河北充分利用“京津冀一体化”历史机遇，通过压缩过剩产能，推进节能降耗，建立可持续发展准备金制度，发挥低商务成本优势，推动企业技术改造，发展战略性新兴产业，提升产业发展层次，逐步实现经济发展向质量型创新型转变，引导再生型资源城市创新发展，使其可持续能力不断增强。

三、分项能力评价

1. 创新能力评价

创新能力是企业生存和发展持续的动力和源泉，是企业获取市场竞争力与持续发展力的基础。创新能力指标在无形资产指数始终处于主导地位，对无形资产价值贡献作用最为重大。京津冀上市公司创新能力主要取决于研发投入、人才投入和创新产出的成效。

本节拟对京津冀上市公司的创新能力进行评价，从研发投入率、技术型无形资产比重、技术人员密度和人均专利授权量四项二级指标进行评价，为京津冀上市公司的创新能力评价提供参考依据。

1）京津冀上市公司无形资产指数创新能力评价结果

从图 9.3 创新能力各年度得分变化趋势来看，京津冀区域和全国整体上市公司在 2011～2015 年创新能力均表现为上升态势，其中，京津冀上市公司创新能力从 24.62 分一路涨至 29.91 分，全国整体上市公司创新能力由 23.77 分逐渐摸高至 28.39 分。

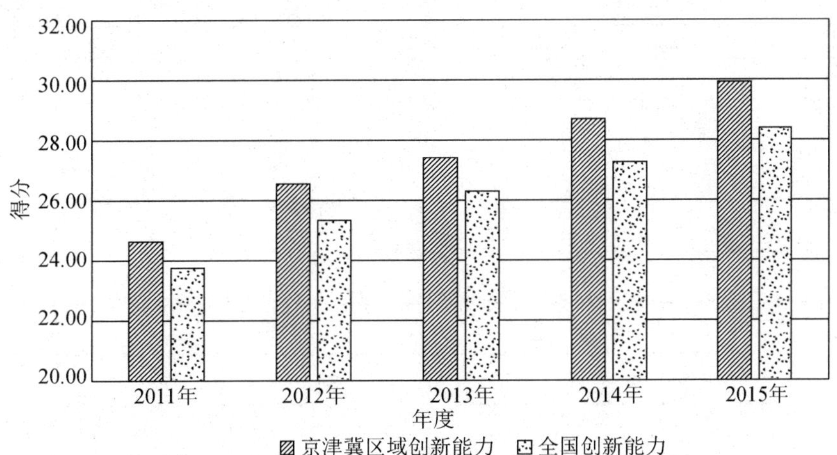

图 9.3　京津冀区域创新能力与全国整体水平比较与变化趋势

由图 9.4 可知，京津冀三地的上市公司创新能力在 2011～2015 年整体均呈现上升态势。北京上市公司创新能力从 2011 年的 25.64 分涨至 2015 年的 31.33 分。天津上市公司五年间创新能力稳步增长，由 2011 年的 24.30 分涨至 2015 年的 29.36 分。河北上市公司创新能力表现出良好的发展势头，从 2011 年的 23.90 分一路涨至 2015 年的 29.04 分，2013 年为 27.13 分（略高于天津 26.89 分）。

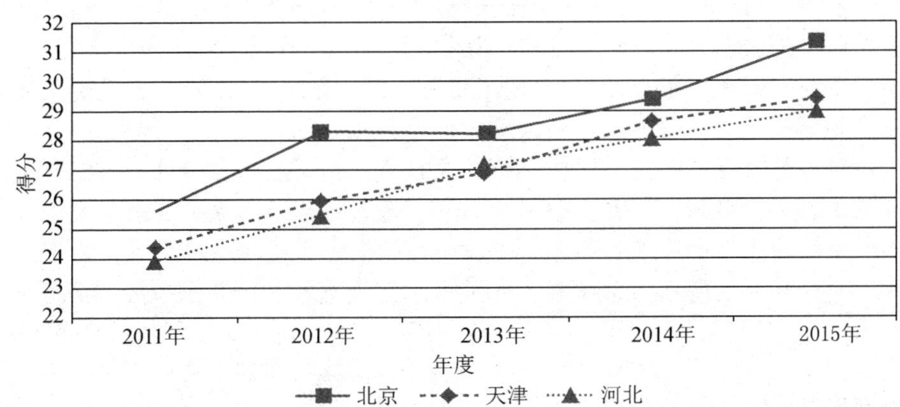

图 9.4　2011～2015 年京津冀三地上市公司创新能力变化趋势

由表 9.9 可知，二级指标包括研发投入率、技术型无形资产比重、技术人员密度和人均专利授权量。由图 9.5 可知，京津冀上市公司创新能力四项二级指标每年度得分均高于全国上市公司平均水平，呈现良好的发展状态。

表 9.9　2011～2015 年京津冀上市公司创新能力二级指标评价结果

单位：分

年度	研发投入率		技术型无形资产比重		技术人员密度		人均专利授权量	
	京津冀	全国	京津冀	全国	京津冀	全国	京津冀	全国
2011	6.67	6.32	7.07	6.94	3.99	3.72	6.89	6.79
2012	6.89	6.36	7.54	7.32	4.47	4.14	7.61	7.54
2013	7.44	6.91	7.84	7.64	4.49	4.16	7.64	7.60
2014	7.95	7.48	8.01	7.69	4.48	4.17	8.24	7.93
2015	8.26	7.70	7.72	7.61	4.40	4.12	9.53	8.96
总分均值	7.44	6.95	7.64	7.44	4.37	4.06	7.98	7.76

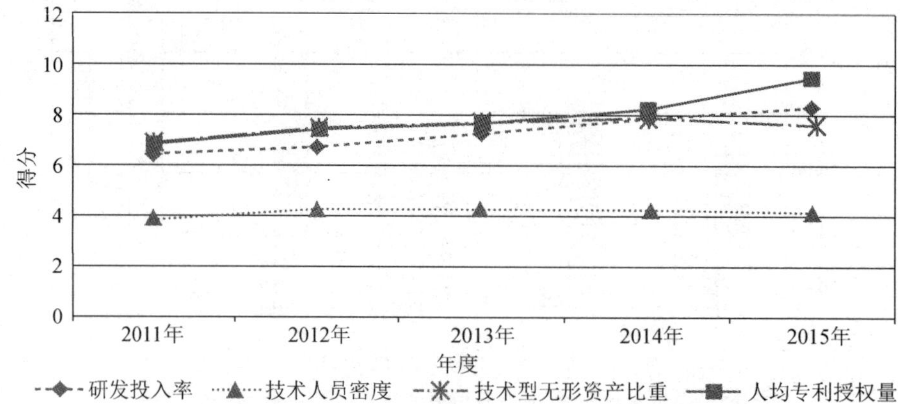

图 9.5　2011～2015 年京津冀区域创新能力二级指标变化趋势

（1）研发投入率方面。研发投入率是衡量创新投入强度的重要指标，表明了企业对创新活动的重视程度。2011～2015 年，京津冀上市公司每年不断加大研发投入和创新研究，使研发投入率表现出稳定上升的发展态势，从 2011 年的 6.67 分涨到 2015 年的 8.26 分，这说明无形资产的重要性越来越得到京津冀上市公司的认可与关注。

（2）技术型无形资产方面。技术型无形资产是企业无形资产的重要组成部分，最能代表企业的自主创新能力。京津冀上市公司技术型无形资产比重由 2011 年的 7.07 分增长到 2014 年的 8.01 分，在 2015 年出现了轻微下滑，跌至 7.72 分，这说明京津冀上市公司技术型无形资产比重得分虽有所波动，但整体水平较高。

（3）技术人员密度方面。京津冀上市公司技术人员密度在 2011～2015 年虽保持基本稳定，但 2014 年和 2015 年出现小幅度下降，这从另一侧面表明京津冀上市公司对创新型人才的引进还需进一步加强重视，应注重对科研人员的发掘和培养，采取福利、股票、期权、利益共享等激励措施使科研人员为企业提供持续性研发服务。

（4）人均专利授权量方面。京津冀上市公司人均专利授权量呈逐年递增趋势，从 2011 年的 6.89 分一路爬升至 2015 年的 9.53 分，说明随着研发投入的增加，京津冀上市公司创新产出取得重大进展。

2）北京上市公司无形资产指数创新能力评价结果

从表 9.10 可以看出：①研发投入率方面。2011～2015 年，北京研发投入率呈现逐步上扬态势，从 2011 的年 7.17 分涨至 2015 年的 8.59 分，这表明北京上市公司对无形资产的重视程度逐步提高。②技术型无形资产方面。北京上市公司在技术型无形资产比重表现较为出色，每年度得分均高于天津，但表现出先升后降再升的波动态势，体现了北京上市公司无形资产结构逐步实现调整。③技术人员密度方面。北京上市公司技术人员密度虽有所波动，但整体呈上升趋势，这说明北京上市公司企业的研发投入强度正在逐年递增，更加注重利用人才支撑自主创新以补足短板。④人均专利授权量方面。北京上市公司整体上扬趋势，从 2011 年的 6.89 分跃至 2015 年的 10.03 分，这在一定程度上表明了北京上市公司创新效率逐步得到改善。

表 9.10　2011～2015 年北京上市公司创新能力二级指标评价结果

单位：分

年度	研发投入率	技术型无形资产比重	技术人员密度	人均专利授权量
2011	7.17	7.20	4.39	6.89
2012	7.44	7.91	4.91	7.98
2013	7.76	7.92	4.79	7.73
2014	8.23	7.81	4.78	8.57
2015	8.59	7.91	4.81	10.03

3）天津上市公司无形资产指数创新能力评价结果

从表 9.11 可以看出：①研发投入率方面。“十二五”期间，天津研发投入率逐年递增，由 2011 年的 6.64 分增至 2015 年的 8.49 分，表明天津上市公司越来越关注无形资产对企业的价值。②技术型无形资产方面。天津上市公司技术型无形资产比重虽整体呈增长态势，但每年度得分均低于河北，这说明天津还需进一步提高研发投入强度，对研发活动进行必要的监督及精细化管理以获得高质量的创新产出。③技术人员密度方面。天津上市公司技术人员密度虽有所波动，但整体呈上升趋势，这说明天津上市公司更加注重培养和引进人才促进企业创新水平的提高。④人均专利授权量方面。天津上市公司整体呈现上升趋势，由 2011 年的 7.01 分涨到 2015 年的 9.54 分，这在一定程度上表明天津上市公司创新产出取得了积极的效果。

表 9.11　2011～2015 年天津上市公司创新能力二级指标评价结果

单位：分

年度	研发投入率	技术型无形资产比重	技术人员密度	人均专利授权量
2011	6.64	6.84	3.82	7.01
2012	6.70	7.35	4.41	7.42
2013	7.35	7.60	4.37	7.57
2014	8.06	7.90	4.39	8.30
2015	8.49	7.09	4.24	9.54

4）河北上市公司无形资产指数创新能力评价结果

从表 9.12 可以看出：①研发投入率方面。2011～2015 年，河北研发投入率虽单年度均值排名末位，但呈上升趋势，分数由 2011 年的 6.19 分增至 2015 年的 7.70 分，这表明京津冀三地上市公司对无形资产的重视程度逐步提高。②技术型无形资产方面。河北上市公司在技术型无形资产比重方面表现突出，整体呈现上升趋势，每年度得分均高于天津，体现了河北上市公司无形资产含金量增加。值得注意的是，河北在 2013 年呈现大幅上扬态势，其得分已经连续三年赶超其余两地，跃居首位。③技术人员密度方面。河北的技术人员密度虽有所波动，但整体呈上升趋势，这说明河北上市公司注重引进技术人员为企业创造价值。④人均专利授权量方面。河北整体表现出上升趋势，从 2011 年的 6.77 分增长到 2015 年的 9.02 分，这在一定程度上表明了河北上市公司自主创新能力得以提高。

表 9.12　2011～2015 年河北上市公司创新能力二级指标评价结果

单位：分

年度	研发投入率	技术型无形资产比重	技术人员密度	人均专利授权量
2011	6.19	7.18	3.76	6.77
2012	6.54	7.37	4.10	7.43
2013	7.21	8.00	4.32	7.61
2014	7.57	8.31	4.28	7.86
2015	7.70	8.16	4.16	9.02

2. 市场竞争力评价

在经济新常态背景下，市场竞争逐步趋于白热化。如何在激烈的竞争环境中赢得竞争优势，占据有利的市场地位，是京津冀在协同发展过程中面临的重要问题。京津冀上市公司可以通过培育具有本区域特色的品牌优势，提高品牌美誉度和顾客忠诚度，进而扩大企业的市场份额，占据行业的领先地位，令同行望尘莫及，最终为企业创造超额利润，提高市场竞争力。京津冀上市公司市场竞争力主要取决于品牌影响力、市场份额及其创造的超额利润的成效。本节拟对京津冀上市公司的市场竞争力进行评价，并从品牌优势、市场占有率及超额收益率三项二级指标进行深入分析，为上市公司的市场竞争力评价提供参考依据。

1）京津冀上市公司无形资产指数市场竞争力评价结果

由图 9.6 可知，京津冀区域和全国整体上市公司市场竞争力在 2011～2015 年都呈现出先增后降的趋势。具体而言，全国上市公司市场竞争力从 2011 年的 15.79 分逐渐爬升到 2014 年的 18.63 分，然后快速下跌到 2015 年的 17.96 分。与此同时，京津冀上市公司市场竞争力由 2011 年的 16.59 分逐步摸高至 2014 年的 19.60 分，随后，由 2014 年的最高分迅速下滑到 2015 年的 19.15 分。

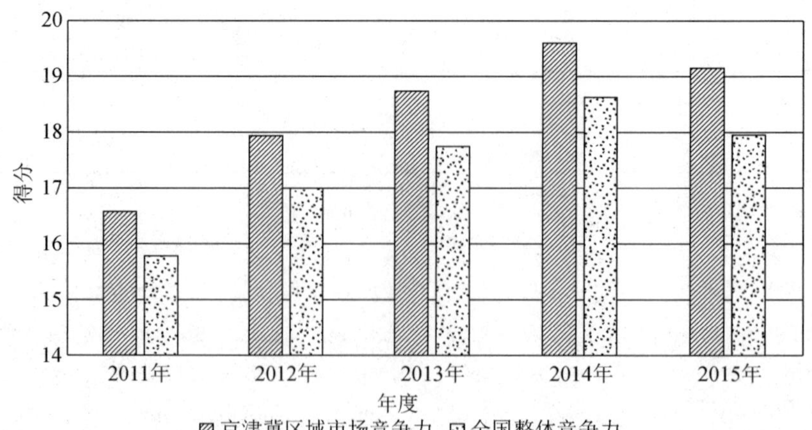

图 9.6　京津冀区域市场竞争力与全国整体水平比较与变化趋势

从图 9.7 可以看出，北京依托强大的品牌价值、先进的技术和较高的超额收益率使得市场竞争力五年间呈现出稳步提升的趋势，由 2011 年的 17.57 分增长到 2015 年的 20.82 分。而天津和河北上市公司市场竞争力虽在 2011～2014 年持续上扬，可在 2015 年主要因市场占有率缩小使其市场竞争力有所下降。具体而言，天津上市公司市场竞争力从 2011 年的 16.61 分涨到 2014 年的 20.12 分，随后又跌至 2015 年的 18.45 分，河北上市公司市场竞争力由 2011 年的 15.58 分跃至 2014 年的 19.19 分，2015 年滑落至 18.19 分。值得注意的是，天津上市公司市场竞争力在 2013 年和 2014 年凭借较高的市场占有率超过北京。

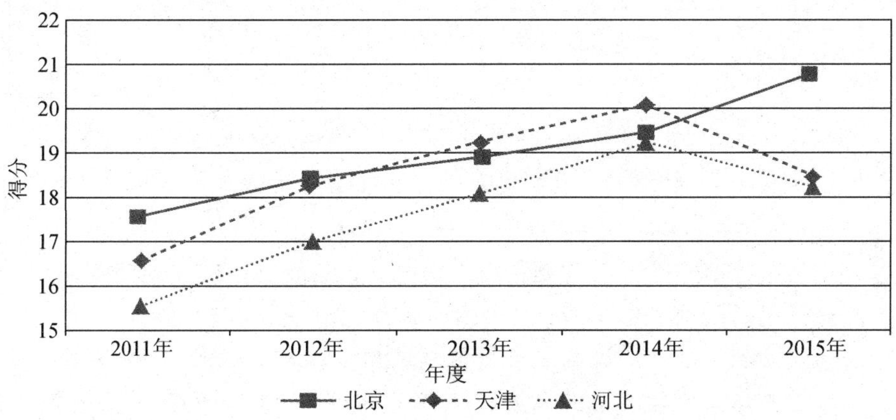

图 9.7　2011～2015 年京津冀三地上市公司市场竞争力变化趋势

从表 9.13 可以看出，三项二级指标包括品牌优势、市场占有率及超额收益率。京津冀上市公司市场竞争力四项二级指标五年总分均值和每年度得分均高于全国平均水平，表明了京津冀经济地区已经开始在品牌建设、市场份额和超额收益率三方面区域展现出协同优势。

表 9.13　2011～2015 年京津冀上市公司市场竞争力二级指标评价结果

单位：分

年度	品牌优势		市场占有率		超额收益率	
	京津冀	全国	京津冀	全国	京津冀	全国
2011	4.96	4.92	7.37	6.72	4.26	4.15
2012	5.42	5.13	8.21	7.74	4.30	4.14
2013	5.61	5.29	8.69	8.19	4.44	4.25
2014	5.76	5.57	9.23	8.66	4.60	4.40
2015	5.76	5.50	8.70	7.93	4.70	4.53
总分均值	5.50	5.28	8.44	7.85	4.46	4.29

品牌优势意味着更强的市场竞争力，为企业创造更高的边际收益。从图 9.8 可以看出，京津冀上市公司品牌优势虽有所上升，从 2011 年的 4.96 分增长到 2015 年的 5.76 分，但发展态势趋于平稳，增幅不大，体现了京津冀上市公司整体品牌创新能力依旧是京津冀协同发展的薄弱之处。就市场占有率而言，京津冀上市公司五年间呈先升后降的态势，由 2011 年的 7.37 分逐渐跃至 2014 年的 9.23 分，在 2015 年出现了一定程度的下

滑，跌至 8.70 分，跌幅达 5.74%。超额收益率方面，京津冀上市公司 2011～2015 年始终在低位徘徊，体现了快速扩张的市场占有率并未转化为超额收益的增加。

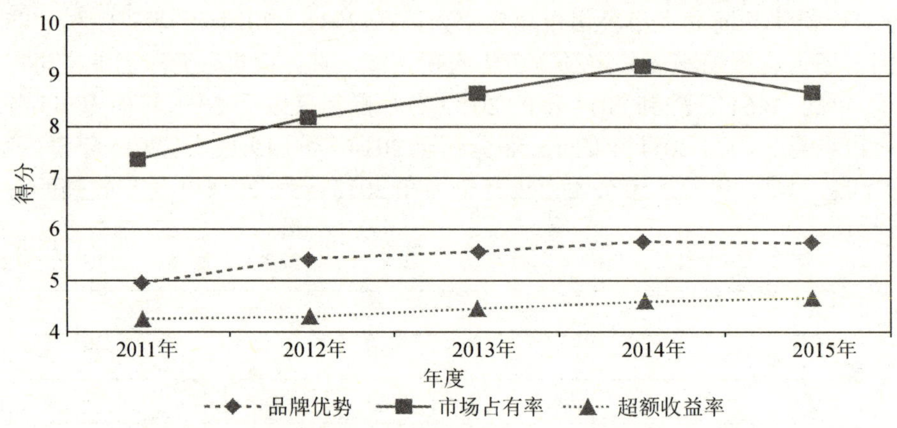

图 9.8　京津冀上市公司市场竞争力二级指标变化趋势

2）北京上市公司无形资产指数市场竞争力评价结果

从表 9.14 可以看出：①品牌优势方面，北京以独特的区位因素和国家创新政策吸引诸多优秀品牌，品牌优势一路上升，由 2011 年的 5.19 分上涨到 2015 年的 6.08 分，总体得分领先于天津和河北，这说明北京具备卓越的品牌优势。②市场占有率方面，北京上市公司市场占有率呈逐年上涨的态势，从 2011 年的 7.54 分涨至 2015 年的 9.74 分，说明北京上市公司在行业占有重要的市场地位。③超额收益率方面，北京上市公司的超额收益率总体处于上升态势，这说明北京上市公司超额收益能力提升明显。

表 9.14　2011～2015 年北京上市公司市场竞争力二级指标评价结果

单位：分

年度	品牌优势	市场占有率	超额收益率
2011	5.19	7.54	4.84
2012	5.55	8.33	4.57
2013	5.81	8.42	4.70
2014	5.91	8.73	4.85
2015	6.08	9.74	5.00

3）天津上市公司无形资产指数市场竞争力评价结果

表 9.15 报告了 2011～2015 年天津市场竞争力二级指标评价结果。可以看出：①品牌优势方面，天津上市公司品牌优势 2011～2015 年虽有所上升，但每年度得分大多低于北京，体现了天津品牌优势逐渐凸显，但仍然无法与北京相抗衡。②市场占有率方面，天津市场占有率均在 2015 年出现不同程度的下降，直接影响市场竞争力排名，这反映了天津竞争地位不具备优势，不利于上市整体呈上升态势。③超额收益率方面，天津上市公司的超额收益率出现波动，但整体上涨，这说明天津上市公司超额收益能力有所增强，但其可持续性较差。

表 9.15　2011～2015 年天津上市公司市场竞争力二级指标评价结果

单位：分

年度	品牌优势	市场占有率	超额收益率
2011 年	4.95	7.81	3.85
2012 年	5.58	8.42	4.28
2013 年	5.72	8.97	4.51
2014 年	5.67	10.03	4.42
2015 年	5.68	8.21	4.56

4）河北上市公司无形资产指数市场竞争力评价结果

表 9.16 报告了 2011～2015 年河北市场竞争力二级指标评价结果。可以看出：①品牌优势方面，河北上市公司品牌优势总体趋势上扬，从 2011 年的 4.73 分增至 2015 年的 5.52 分，每年度得分却落后于其他两地，表明了河北上市公司虽在构建品牌优势方面取得进展，仍处于较低水平。②市场占有率方面，河北上市公司市场占有率整体处于上升趋势，但在 2015 年出现一定程度的下降，这反映了河北上市公司的竞争地位不稳定。③超额收益率方面，河北上市公司的超额收益率有所波动，但总体处于上升态势，这说明河北上市公司超额收益能力有所提升，但可持续性不足。

表 9.16　2011～2015 年河北上市公司市场竞争力二级指标评价结果

单位：分

年度	品牌优势	市场占有率	超额收益率
2011	4.73	6.75	4.10
2012	5.14	7.87	4.05
2013	5.29	8.66	4.12
2014	5.71	8.94	4.53
2015	5.52	8.13	4.53

3. 可持续发展能力评价

可持续发展能力是区域协同优势表现最为集中的方面，是企业获得长远发展的基本保障。京津冀三地生产要素的互补性为该区域的可持续发展提供了良好的条件。京津冀上市公司可持续发展能力主要取决于资产规模的增长速度、无形资产收益能力、企业员工知识水平和每股无形资产状况的成效。本节拟对京津冀上市公司的可持续发展能力进行评价，并从资产增长率、无形资产收益率、员工素质及每股无形资产四项二级指标进行深入分析，为上市公司的可持续发展能力评价提供参考依据。

1）京津冀上市公司无形资产指数可持续发展能力评价结果

从图 9.9 可以看出，京津冀区域上市公司可持续发展能力五年间可呈先降后增的变化趋势，与全国上市公司整体变化基本一致。京津冀上市公司可持续发展能力由 2011 年的 17.38 分下滑至 2012 年的 16.24 分，随后逐年上扬，从 2012 年的 16.24 分增长至 2015 年的 18.61 分。全国上市公司可持续发展能力由 2011 年的 16.25 分跌到 2012 年的 14.43 分，又一路跃升至 2015 年的 17.59 分。

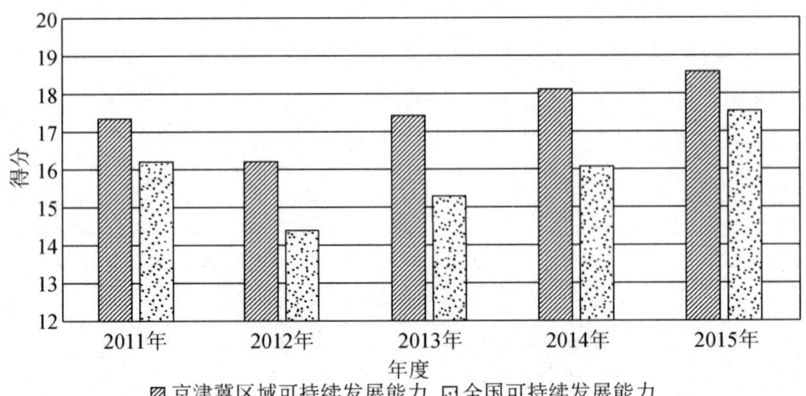

图 9.9　京津冀区域可持续发展能力与全国整体水平比较与变化趋势

由图 9.10 可知，北京上市公司可持续发展能力在 2011～2015 年各年得分起伏较大，2012 年和 2015 年出现大幅下滑。天津上市公司可持续发展能力五年间整体保持稳步上升，从 2011 年的 14.36 分增长至 2015 年的 18.19 分。河北上市公司可持续发展能力则呈现出先降后升的趋势，从 2011 年的 16.74 分跌落至 2012 年的 14.40 分，跌幅达 13.98%；随后又一路上扬至 2015 年的 17.48 分，与天津的差距在逐步缩小，有赶超天津的趋势，但与北京相比还有很大的差距。

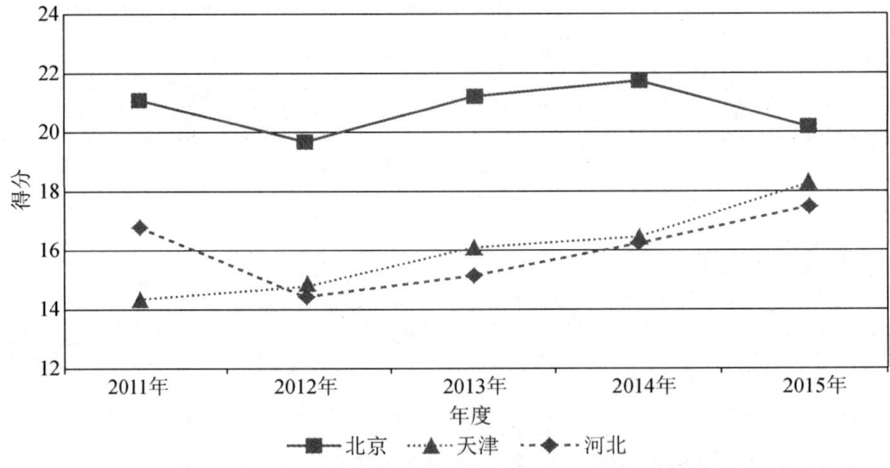

图 9.10　京津冀上市公司可持续发展能力变化趋势

可持续发展能力四项二级指标包括资产增长率、无形资产收益率、员工素质及每股无形资产。京津冀上市公司可持续发展能力四项二级指标五年间得分处于领先地位，随着京津冀一体化的深入，京津冀区域可持续发展能力初步显示出协同优势。从表 9.17 和图 9.11 可以看出：①资产增长率方面，京津冀上市公司资产增长率处于震荡状态，这表明京津冀上市公司经营状态不太稳定。②无形资产收益率方面，京津冀上市公司无形资产收益率五年间波动起伏较大，呈现先降再升后降态势，由 2011 年的 5.04 分滑落至 2012 年的 4.27 分，随后涨至 2014 年的 5.18 分，2015 年又跌至 4.64 分，体现出京津冀上市公司创造利润尚不丰厚，利用效率不高。③员工素质方面，京津冀上市公司员工素质先升后降，从2011年的4.52分一路跃至2014年的4.94分，在2015年小幅下滑至4.84分，反映了京津冀上市公司员工知识水平有所提高，获取异质性资源的能力有所增强，但还有进一步提升空间。④每股无形资产方面，京津冀上市公司每股无形资产连续4年增长，从2011年的4.20分涨至2014年的4.99分，随后2015年跌至4.79分，这说明京津冀上市公司流通股中无形资产尚未形成规模。

表9.17 2011～2015年京津冀上市公司可持续发展能力二级指标评价

单位：分

年度	资产增长率		无形资产收益率		员工素质		每股无形资产	
	京津冀	全国	京津冀	全国	京津冀	全国	京津冀	全国
2011	3.62	3.63	5.04	4.52	4.52	4.17	4.20	3.93
2012	2.59	2.35	4.27	3.38	4.73	4.32	4.64	4.37
2013	3.60	2.70	4.36	3.86	4.78	4.35	4.70	4.42
2014	3.01	2.80	5.18	3.96	4.94	4.51	4.99	4.85
2015	4.34	4.26	4.64	4.27	4.84	4.45	4.79	4.61
总分均值	3.43	3.15	4.70	4.00	4.76	4.36	4.66	4.44

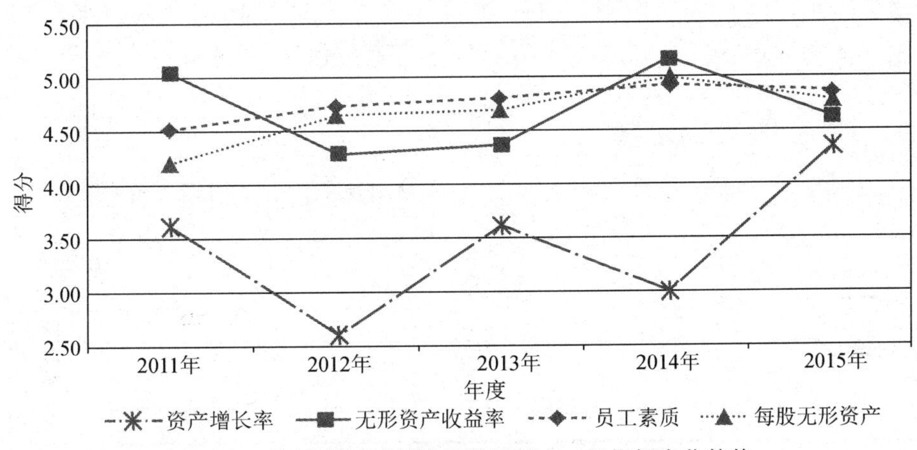

图9.11 京津冀区域可持续发展能力二级指标变化趋势

2）北京上市公司无形资产指数可持续发展能力评价结果

从表9.18可以看出：①资产增长率方面。北京上市公司资产增长率五年间波动较大，由2011年的3.78分跌落至2012年的2.92分，然后涨至2013年的6.10分，2014年则滑落至3.35分，跌幅高达45.08%，2015年又跃至4.24分。这说明北京上市公司规模虽有所增长，但经营状况均不太稳定。②无形资产收益率方面。北京上市公司无形资产收益率呈现先降又升后降的态势，其中2015年跌幅至30%以上。这说明了北京上市公司无形资产获利能力比津冀两地较高，但可持续性并不具备明显优势。③员工素质方面。北京上市公司员工素质五年间呈现出波动上升的态势，从2010年的4.85分涨至2015年的5.11分。这说明北京上市公司员工的知识水平正在不断提高。④每股无形资产方面。北京上市公司每股无形资产呈现先升再降后升态势，从2011年的4.59分升至2012年的4.97分，2013年降至4.84分，而后逐渐攀升2015年的5.11分。这体现了北京上市公司每股无形资产暂未形成竞争优势，有待进一步开发。

表 9.18 2011～2015 年北京上市公司可持续发展能力二级指标评价结果

单位：分

年度	资产增长率	无形资产收益率	员工素质	每股无形资产
2011	3.78	7.82	4.85	4.59
2012	2.92	6.59	5.08	4.97
2013	6.10	5.09	5.14	4.84
2014	3.35	8.27	5.07	4.99
2015	4.24	5.70	5.11	5.11

3）天津上市公司无形资产指数可持续发展能力评价结果

从表 9.19 可以看出：①资产增长率方面。天津上市公司资产增长率五年间呈波动增长趋势，资产增长率先由 2011 年的 2.58 分滑落到 2012 年的 2.48 分，随后又逐步攀升至 2015 年的 4.59 分，这说明天津上市公司经营状况不稳健。②无形资产收益率方面。天津上市公司无形资产收益率整体呈提升态势，由 2011 年的 3.05 分涨至 2013 年的 4.39 分，2014 年下降到 3.78 分，2015 年又出现 12.17%的涨幅，涨至 4.24 分。这说明天津上市公司无形资产使用程度整体得到改善。③员工素质方面。天津上市公司员工素质各年得分波动较大，这说明天津上市公司面临技术人才流失的问题，无法持续有效吸引高素质人才。④每股无形资产方面。天津上市公司每股无形资产则是先升后降，从 2011 年的 4.26 分涨到 2014 年的 4.70 分，而后又降到 2015 年的 4.59 分，这体现了天津上市公司每股无形资产还未形成规模。

表 9.19 2011～2015 年天津上市公司可持续发展能力二级指标评价结果

单位：分

年度	资产增长率	无形资产收益率	员工素质	每股无形资产
2011	2.58	3.05	4.47	4.26
2012	2.48	3.10	4.64	4.52
2013	2.50	4.39	4.61	4.55
2014	2.96	3.78	4.96	4.70
2015	4.59	4.24	4.77	4.59

4）河北上市公司无形资产指数可持续发展能力评价结果

从表 9.20 可以看出：①资产增长率方面。河北上市公司呈现 U 形增长，资产增长率从 2011 年的 4.50 分一路下滑至 2013 年的 2.20 分，随后又一路涨至 2015 年的 4.18 分，这说明河北上市公司经营状况不稳定。②无形资产收益率方面。河北上市公司的无形资产收益率则是先降后升 U 形趋势，由 2011 年的 4.24 分下降到 2013 年的 3.61 分，而后又增至 2015 年的 3.98 分。这说明了河北上市公司无形资产的获利能力不稳健。③员工素质方面。河北上市公司员工素质 2011～2014 年逐年递增，从 2011 年的 4.23 分增长至 2014 年的 4.78 分，2015 年下滑至 4.65 分。这说明河北近几年获取异质性资源的能力逐年提高，但仍需进一步提高。④每股无形资产方面。河北上市公司每股无形资产由 2011 年的 3.76 分增长至 2014 年的 5.27 分，随后 2015 年又跌至 4.67 分。这体现了河北上市公司每股无形资产有待进一步开发。

表 9.20　2011～2015 年河北上市公司可持续发展能力二级指标评价结果

单位：分

年度	资产增长率	无形资产收益率	员工素质	每股无形资产
2011	4.50	4.24	4.23	3.76
2012	2.37	3.13	4.46	4.44
2013	2.20	3.61	4.57	4.72
2014	2.73	3.48	4.78	5.27
2015	4.18	3.98	4.65	4.67

四、《京津冀协同发展规划纲要》对京津冀无形资产的影响

2015 年 4 月 30 日，中共中央政治局审议通过《京津冀协同发展规划纲要》（以下简称《纲要》），对京津冀无形资产的发展指明了新的发展方向。《纲要》明确了京津冀协同创新的目标设定：到 2020 年，科技投入、研发支出占地区生产总值比重达 3.5%，区域形成分工明确、产业链与创新链高效连接的创新驱动。《纲要》还指出推动京津冀创新驱动发展，促进创新资源合理配置、开放共享、高效利用，形成京津冀协同创新共同体，建立健全区域协同创新体系，共同打造引领全国、辐射周边的创新发展战略高地。《纲要》的全面推行有利于京津冀区域迅速成为无形资产聚集区，形成一批以核心技术为代表的无形资产。

与珠三角、长三角相比，京津冀无形资产创新要素流动与合作尚处于初始阶段。但随着京津冀“人才新政”的出台、户籍附加福利改革的实现（步淑段等，2016），京津冀三地人才、资金、技术、管理、信息等创新要素跨区域实现自由流动和迅速集结，打破京津冀行政管辖区限制，淡化京津冀资源配置行政色彩，促进京津冀区域无形资产趋于有序化，有利于京津冀创新要素的优化配置，顺利实现全面对接工作，有助于创新技术在该区域广泛传播，有益于缩小三地经济发展的差距，推动区域经济整体协同发展。

2015 年，为了响应《纲要》的要求，加快知识产权协同发展，打造京津冀协同创新共同体，京津冀三地知识产权局共同成立京津冀知识产权发展联盟。该联盟已吸纳了 120 家创新型企业和 30 家知识产权服务机构，致力于将京津冀打造成全国知识产权支撑创新驱动发展的重要增长极，旨在充分调动京津冀三地知识产权服务资源，有效解决企业在经营过程中遇到的知识产权问题，积极开展知识产权风险防范和企业帮扶活动，提升京津冀区域无形资产综合实力，帮助京津冀企业走国际化无形资产发展道路。一方面，依托京津冀三地在产业链各环节的优势技术条件，通过技术互补、资源共享形成更加完整的产业链、竞争力更强的技术链、分工更加明确的价值链，大大增强企业参与行业竞争和国际竞争的实力。另一方面，构建京津冀知识产权一体化执法保护体系，联合开展知识产权（专利）行政案件调处，提高跨区域的知识产权保护水平。在完善知识产权保护环境的基础上，真正实现京津冀三地创新资源的自由流动。

2016 年，为了贯彻落实《纲要》精神，京津冀三地致力于无形资产研究和科技创新的高等院校、研究机构和企事业单位在天津财经大学共同揭牌成立了“京津冀无形资产与科技创新智库联盟”，共同发起单位包括中央财经大学中国互联网经济研究院、北京市经信委经济技术市场发展中心、北京联合大学管理学院、首都经贸大学会计学院、对外经贸大学文化与休闲产业研究中心、南开大学公司治理研究院、天津财经大学无形资

产评价协同创新中心、天津大学知识产权研究中心、天津工业大学管理学院、天津城建大学管理学院、河北农业大学商学院、河北大学管理学院、河北经贸大学、天津市科学学研究所、天士力集团股份有限公司、河北新世纪红盾资产评估有限公司、河北省知识产权局协调管理处等。2016 年 11 月 12 日，由无形资产评价协同创新中心牵头在天津财经大学举行了第一届京津冀无形资产与科技创新智库联盟高峰论坛暨 2016 年天津市无形资产学术年会。与会专家学者主要探讨了在基于大数据的互联网背景下我国无形资产与科技创新相关理论与实务问题。各联盟单位积极利用该无形资产公共服务研究平台进行有效的合作交流，资源互享，优势互补，这有利于推进我国无形资产理论与实践创新，提高无形资产研究与实务水平，促进财务管理、资产评估相关学科的建设和发展，提升无形资产服务国家及京津冀地区经济建设能力。

我们可以预测，《纲要》的出台和京津冀协同发展进程的加快对于提升该区域的创新能力、市场竞争力和可持续发展能力有重要的意义。京津冀三地应当抓住难得的历史性发展契机，利用区域协作平台提高无形资产实力，促进区域经济的健康、平稳、较快的发展。

第二节　长三角上市公司无形资产综合实力分析

近年来，区域经济的发展成为我国经济改革和技术创新的重点。区域经济的形成有其天然的地理优势，同时还可实现资源的优化配置，提高区域整体经济效益，为政府的公共决策提供理论依据和科学指导。首先，国家层面规划的城市群，如针对长三角出台的《长江三角洲城市群发展规划》（2010 年）、针对京津冀出台的《京津冀协同发展规划纲要》（2015 年）；其次，中国城市化进程的飞速发展，城乡之间的壁垒被打破，使中国城市化呈现出小城镇迅速发展、人口就地城市化的特点，这促进了城市间的融合；最后，交通等基础设施设备的逐步完善，高速公路、高速铁路、城际铁路的修建大大缩短了城市之间的交通时间，毫无疑问将更有利于地区城市之间的融合。区域内城市之间的优势互补、技术创新的共享、高效的劳动力市场、交通互联、产业结构互补等，会使其所在区域在全国甚至全球的竞争力更具优势。

长三角是长江入海之前的冲积平原，是长江中下游平原的重要组成部分，是中国第一大经济区。根据国务院 2010 年批准的《长江三角洲地区区域规划》①，长三角包括上海、江苏和浙江，区域面积为 21.07 万平方公里，占国土面积的 2.19%。长三角地区被国家定位为综合实力最强的经济中心、亚太地区重要国际门户、全球重要的先进制造业基地、中国率先跻身世界级城市群的地区，现已是国际公认的六大世界级城市群之一。

“十二五”期间，我国将创新置于经济发展的核心位置，提出了转换经济发展动力、转变经济增长方式的“新常态”，无形资产在企业中占据的比重和地位正在日渐提升。

① 中华人民共和国国务院，2010. 国家发展改革委关于印发长江三角洲地区区域规划的通知[EB/OL]. (2016-06-07) [2017-06-15]. http://www.gov.cn/zwgk/ 2010-06/22/content_1633868.htm.

上市公司作为各个行业发展的龙头，在“新常态”下其资产组成和投资结构势必发生重大变化，承载着创新、成果转化、形成核心竞争力和可持续发展能力的无形资产对上市公司将有着更为重要的意义。本节将从上市公司无形资产指数评价的视角，对长三角地区上市公司无形资产综合实力进行分析。

一、样本分布与变动情况

从表 9.21 可以看出，长三角地区上市公司无形资产披露有效样本绝对数量位列全国领先地位。在 2011～2015 年，长三角地区上市公司无形资产指数有效样本量呈现出上涨的趋势，尤其在 2015 年，较上一年度均大幅上涨，说明在该地区，无形资产信息披露越发受到重视，且发展速度加快。

表 9.21　中国上市公司无形资产指数有效样本各地区合计前五名

单位：个

排名	地区	2011 年	2012 年	2013 年	2014 年	2015 年	总计
1	广东	199	232	264	280	390	1365
2	浙江	154	179	192	198	285	1008
3	江苏	139	178	194	212	260	983
4	北京	105	134	145	155	226	765
5	上海	84	105	114	122	189	614

对长三角有效样本占全国样本比例进行分析，如图 9.12 所示。长三角地区上市公司有效样本数量合计占全国样本总量的 29.2%，接近全国样本的 1/3，再次表明长三角地区的经济发展处于全国领先水平，该地区上市公司无形资产信息披露在全国有着举足轻重的地位。但同时可以看出，长三角有效样本占全国样本比例呈下降趋势，由 2011 年的 29.92%降至 2015 年的 28.35%，这说明随着全国其余各地区经济发展水平提高，尤其中西部地区经济发展速度加快，上市公司对无形资产信息披露加强重视，长三角地区相对于其余地区的领先优势被逐渐弱化。

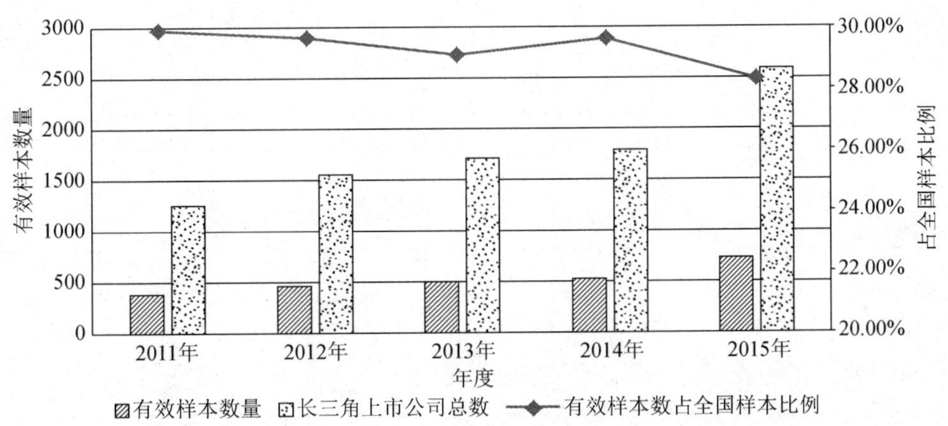

图 9.12　长三角有效样本数量及占全国样本比例

表 9.22 为长三角地区有效样本比例及分布情况，长三角各省披露比例呈逐年上升趋势，由 2011 年的 60.13%上升至 2015 年的 92.44%，增幅达 32.31%，且各年度均高于全

国平均水平，其中 2015 年有大幅提高，表明长三角区域整体无形资产披露状况愈发良好，无形资产被该地区上市公司重视的程度愈发提高。

表 9.22 长三角地区有效样本比例及分布情况

年度	类别	上海	江苏	浙江	合计
2011	上市总数	186	212	229	627
	样本数	84	139	154	377
	披露比例	45.16%	65.57%	67.25%	60.13%
2012	上市总数	195	234	248	677
	样本数	105	178	179	462
	披露比例	53.85%	76.07%	72.18%	68.24%
2013	上市总数	195	234	249	678
	样本数	114	194	192	500
	披露比例	58.46%	82.91%	77.11%	73.75%
2014	上市总数	201	252	266	719
	样本数	122	212	198	532
	披露比例	60.70%	84.13%	74.44%	73.99%
2015	上市总数	220	275	299	794
	样本数	189	260	285	734
	披露比例	85.91%	94.55%	95.32%	92.44%

从表 9.23 可以看出，上海的上市公司逐年增加，从 2011 年的 186 家上升为 2015 年的 220 家，有效样本数量从 2011 年的 84 家上升为 2015 年的 189 家，增长率为 125%，有效样本占上市公司比例从 2011 年的 45.16%上升到 2015 年的 85.91%。从表 9.23 中可以看出上海上市公司总数在 2013 年与 2012 年保持不变，且有效样本数数量从 105 家上升为 114 家，说明上海更多的上市公司无形资产信息披露趋向良好的发展趋势。在 2014 年和 2015 年，上海上市公司总数和有效样本数量都有所提高，尤其在 2015 年，上市公司总数较上年增长了 19 家，有效样本数量较上年增加了 67 家，有效样本占上市公司比率从上年的 60.70%上升到 85.91%，上升了 25.21%，取得了大幅的提升，表明 2015 年要求更多的上市公司进行无形资产的有效样本披露，有效样本数量也在逐年增多。

表 9.23 上海上市公司各年总数和有效样本数据表

项目	2011 年	2012 年	2013 年	2014 年	2015 年
上海上市公司总数	186	195	195	201	220
有效样本数量	84	105	114	122	189
有效样本数量占上海上市公司总数的比例	45.16%	53.85%	58.46%	60.70%	85.91%

从表 9.24 可以看出，在 2011～2015 年期间，伴随江苏上市公司总数提高的同时，有效样本数量从 2011 年的 139 家上升到 2015 年的 260 家，涨幅达到了 87.05%，有效样本占上市公司比例各年呈均匀上升势头，由 65.57%上升为 94.55%。这一数据说明江苏上市公司无形资产越来越多，发展速度平稳，且无形资产相关信息披露水平也在不断地上升，展现出该省无形资产良好的发展势头。

表 9.24　江苏上市公司各年总数和有效样本数据表

项目	2011 年	2012 年	2013 年	2014 年	2015 年
江苏上市公司总数	212	234	234	252	275
有效样本数量	139	178	194	212	260
有效样本数量占江苏上市公司总数的比例	65.57%	76.07%	82.91%	84.13%	94.55%

从表 9.25 可以看出，浙江上市公司总数在 2011～2015 年保持持续上涨的态势；有效样本数量在 2011～2015 年 5 年中持续上涨，且在 2015 年相较于 2014 年有明显的上升，相较于 2014 年增长了 87 家；有效样本披露比例在 2011～2014 年提升幅度不明显，但是在 2015 年出现了大幅的上涨，达到 95.32%。这说明浙江通过改变自身发展方向，调整产业结构，提高创新水平，上市公司无形资产的信息披露水平呈良好态势，且在长三角涵盖的三省市中位列首位。

表 9.25　浙江上市公司各年总数和有效样本数据表

项目	2011 年	2012 年	2013 年	2014 年	2015 年
浙江上市公司总数	229	248	249	266	299
有效样本数量	154	179	192	198	285
有效样本数量占浙江上市公司总数的比例	67.25%	72.18%	77.11%	74.44%	95.32%

二、总体评价结果

1. 长三角上市公司无形资产指标总体评价结果

长三角是我国经济最发达、城镇集聚程度最高的城市化地区，也是我国最大的经济圈。从表 9.26 可以看出，2011～2015 年，上海、江苏和浙江三地无形资产指数呈逐年递增趋势，且综合排名位于全国前列，截至 2015 年，三地指数评价结果居于全国前五名。长三角正以上海为中心，力图打造成为最具经济活力的资源配置中心、具有全球影响力的科技创新高地、全球重要的现代服务业和先进制造业中心、亚太地区重要国际门户、全国新一轮改革开放排头兵、美丽中国建设示范区。

表 9.26　长三角地区各省市无形资产指数评价结果及全国排名情况

单位：分

地区	2011 年	排名	2012 年	排名	2013 年	排名	2014 年	排名	2015 年	排名	平均分	排名
上海	57.98	3	60.29	2	63.11	2	66.23	2	68.46	3	63.22	2
江苏	56.76	9	58.61	5	62.02	5	64.46	5	69.2	2	62.21	4
浙江	56.29	12	58.34	6	60.99	6	63.35	9	67.67	5	61.33	6

通过对长三角总分均值与全国总分均值比较，从图 9.13 可以看出，长三角整体由 2011 年的 57.01 分提升至 2015 年的 68.44 分，逐年递增的同时累计涨幅达到 20.05%；而全国整体增长则相对缓慢，从 2011 年的 55.75 分升至 2015 年的 63.92 分，涨幅约为 14.65%。可以看出长三角地区无形资产综合实力的发展取得良好的效果，累计涨幅超过全国平均水平 5.4%。

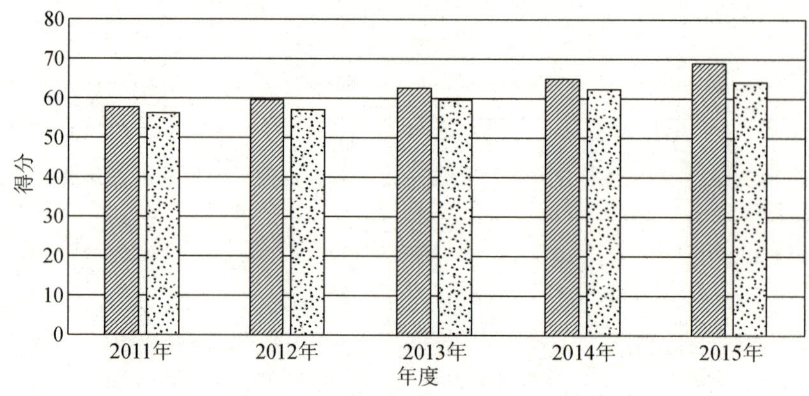

图 9.13　长三角总分均值与全国总分均值比较与变化图

2. 长三角上市公司无形资产指数一级指标分析

从表 9.27 中可以看出，在 2011～2015 年创新能力、市场竞争力和可持续发展能力三个一级指标中，长三角得分均高于全国平均水平。根据创新能力评价结果，2011～2015 年长三角逐年优于全国平均水平，2011 年长三角创新能力比全国创新能力高 0.45 分，到 2015 年比全国高出 2.01 分，长三角地区创新能力领先于全国平均水平，且领先优势加大。根据市场竞争力评价结果，长三角市场竞争力始终高于全国平均竞争力水平，并且在 2011～2014 年这 4 年中保持了稳定上涨，2015 年长三角和全国上市公司的核心竞争力的得分都有所回落，但长三角竞争力水平依旧高于全国竞争力平均水平。根据可持续发展能力评价结果，长三角可持续发展能力和全国平均可持续发展能力在 2012 年较 2011 年有所下降，从 2013 年开始呈现出上涨的态势，虽然有所波动，但长三角每年的可持续发展能力仍然高于全国的可持续发展能力得分。

表 9.27　长三角与全国一级指标数据对比

单位：分

年度	创新能力		市场竞争力		可持续发展能力	
	长三角	全国	长三角	全国	长三角	全国
2011	24.22	23.77	16.20	15.79	16.59	16.25
2012	26.41	25.36	17.37	17.00	15.30	14.43
2013	27.28	26.31	18.37	17.74	16.39	15.33
2014	28.12	27.27	19.19	18.63	17.37	16.11
2015	30.40	28.39	18.85	17.96	19.20	17.59

3. 上海上市公司无形资产指数一级指标分析

长三角城市群以上海为核心，涉及江浙沪二省一市，上海辐射带动整个长三角区域。作为国内的中心城市，上海提出金融、经济、航运、贸易四个中心建设和上海科技创新中心建设。上海的张江科技园被誉为中国的“硅谷”，在科技创新方面，园区拥有多模式、多类型的孵化器，建有国家火炬创业园、国家留学人员创业园，是长三角上科技创新的璀璨明珠，为上海无形资产创新发展提供了良好的政策环境。因此，从表 9.28 可以看出，上海上市公司的无形资产评价指数中的创新能力在 2011～2015 年呈现逐年上升的趋势，且在2015年出现大幅提升，从2011年的24.42分增长到2015年的30.97分。而市场竞争力评价结果在2011～2014年都有所上升，从2011年的16.64分增长到2014年的19.44分，但增长幅度较小，在2015年下降到18.45分，但下降并不明显；在可持续发展能力评价结果中，除了2012年低于上一年度（得分为15.92分），其他各年度都呈现出上升的趋势（从2012年的15.92分增长到2015年的19.04分）。由此可见，2011～2015年上海在创新能力、市场竞争力和可持续发展能力方面的表现均趋于良好，上海上市公司无形资产指标得分正处于稳中有升态势。

表9.28 上海上市公司无形资产指数一级指标评价结果

单位：分

指标	2011年	2012年	2013年	2014年	2015年	平均得分
创新能力	24.42	26.71	27.47	28.26	30.97	27.57
市场竞争力	16.64	17.65	18.74	19.44	18.45	18.19
可持续发展能力	16.92	15.92	16.89	18.52	19.04	17.46
总得分	57.98	60.28	63.10	66.22	68.46	63.21

4. 江苏上市公司无形资产指数一级指标分析

“十二五”以来，江苏省科技厅按照“加强自主创新、抢占产业高端、优化区域布局、夯实产业支撑”的指导思想，集成科技资源，加大科技投入，充分发挥科技的支撑与引领作用，推动制造业向高端发展。同时，江苏提出“中心+基地”的建设，侧重与产业的融合，强调基于产业基础搞科技创新，落脚于把握科技进步大方向，在关键核心技术领域取得突破，进而将科技产业成果化，提升本土企业的自主创新能力。

从表9.29可以看出，创新能力在2011～2015年呈现明显的上升态势，从24.32分提升至30.34分，这说明江苏的创新能力在这5年期间快速发展；市场竞争力在2011～2015年的得分从16.10分上升至19.46分，同样呈现出逐年上升的发展趋势；可持续发展能力得分虽然从2011年的16.34分下降到2012年的14.96分，但是在2013年有了明显的回升，并且在2013～2015年表现出逐年上升的趋势，尤其2015年提到19.40分，相较于2014年提高了2.18分。

表9.29 江苏上市公司无形资产指数一级指标评价结果

单位：分

指标	2011年	2012年	2013年	2014年	2015年	平均得分
创新能力	24.32	26.28	27.41	28.14	30.34	27.30
市场竞争力	16.10	17.37	18.29	19.10	19.46	18.06
可持续发展能力	16.34	14.96	16.32	17.22	19.40	16.85
总得分	56.76	58.61	62.02	64.46	69.20	62.21

5. 浙江上市公司无形资产指数一级指标分析

从表9.30可以看出，创新能力得分中2011～2015年从23.92分上升到29.89分，这5年表现出逐年上升的趋势；市场竞争力得分中2011～2014年从15.85分增长到19.02分，但到了2015年降至18.63分，相较于上一年有略微的下降；可持续发展能力得分中，2011～2015年从16.52分增长到19.15分，虽有波动，但总体呈现出上升态势。总得分在2011～2015年从56.29分增长到67.67分，呈逐年上升的趋势，表现出浙江省无形资产的总体趋势良好发展。同时，浙江在“十三五”期间提出建设杭州城西科创大走廊，以推动供给侧结构性改革。通过这一规划部署，杭州市半年引进“千人计划”人才近300人、近20家科研院所投入使用，将科技创新立于核心位置，以创新推动要素升级，提高活力与竞争力，为全省科技创新注入新的活力。

表9.30　浙江上市公司无形资产指数一级指标评价结果

单位：分

指标	2011年	2012年	2013年	2014年	2015年	平均得分
创新能力	23.92	26.23	26.95	27.95	29.89	26.99
市场竞争力	15.85	17.10	18.08	19.02	18.63	17.74
可持续发展能力	16.52	15.02	15.95	16.37	19.15	16.60
总得分	56.29	58.34	60.99	63.35	67.67	61.33

三、分项能力评价

1. 创新能力评价

创新是促进经济增长的根本途径，多年来长三角地区创新能力保持高速增长。2011～2015年，在国务院出台一系列有关提升企业技术创新能力、创新投融资机制及鼓励社会投资政策的带动下，长三角上市公司的创新能力在全国位居前列。从创新能力二级指标评价结果（表9.31）可以看出，其中长三角上市公司的研发投入率得分均高于全国平均水平，从2012年开始至2015年，长三角创新能力得分每年都保持在0.5分左右的增长速度。在技术型无形资产比重中，2011年和2014年低于全国得分，其他年份保持在全国平均水平以上。2015年，在全国技术型无形资产比重下降的背景下，长三角依旧保持着增长并高出全国0.33分。在技术人员密度得分中，长三角在2011～2013年呈现上升的趋势，2014年和2015年略有下降，但基本与全国发展水平保持同步。人均专利授权量中，长三角保持持续上涨，尤其到2015年相较于2014年上涨了1.48分，除各年评价结果高于全国水平外，整体增长速度远远领先全国平均速度。

表9.31　长三角地区及全国上市公司无形资产指数创新能力评价结果

单位：分

年度	研发投入率		技术型无形资产比重		技术人员密度		人均专利授权量	
	长三角	全国	长三角	全国	长三角	全国	长三角	全国
2011	6.37	6.32	6.93	6.94	3.99	3.72	6.93	6.79
2012	6.44	6.36	7.48	7.32	4.53	4.14	7.95	7.54
2013	6.97	6.91	7.77	7.64	4.59	4.16	7.95	7.60
2014	7.47	7.48	7.64	7.69	4.52	4.17	8.49	7.93
2015	7.98	7.70	7.94	7.61	4.51	4.12	9.97	8.96

（1）上海创新能力分析。2010～2014年《全国科技进步统计监测报告》提供的定量指标显示[①]，2010～2013年上海综合科技进步水平始终保持全国首位，2014年位列第二，

① 全国科技进步统计监测课题组. 2010～2014年全国科技进步统计监测报告[EB/OL]. (2016-06-30) [2017-06-21]. http://www.sts.org.cn/tjbg/tjjc/tcindex.asp.

其中科技活动投入指数位居全国第一，科技进步环境指数、科技活动产出指数位居全国第二，高新技术产业指数、科技促进经济社会发展指数位居全国第三。表 9.32 是上海上市公司无形资产指数各年度创新能力评价结果，从中可以看出研发投入率、技术型无形资产比重、技术人员密度、人均专利授权量在 2011～2015 年呈现上升的趋势，其中研发投入率和人均专利授权量涨幅最大，这两个指标在 2015 年相较于 2011 年分别上涨约 32%和 45%。这表明上海上市公司持续增加研发投入，通过积极承接“神舟十号”载人航天工程、“嫦娥三号”探月工程、“蛟龙号”载人潜水器科考等国家战略工程，吸引大量技术人员就业，带动了企业的专利授权量大幅上升。但研发投入增加的速度大于技术型无形资产比重增长的速度，表明上海在科技成果转化存在不足，研发的投入并没有完全转化为无形资产，应进一步提升成果转化效率，产学研结合，提升上海上市公司无形资产比重。

表 9.32　2011～2015 年上海上市公司无形资产指数创新能力评价结果

单位：分

指标	2011 年	2012 年	2013 年	2014 年	2015 年
研发投入率	6.36	6.55	6.97	7.40	8.40
技术型无形资产比重	7.16	7.54	7.93	7.86	7.93
技术人员密度	3.93	4.56	4.55	4.63	4.51
人均专利授权量	6.97	8.06	8.02	8.37	10.12
创新能力得分	24.42	26.71	27.47	28.26	30.96

（2）江苏创新能力分析。从表 9.33 可以看出，研发投入率在 2011～2015 年每年均呈现出上升的趋势；技术型无形资产比重整体呈现上升的态势，虽然 2014 年相较于 2013 年有所下降，但在 2015 年出现了大幅的上涨；在技术人员密度指标中，2014 年和 2015 年数值持平，但均低于 2013 年水平；人均专利授权量在 2011～2015 年上升势头明显，且发展速度加快；创新能力总体评价在 2011～2015 年呈现明显的上升态势，从 24.32 分上升至 30.34 分，这说明江苏的创新能力在这 5 年期间发展势头良好。以上数据说明，“十二五”期间，江苏上市公司加大研发投入，成果显著。据江苏 2016 年统计数据显示，江苏组织实施省重大科技成果转化专项资金项目 173 项，省资助资金投入 13.5 亿元，新增总投入 108.6 亿元。全省按国家新标准认定高新技术企业累计达 1.2 万家。新认定省级高新技术产品 9816 项，已建国家级高新技术特色产业基地 147 个。

表 9.33　2011～2015 年江苏上市公司无形资产指数创新能力评价结果

单位：分

指标	2011 年	2012 年	2013 年	2014 年	2015 年
研发投入率	6.37	6.42	7.03	7.41	7.74
技术型无形资产比重	6.94	7.37	7.64	7.45	8.06
技术人员密度	4.12	4.60	4.76	4.59	4.59
人均专利授权量	6.90	7.89	7.99	8.69	9.95
创新能力得分	24.32	26.28	27.41	28.14	30.34

（3）浙江创新能力分析。为促进科研成果转化为生产力，浙江研究制定了《关于支持浙商创业创新促进浙江科研成果产业化的若干意见》（2013 年）、《浙江省企业研究院建设与管理办法》（2014 年）和《关于加强科研创新加速成果转化促进经济转型升级的

若干意见》（2015 年）等一系列办法。浙江近五年实施了 118 个重大科研专项，科研总投入 30.4 亿元，目的是为了满足新兴产业发展的技术需要，同时，开展产业技术创新综合试点，建立起企业主导产业技术研发创新的体制机制，在纯电动汽车和船舶等产业领域建立起 55 个省级重点企业研究院，给予每家一次性补助，同时连续三年给予一定的项目经费支持，当地市县还给予相应配套支持。表 9.34 为浙江上市公司各年度无形资产指数创新能力指标，其中研发投入率 2012 年相比 2011 年下降到 6.34 分，2014 年开始逐年上涨，上升到 2015 年的 7.80 分；技术型无形资产比重在 2011～2013 年逐年上升，从 6.68 分增长到 7.73 分，2014 年下降到 7.59 分，2015 年则上涨到 7.82 分；技术人员密度呈现出波动上升趋势，但总体提升效果不明显；人均专利授权量在 2013 年为 7.84 分，相较于 2012 年的 7.90 分略微下降，但是到了 2014 年和 2015 年这两年间都出现了较大幅度的上涨，分别为 8.42 分和 9.85 分。创新能力总体得分在这五年间逐年上涨，从 2011 年的 23.92 分增长到 2015 年的 29.89 分，其中 2015 年涨幅明显，人均专利授权量、研发投入率和技术型无形资产比重贡献较大。

表 9.34　2011～2015 年浙江上市公司无形资产指数创新能力评价结果

单位：分

指标	2011 年	2012 年	2013 年	2014 年	2015 年
研发投入率	6.38	6.34	6.93	7.59	7.80
技术型无形资产比重	6.68	7.54	7.73	7.59	7.82
技术人员密度	3.93	4.45	4.45	4.34	4.43
人均专利授权量	6.93	7.90	7.84	8.42	9.85
创新能力得分	23.92	26.23	26.95	27.95	29.89

2. 市场竞争力评价

长三角二省一市上市公司在市场竞争力的排名为上海第三、江苏第五、浙江第八，同全国相比优势较为明显。表 9.35 为长三角上市公司市场竞争力与全国上市公司市场竞争力指数对比，其中 2011～2014 年长三角上市公司品牌优势与全国上市公司平均水平基本持平，2015 年出现较大幅度提升，超过全国上市公司平均得分 0.22 分；长三角上市公司与全国上市公司平均水平的市场占有率呈现同向发展走势，2011～2014 年逐年上升并于 2015 年出现下降；超额收益率指标，长三角地区与全国均逐年提升，发展速度高于全国平均水平。这表明长三角上市公司通过科技成果转化，提升了自身的品牌优势，同时市场占有率得到增长，进而超额收益率得到提升，使得长三角上市公司整体的市场竞争力高于全国平均水平。

表 9.35　长三角地区及全国上市公司无形资产指数市场竞争力评价结果

单位：分

年度	品牌优势		市场占有率		超额收益率	
	长三角	全国	长三角	全国	长三角	全国
2011	4.85	4.92	7.20	6.72	4.15	4.15
2012	5.12	5.13	8.03	7.74	4.23	4.14
2013	5.37	5.29	8.58	8.19	4.42	4.25
2014	5.59	5.57	9.00	8.66	4.59	4.40
2015	5.72	5.50	8.33	7.93	4.80	4.53

（1）上海市场竞争力分析。上海拥有充沛的人口规模，2014 年上海常住人口达到 2425.68 万人（上海统计年鉴，2014 年），大专以上学历比例超过 20%，这为科技创新提供了充足的人才；同时，作为全球性大都市，上海在“四个中心”（国际经济中心、国际金融中心、国际航运中心、国际贸易中心）建设框架初步形成，进一步提升了上海的国际竞争力。

上海上市公司无形资产指数各年度市场竞争力评价结果如表 9.36 所示。品牌优势从 2011 年的 4.94 分增长到 2015 年的 5.72 分，逐年呈现上升的态势；市场占有率在 2011～2014 年从 7.55 分逐年增长到 9.06 分，然而 2015 年下降为 7.91 分；超额收益率在 2011～2015 年从 4.16 分增长到 4.82 分，出现缓慢的上升趋势。总体来看，在 2011～2015 年市场竞争力得分从 16.64 分增长到 18.45 分，这表明“十二五”期间上海凭借在品牌优势、市场占有率和超额收益率的良好发展，上市公司市场竞争力整体得到提升。上海的“走出去”战略，利用区域协作，实现资源优势互补，资产配置优化，对外贸易加强，对内区域合作，综合提升了上海上市公司的市场竞争力水平。

表 9.36　各年度上海上市公司无形资产指数市场竞争力评价结果

单位：分

指标	2011 年	2012 年	2013 年	2014 年	2015 年
品牌优势	4.94	5.25	5.48	5.70	5.72
市场占有率	7.55	8.08	8.76	9.06	7.91
超额收益率	4.16	4.33	4.50	4.68	4.82
市场竞争力得分	16.64	17.65	18.74	19.44	18.45

（2）江苏市场竞争力分析。江苏企业重视本省企业发展出台财政补助政策，通过不断鼓励提高研发支出，进而提升市场占有率及品牌优势，提高企业市场竞争力。江苏工业基础、产业结构也更合理，重工业和先进制造业的步伐快，在 2013 年主营业收入和资产总量之和居全国规模以上工业企业前 15 位的地区中，江苏企业主营业务收入和资产总量之和达到 224 352 亿元，超过居于第二位的山东（13 152 亿元），稳居全国第一，企业发展规模和资本总量都居于全国前列（王庆五，2015）。江苏内源型经济学浙江，外源性经济学广东，同时大打上海牌，承接不少从上海转移出来的企业和产业，市场竞争力在 2011～2015 年稳步提升。

江苏上市公司无形资产指数市场竞争力评价结果如表 9.37 所示。其中，品牌优势在 2011～2015 年从 4.83 分上升到 5.78 分，呈现上升趋势；市场占有率在 2011～2014 年从 7.10 分上升到 8.93 分，2015 年降到 8.90 分；超额收益率 2011 年和 2012 年持平均为 4.17 分，从 2013 年开始至 2015 年从 4.44 分增长到 4.77 分，出现缓慢的上升趋势；市场竞争力总体评价结果从 2011～2015 年呈现出明显的上升趋势，从 16.10 分上升到 19.45 分，其中 2015 年相较于 2014 年上涨有所放缓。可见，市场竞争力的每项二级指标在 2011 年至 2015 年均有不同程度的上升，说明江苏的市场竞争力在这五年中逐年增强。

表 9.37　各年度江苏上市公司无形资产指数市场竞争力评价结果

单位：分

指标	2011 年	2012 年	2013 年	2014 年	2015 年
品牌优势	4.83	4.96	5.21	5.56	5.78
市场占有率	7.10	8.23	8.64	8.93	8.90
超额收益率	4.17	4.17	4.44	4.61	4.77
市场竞争力得分	16.10	17.36	18.29	19.10	19.45

（3）浙江市场竞争力分析。浙江作为我国外贸大省，2015 年出口 2767 亿美元，居全国第 3 位，外贸出口占全国 12.7%，中国出口占国际市场份额达到 13.8%，也就意味着浙江在世界贸易中的比重达到 1.75%，相当于世界上一个中等以上国家的份额。浙江是中国第三批自由贸易试验区，是中国经济最活跃的省份之一，在充分发挥国有经济主导作用的前提下，以民营经济的发展带动经济的起飞，形成了具有鲜明特色的“浙江经济”。

浙江上市公司各年度无形资产指数市场竞争力评价结果如表 9.38 所示。其中品牌优势在 2011～2015 年从 4.79 分增长到 5.65 分，逐年呈现出上升趋势；市场占有率在 2011～2014 年从 6.94 分增长到 9.02 分，呈现出逐年上涨趋势，但 2015 年下降到 8.17 分；超额收益率方面，2011～2014 年各年得分从 4.12 分上涨到 4.48 分，2015 年显著上涨到 4.81 分；市场竞争力总体得分在 2011～2014 年从 15.85 分上涨到 19.02 分，在 2015 年下降到 18.63 分，这主要是受该年浙江市场占有率大幅降低的影响。这也从侧面表明，浙江正在积极摆脱过去高耗能高污染的生产方式，寻求供给侧结构性改革，放弃过去传统加工市场，全面发展企业科技创新能力，提高产品科技含量。

表 9.38　各年度浙江上市公司无形资产指数市场竞争力评价结果

单位：分

指标	2011 年	2012 年	2013 年	2014 年	2015 年
品牌优势	4.79	5.15	5.43	5.52	5.65
市场占有率	6.94	7.77	8.33	9.02	8.17
超额收益率	4.12	4.18	4.33	4.48	4.81
市场竞争力得分	15.85	17.10	18.08	19.02	18.63

3. 可持续发展能力评价

可持续发展能力是长三角区域协同优势表现最为集中的方面，以上海为龙头，江苏和浙江协同发展，打造长三角城市带。该地区工业基础雄厚、商品经济发达，水陆交通方便，借助中国（上海）自由贸易试验区建设，资源配置效率高、辐射能力强、瞄准世界科技前沿、最大程度激发创新主体，提升创新活力和能力。长三角地区上海、江苏和浙江在可持续发展能力排名中，分别位于第二、第四和第五名，可以看出长三角的一体化能够整体提升该地区的发展潜力。

长三角地区及全国上市公司无形资产指数可持续发展能力评价结果如表 9.39 所示。其中，长三角上市公司资产增长率 2012 年相较于 2011 年出现了明显下滑（从 3.86 分下降到 2.44 分），自 2013 年开始逐年上升（从 2.87 分增长到 4.45 分），并且超过 2011 年的 3.86 分，且各年均高于全国平均水平；长三角上市公司无形资产收益率除了 2011 年（4.36 分）低于全国平均水平（4.52 分）外，其他各年均高于全国水平，2012 年无形资产收益率相较于上一年出现了明显的下滑（从 4.36 分下降到 3.79 分），自 2013 年开始，呈现上涨的趋势（从 4.33 分增长到 5.16 分）；长三角上市公司员工素质 2011～2015 年从 4.33 分增长到 4.80 分，呈逐年上涨趋势，并且各年均高于全国上市公司平均水平；长三角上市公司每股无形资产 2011～2014 年从 4.04 分增长到 5.03 分，然而在 2015 年下降到 4.80 分，与此同时，全国上市公司每股无形资产 2011～2014 年从 3.93 分增长到 4.85 分，在 2015 年下降到 4.61 分。

表 9.39　长三角地区及全国上市公司无形资产指数可持续发展能力评价结果

单位：分

年度	资产增长率		无形资产收益率		员工素质		每股无形资产	
	长三角	全国	长三角	全国	长三角	全国	长三角	全国
2011	3.86	3.63	4.36	4.52	4.33	4.17	4.04	3.93
2012	2.44	2.35	3.79	3.38	4.59	4.32	4.47	4.37
2013	2.87	2.70	4.33	3.86	4.67	4.35	4.52	4.42
2014	3.07	2.80	4.55	3.96	4.72	4.51	5.03	4.85
2015	4.45	4.26	5.16	4.27	4.80	4.45	4.80	4.61

（1）上海可持续发展能力分析。自 20 世纪 90 年代浦东新区开发开放以来，上海就把全球市场作为自己的发展目标，通过大量吸引外资，与国际规则接轨，朝着社会主义现代化国际大都市目标迈进。2013 年 9 月底，中央批准设立上海自由贸易区后，上海进一步确立了以开放促改革的战略方针，深入推进行政体制改革，种好改革试验田，通过制度复制、效应溢出方式向全国推广。高度国际化为上海吸纳全球创新资源，为引进吸收再创新创造了条件与平台。

各年度上海上市公司无形资产指数可持续发展能力评价结果如表 9.40 所示，其中资产增长率在 2011～2015 年呈现螺旋式上升态势，由 2011 年的 3.90 分增长到 2015 年的 4.43 分，且 2015 年资产增长率有明显的上升，相较于 2014 年增长了 1.25 分；无形资产收益率 2011～2013 年呈现下降趋势，从 2011 年的 4.78 分下降到 2013 年的 4.01 分，但 2014 年和 2015 年出现了显著回升，分别增长到 5.49 分和 5.23 分；员工素质 2011～2014 年从 4.41 分增长到 4.90 分，但 2015 年下降到 4.74 分，总体呈现上升趋势；每股无形资产 2011～2014 年呈现上涨趋势，从 2011 年的 3.82 分增长到 2014 年的 4.96 分，但 2015 年下降到 4.64 分。从以上数据可以看出，上海上市公司无形资产指数可持续发展能力虽有反复但总体呈现上升的态势。

表 9.40　各年度上海上市公司无形资产指数可持续发展能力评价结果

单位：分

指标	2011 年	2012 年	2013 年	2014 年	2015 年
资产增长率	3.90	2.49	3.50	3.18	4.43
无形资产收益率	4.78	4.29	4.01	5.49	5.23
员工素质	4.41	4.73	4.87	4.90	4.74
每股无形资产	3.82	4.41	4.51	4.96	4.64
可持续发展能力得分	16.92	15.92	16.89	18.52	19.04

（2）江苏可持续发展能力分析。随着苏北地区加快发展，江苏正努力缩小省内南北发展水平差距，提高整体的可持续发展水平。2014 年，江苏提出了“五张清单”“一个平台”“七项改革”的措施来转变政府职能，减轻企业压力，创造创业空间，提升市场活力。①“五张清单”：大力精简行政审批事项，建立行政审批事项目录清单；全面梳理政府职权，建立政府行政权力清单；深化投资审批制度改革，建立投资审批“负面清单”；清理项目资金，建立政府部门专项资金管理清单；减少收费项目，建立行政事业性收费目录清单。②“一个平台”：江苏打造网上办事大厅和实体大厅“线上线下、虚实一体”的政务服务平台。江苏省政府网上办事大厅已经上线运行，实体办事大厅一期工程即将竣工，各部门进驻大厅的事项已经初步梳理完毕，即将投入运行。③“七项改革”：落实强化事中事后监管；推进监管执法体制改革；促进社会组织健康发展；推进政府购买服务制度；全面推行政府绩效管理制度；健全责任追究制度；深化地方政府机构改革。

各年度江苏上市公司无形资产指数可持续发展能力评价结果如表 9.41 所示，其中资产增长率在 2012 年相较于 2011 年有明显下降，从 3.65 分降到 2.41 分，2013～2015 年从 2.52 分增长到 4.34 分，从整体看这五年呈现出上升的态势；无形资产收益率在 2011～2015 年总体呈现螺旋式上升的态势，从 2011 年的 4.12 分增长到 2015 年的 5.11 分；员工素质在 2011～2015 年从 4.39 分增长到 5.02 分，呈现出逐年上升趋势；每股无形资产在 2011～2014 年从 4.19 分增长到 5.18 分，呈逐年上涨态势，但 2015 年相比上一年下降到 4.93 分；由于受到资产增长率和无形资产收益率的影响，可持续发展能力总体得分 2012 年相较于 2011 年有明显的下降（从 16.35 分降到 14.96 分）。从 2013 年开始，数据开始逐年上升（从 2013 年的 14.96 分增长到 2015 年的 19.40 分）。由以上数据可以看出，江苏上市公司可持续发展能力在 2012 年因产能过剩、经济结构调整压力较大等问题，出现反复，随后江苏紧跟国家“一带一路”倡议和上海自贸区等发展方向，升级传统制造业，发展先进制造业，逐步平稳增长，呈现出良好的发展趋势。

表 9.41　各年度江苏上市公司无形资产指数可持续发展能力评价结果

单位：分

指标	2011 年	2012 年	2013 年	2014 年	2015 年
资产增长率	3.65	2.41	2.52	3.05	4.34
无形资产收益率	4.12	3.43	4.57	4.23	5.11
员工素质	4.39	4.62	4.70	4.76	5.02
每股无形资产	4.19	4.50	4.52	5.18	4.93
可持续发展能力得分	16.35	14.96	16.32	17.22	19.40

（3）浙江可持续发展能力分析。浙江作为我国东南沿海省份，外向型的经济发展特征展现较为明显。由过往的投资驱动经济发展向消费和出口驱动发展转变，浙江产业创新转型升级明显，全省可持续发展能力处于全国较高水平。“十二五”期间，浙江面临制造业危机，通过坚持转型发展、创新发展、统筹发展、和谐发展，浙江逐步实现产业升级，城乡区域协调发展，可持续发展能力得到一定程度提升。

各年度浙江上市公司无形资产指数可持续发展能力评价结果见表 9.42。其中资产增长率 2012 年较于上年有明显的下降，从 2011 年的 4.04 分降到 2012 年的 2.44 分，在 2013～2015 年从 2.59 分增长到 4.56 分，呈上升趋势；无形资产收益率 2011～2015 年出现了螺旋式上升，从 2011 年的 4.19 分增长到 2015 年的 5.14 分；员工素质在 2011～2015 这 5 年期间均逐年稳步的上涨，从 2011 年的 4.17 分增长到 2015 年的 4.64 分，虽然涨幅微小，但总体愈发良好；每股无形资产在 2011～2014 年持续上升，从 2011 年的 4.12 分增长到 2014 年的 4.93 分，2015 年下降到 4.82 分；从浙江可持续发展能力总体评价来看，2012 年相较于 2011 年出现明显下降，从 2011 年的 16.52 分降到 2012 年的 15.01 分（这主要是受到资产增长率和员工素质降低的影响），但从 2013 年开始到 2015 年都呈现出上涨的趋势（2013 年的 15.95 分增长到 2015 年的 19.15 分），这主要是受到无形资产收益率和资产增长率大幅提升的影响。

表 9.42　各年度浙江上市公司无形资产指数可持续发展能力评价结果

单位：分

可持续发展能力指标	2011 年	2012 年	2013 年	2014 年	2015 年
资产增长率	4.04	2.44	2.59	3.00	4.56
无形资产收益率	4.19	3.66	4.40	3.94	5.14
员工素质	4.17	4.41	4.44	4.50	4.64
每股无形资产	4.12	4.50	4.52	4.93	4.82
可持续发展能力得分	16.52	15.01	15.95	16.37	19.15

第三节　东三省上市公司无形资产综合实力分析

作为我国最早发展重工业的地区，辽宁、吉林及黑龙江三省是我国重要的原材料及重工业生产基地，为国家重工业布局及东北区域经济增速保驾护航。从 20 世纪 90 年代起，包括辽宁、吉林、黑龙江三省在内的东北工业基地生产发展缓慢，深陷“东北现象”泥潭，经济增速现疲软态势。1991～2010 年，辽宁、吉林、黑龙江三省地区生产总值的平均增长率分别为 289.06%、321.07%、283.24%，均低于同期国内生产总值增长的水平（355.7%）。2003 年 10 月，国务院发布《关于实施东北地区等老工业基地振兴战略的若干意见》，标志着“东北振兴”计划正式实施。中央实施“东北振兴”战略以来，通过国家宏观政策调节，经济一度企稳向好，辽宁、吉林、黑龙江 2008 年地区生产总值占全国生产总值的比重升至 8.62%，较 2007 年高出 0.14 个百分点，这是 2000 年以后东北三省地区生产总值占全国生产总值比重的首次回升。但 2014 年伊始，在我国各地经济大步迈向新常态之时，东北三省区域经济又出现了相当程度的衰退，2014 年辽宁、吉林、黑龙江的经济增长速度分别为 5.8%、6.5%、5.6%，均低于全国 7.4%的水平；2015 年辽宁、吉林、黑龙江三省增速降为 0.26%、3.41%、−0.29%，已近乎“硬着陆”。东三省区域经济的再度回落被称作“新东北现象”，引起社会各界广泛关注。

宏观区域经济发展态势与微观企业发展密不可分（Martin et al.，1999），而企业通过无形资产等智力资本获得异质性资源成为其可持续发展的原动力（Lev，2001）。作为优质企业代表的上市公司，研究其无形资产价值链就显得更具代表性。无形资产价值链研究是对企业“研发投入→创新产出→商业化、产业化→核心竞争力→未来收益持续性及对投资者的回报→可持续发展能力”这一逻辑链条进行研究，从而得出东三省区域上市公司无形资产指数综合能力，为分析东三省区域经济发展状况与趋势提供依据。

一、样本分布与变动情况

由图 9.14 可知，东三省上市公司无形资产披露有效样本绝对值呈逐年递增趋势，无形资产披露有效样本占东三省上市公司总数比例亦出现大幅提升，由 2011 年的 37.30%升至 2015 年的 93.20%，增幅达 55.90%。就无形资产披露情况的初始禀赋来看，东三省上市公司无形资产披露有效样本占本区域上市公司总体数量比重在 2013 年才达到 58.65%，而长三角在 2011 年已达 59.56%，京津冀也超过 50%，相比之下东三省基础相对薄弱，发展具有一定滞后性。就发展态势分析，东三省上市公司无形资产披露状况日趋完善，与京津冀和长三角两大经济区相比，东三省上市公司无形资产有效样本披露比例在“十二五”期间的增幅为 55.90%，已超过京津冀的 36.22%与长三角的 32.77%。这一成就的取得有赖于政府日益严格的监管，以及企业自身对于无形资产的重视。

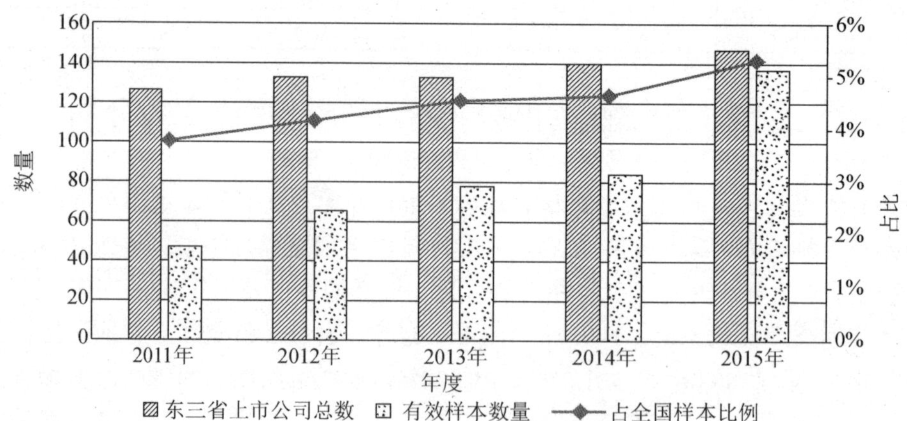

图 9.14　2011～2015 年东三省上市公司无形资产披露有效样本数量及占全国样本比例

表 9.43 是东三省上市公司分布情况，辽宁省上市公司总数在 2011～2015 年以 60 家、65 家、65 家、69 家、73 家排位东三省第一，吉林省和黑龙江省上市公司总数分别以 36 家、37 家、37 家、39 家、39 家和 30 家、31 家、31 家、32 家、35 家位列第二位和第三位。可以看出辽宁省上市公司数量占东三省上市公司总数的比重五年间基本保持在 50%的水平，由此可知，辽宁省在东三省经济区域协同发展中的作用至关重要。

表 9.43　2011～2015 年东三省有效样本比例及分布情况

年度	类别	辽宁	吉林	黑龙江	合计
2011	上市总数	60	36	30	126
	有效样本数	23	15	9	47
	披露比例	38.33%	41.67%	30.00%	37.30%
2012	上市总数	65	37	31	133
	有效样本数	34	19	12	65
	披露比例	52.31%	51.35%	38.71%	48.87%
2013	上市总数	65	37	31	133
	有效样本数	41	23	14	78
	披露比例	63.08%	62.16%	45.16%	58.65%
2014	上市总数	69	39	32	140
	有效样本数	43	25	16	84
	披露比例	62.32%	64.10%	50.00%	60.00%
2015	上市总数	73	39	35	147
	有效样本数	70	36	31	137
	披露比例	95.89%	92.31%	88.57%	93.20%

由表 9.43 可知，“十二五”开年阶段，吉林披露无形资产信息的上市公司达 15 家，占吉林上市公司总体数量比重为 41.67%，而辽宁仅为 38.33%，黑龙江上市公司以 30% 的有效样本披露比例位列东三省末位。可以看出，吉林上市公司在“十二五”开年阶段的无形资产披露中有较强的比较优势。

值得注意的是，从上市公司无形资产有效披露的发展态势来看，辽宁与黑龙江上市公司 2011～2015 年无形资产信息披露水平提升较高，其中辽宁上市公司有效样本披露量占辽宁上市公司整体数量的比例由 2011 年的 38.33%升至 2015 年的 95.89%，五年间增幅达到 57.56%。黑龙江上市公司有效样本披露比例由 2011 年的 30.00%增至 2015 年的 88.57%，五年间增幅达 58.57%，为东三省最大增幅。而吉林有效样本披露比例则由 2011 年的 41.67%增至 2015 年的 92.31%，五年间增幅为 50.64%，不敌辽宁与黑龙江，这说明黑龙江与辽宁上市公司对无形资产披露重视度与日俱增且效果显著。

二、总体评价结果

1. 东三省上市公司无形资产指数总体评价结果

比较新常态下我国经济的增速，2014 年东北区域经济却遭遇滑铁卢，成为“经济塌陷区”。2014 年全年国内生产总值较上年增长 7.4%，而辽宁、吉林、黑龙江三省的经济增速仅为 5.8%、6.5%、5.6%，均低于全国平均水平。产业结构不合理，民营经济发展缓慢，人口红利逐渐消失，自主创新能力偏弱成为东北经济发展的桎梏（朱宇、张新颖，2015）。

从图 9.15 可以看出，就 2011～2015 年无形资产指数评价结果涨幅而言，东三省上市公司无形资产指数评价结果呈现持续性增长态势，由 2011 年的 53.44 分增至 2015 年的 61.53 分，累计涨幅为 15.14%，略高于全国 14.57%的累计增幅水平。就无形资产指数各年评价结果而言，东三省上市公司无形资产指数水平均落后于当年全国上市公司整体水平。上市公司无形资产发展不佳成为“新东北现象”表征之一。

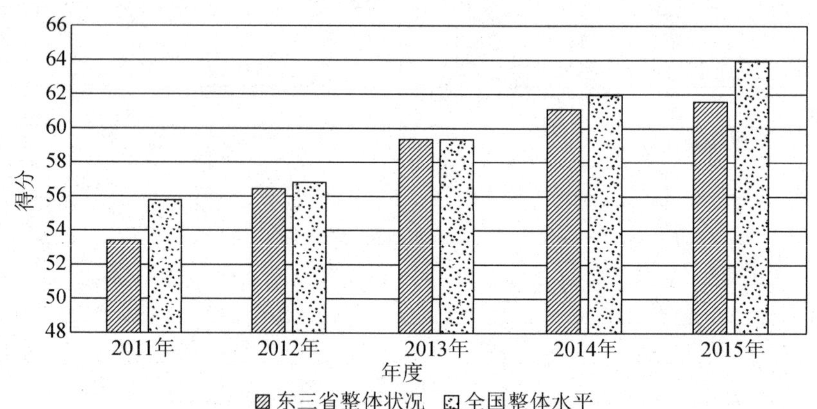

图 9.15　2011～2015 年东三省上市公司无形资产指数整体评价结果与全国整体比较

从表 9.44 可知，就五年间评价结果分析，辽宁上市公司无形资产指数评价结果得分以 58.53 分排名东三省第一，吉林与黑龙江分别以 58.37 分及 58.14 分位列第二位和第三位。就变动趋势分析，黑龙江上市公司无形资产指数评价结果得分以 16.99%的涨幅排名东三省第一位，吉林与辽宁分别以 15.74%及 12.78%的涨幅排名第二位和第三位。就全国排名情况而言，东三省上市公司无形资产指数评价结果虽均处于我国中下游排位，但在 2011～2015 年整体排位皆呈上涨趋势，这表明东三省上市公司无形资产呈健康态势发展。

表 9.44　东三省上市公司无形资产指数评价结果与全国排名情况

单位：分

年度	辽宁		吉林		黑龙江	
	得分	排名	得分	排名	得分	排名
2011	54.93	23	53.14	27	52.24	29
2012	56.35	16	55.98	19	56.76	15
2013	58.26	21	59.35	15	60.38	10
2014	61.17	18	61.87	15	60.19	24
2015	61.95	22	61.51	24	61.12	25
平均分	58.53	19	58.37	21	58.14	24

2. 东三省上市公司无形资产指数一级指标评价结果

表 9.45 为东三省上市公司无形资产指数一级指标评价结果与全国整体情况对比，可以看出，2011～2015 年东三省上市公司创新能力、市场竞争力及可持续发展能力三项无形资产指数一级指标的评价结果整体落后于全国水平。

表 9.45　2011～2015 年东三省上市公司无形资产指数一级指标评价结果与全国整体情况对比

单位：分

年度	创新能力		市场竞争力		可持续发展能力		总得分	
	东三省	全国	东三省	全国	东三省	全国	东三省	全国
2011	22.83	23.77	15.60	15.79	15.00	16.25	53.44	55.81
2012	25.15	25.36	17.03	17.00	14.18	14.43	56.36	56.80
2013	26.34	26.31	17.84	17.74	15.16	15.33	59.33	59.38
2014	26.77	27.27	18.50	18.63	15.80	16.11	61.08	62.01
2015	27.47	28.39	16.96	17.96	17.10	17.59	61.53	63.94

根据创新能力的评价结果可得，2011～2015 年东三省上市公司无形资产指数创新能力评价结果与全国整体水平均以稳定趋势上扬发展，但二者差距呈现倒 U 形趋势变动。东三省上市公司创新能力评价结果从 2011 年落后于全国上市公司整体水平 0.94 分发展为在 2013 年超过全国水平 0.03 分，但 2013 年后东三省上市公司创新能力增速不敌全国平均水平，并在 2015 年以 0.92 分差距落后于全国整体水平。

根据市场竞争力评价结果可得，东三省上市公司无形资产指数市场竞争力评价结果与全国上市公司整体水平在 2011～2014 年呈稳定增长态势发展，但在 2015 年有所回落，二者差距在五年间呈现波动发展。东三省上市公司评价结果在 2012 年、2013 年分别以 0.03 分、0.1 分超过全国上市公司整体水平，但在 2014 年、2015 年分别以 0.13 分、1 分差距落后于全国上市公司整体水平。

根据可持续发展能力评价结果可得，东三省上市公司无形资产指数可持续发展能力评价结果与全国上市公司整体水平均呈现震荡趋势上行发展，二者分值差距五年间亦呈现波动态势变动。东三省上市公司可持续发展能力在 2011～2015 年始终落后于全国上市公司整体水平，但二者差距已经由 2011 年的 1.25 分降至 2015 年的 0.49 分。

3. 辽宁上市公司无形资产指数一级指标评价结果

围绕沿海经济带开发开放战略、沈阳经济区一体化战略，辽宁以沈阳、大连国家创新型城市试点建设为重点，强化科技产业园和各类研发机构建设。目前，辽宁有沈阳、大连等八个国家级高新区（数量位列全国第四）和抚顺、丹东等七个省级高新区。一方面，高新区内部设立省级以上工程中心、重点实验室等研发机构 266 家，产业专业技术创新平台 36 个，产业技术创新联盟 30 个，这为推动辽宁企业技术创新奠定了科研基础。另一方面，各高新区间将发展创新型产业集群作为高新技术企业产业化的有效路径，形成了一批初具规模、特色显著、品牌效应鲜明的产业集群，如沈阳的信息技术和智能制造业、大连的软件和服务外包业、辽阳的芳烃业、抚顺的精细化工业等。高新产业园区内部科研机构建设与外部协同合作有助于广泛吸纳、聚集国内外各种科技资源，从而加快推进了辽宁省内上市公司无形资产的发展。

表 9.46 为辽宁上市公司无形资产指数一级指标评价结果。就辽宁上市公司无形资产指数创新能力分析，评价结果在 2011～2015 年呈现持续上涨状态，分值由 2011 年的 23.19 分增至 2015 年的 27.82 分，五年间涨幅达 19.99%。就辽宁上市公司无形资产指数市场竞争力分析，评价结果在 2011～2014 年持续上扬发展，在 2015 年有所回落，分值

由 2011 年的 15.92 分增至 2015 年的 17.12 分，五年间涨幅达 7.52%。就辽宁上市公司无形资产指数可持续发展能力分析，评价结果在 2011～2012 年出现下滑，但在 2012～2015 年呈持续攀升状态发展，分值由 2011 年的 15.83 分增至 2015 年的 17.01 分，涨幅达 7.51%。由此可以看出，辽宁上市公司创新能力、市场竞争力、可持续发展能力在 2011～2015 年均以健康向上的趋势发展，其中创新能力表现出更强的发展活力。

表 9.46　2011～2015 年辽宁上市公司无形资产指数一级指标评价结果

单位：分

年度	创新能力	市场竞争力	可持续发展能力	总得分
2011	23.19	15.92	15.83	54.93
2012	24.76	17.04	14.54	56.35
2013	25.76	17.55	14.95	58.26
2014	26.60	18.53	16.05	61.17
2015	27.82	17.12	17.01	61.95

4. 吉林上市公司无形资产指数一级指标评价结果

吉林秉承坚持“创新机制、融入市场，创造技术、研发产品，培育产业、做大做强”的思路，将创新驱动和市场驱动融入重点产业建设中，从而加速推进科技成果产业化进程。在“十二五”期间，吉林国家级高新技术产业开发区增加到 5 个，开发区主营业务收入近万亿元。高技术制造业增加值从“十一五”末期的 263.99 亿元跃升到 548.11 亿元；信息产业、医药产业、装备制造业等新兴产业增加值也分别从 75.90 亿元、218.83 亿元和 320.69 亿元增长到 129.73 亿元、502.26 亿元和 600.29 亿元[①]。此外，吉林政府坚持科技创新与制度创新“双轮创新驱动”，通过深化体制改革，加快实施创新驱动发展战略，激发全社会创新活力和创造潜能。

表 9.47 为吉林上市公司无形资产指数一级指标评价结果。可以看出，吉林上市公司无形资产指数创新能力评价结果由 2011 年的 21.78 分持续跃升至 2015 年的 27.55 分，五年间涨幅达 26.48%。上市公司无形资产指数市场竞争力评价结果在 2011～2014 年持续增长，在 2015 年有所回落，五年间累计涨幅达 8.28%。上市公司无形资产指数可持续发展能力评价结果在 2011～2012 年下行发展，但 2012～2015 年评价结果得分由 13.75 分升至 17.12 分，五年间整体涨幅为 15.74%。通过上市公司无形资产一级指标评价结果可知，吉林上市公司的创新能力、市场竞争力、可持续发展能力均呈现上升趋势发展，其中创新力发展势头猛烈。

表 9.47　2011～2015 年吉林上市公司无形资产指数一级指标评价结果

单位：分

年度	创新能力	市场竞争力	可持续发展能力	总得分
2011	21.78	15.55	15.80	53.14
2012	25.26	16.96	13.75	55.98
2013	26.50	17.70	15.15	59.35
2014	27.49	18.91	15.47	61.87
2015	27.55	16.84	17.12	61.51

① 吉林省科技厅，2016. “十二五”科技工作成就盘点三：创新平台助推产业转型升级快速发展[EB/OL]. (2016-02-18) [2017-06-20]. http://kjt.jl.gov.cn/xwzx/zwdt/201604/t20160427_2226264.html.

5. 黑龙江上市公司无形资产指数一级指标评价结果

黑龙江科技工作坚持“自主创新、重点跨越、支撑发展、引领未来”的方针，紧紧围绕实施“五大规划”和发展十大重点产业，实现了产业技术创新，落实了科技成果转化，推进了创新型企业培育。“十二五”期间，黑龙江争取国家科技项目5000多项，获经费支持超过57亿元，是“十一五”期间的1.5倍；推动科技成果省内落地转化2485项，签约额为132.11亿元；全省工程技术研究中心达到269家、重点实验室98家、企业院士工作站45家①。

表9.48为黑龙江上市公司无形资产指数一级指标评价结果。黑龙江上市公司无形资产指数创新能力评价结果在2011～2015年呈持续上涨态势发展，五年间得分由23.53分升至27.03分，累计涨幅达14.85%。黑龙江上市公司无形资产指数市场竞争力评价结果在2011～2013年呈上升态势发展，2013年后呈逐年下降态势发展，分值由2011年的15.34分升至2015年的16.92分，涨幅为10.34%。黑龙江上市公司无形资产指数可持续发展能力评价结果在2011～2015年稳定增长，五年间整体涨幅为28.39%。可以看出黑龙江上市公司创新能力、市场竞争力、可持续发展能力在“十二五”期间皆呈现上涨状态，其中可持续发展能力释放出极大的活力，涨幅最大。

表9.48　2011～2015年黑龙江上市公司无形资产指数一级指标评价结果

单位：分

年度	创新能力	市场竞争力	可持续发展能力	总得分
2011	23.53	15.34	13.37	52.24
2012	25.42	17.09	14.24	56.76
2013	26.75	18.27	15.37	60.38
2014	26.22	18.07	15.89	60.19
2015	27.03	16.92	17.17	61.12

三、分项能力评价

图9.16为2011～2015年东三省上市公司创新能力、市场竞争力与可持续发展能力评价结果与全国上市公司整体情况对比。由图9.16可知，辽宁、吉林、黑龙江三省在创新能力、市场竞争力及可持续发展能力得分相近，但三省均较全国水平有一定差距，这表明东三省上市公司无形资产综合实力处全国下游水平，具有一定发展潜力。

① 黑龙江省人民政府，2017. 黑龙江省人民政府关于印发黑龙江省“十三五”科技创新规划的通知[EB/OL]. (2017-06-12)[2017-06-25]. http://www.hlj.gov.cn/gkml/detail.html?t=2&d=358721.

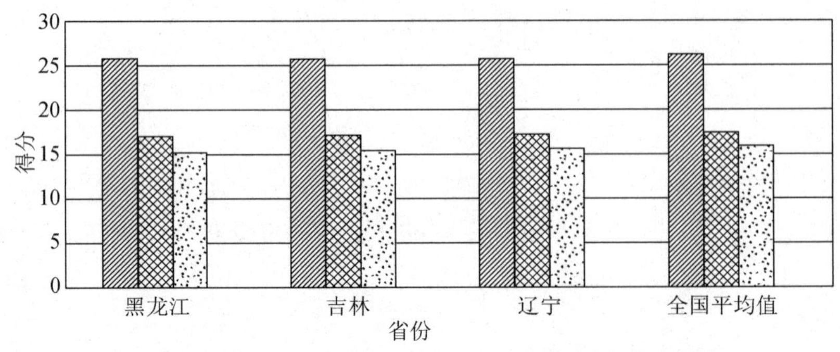

图 9.16　东三省上市公司无形资产指数一级指标评价与全国上市公司整体水平对比状况

1. 创新能力评价

1）东三省上市公司无形资产指数创新能力评价结果

图9.17为东三省上市公司2011～2015无形资产指数创新能力评价结果及变动趋势。可以看出，就各年上市公司创新能力评价结果而言，东三省上市公司创新能力低于全国上市公司整体水平，虽在2011～2013年差距逐渐缩小，并于2013年达到全国平均水平，但在2014年及2015年东三省与全国水平又逐渐拉大。就发展趋势而言，东三省上市公司无形资产指数创新能力评价结果由2011年的22.83分升至2015年的27.47分，呈稳定增长趋势，增幅达20.29%，而全国上市公司五年间创新能力评价结果增幅19.41%，略低于东三省水平。可以看出，东三省创新能力得分虽处于全国中下游水平，但呈现稳中有升的健康发展趋势。

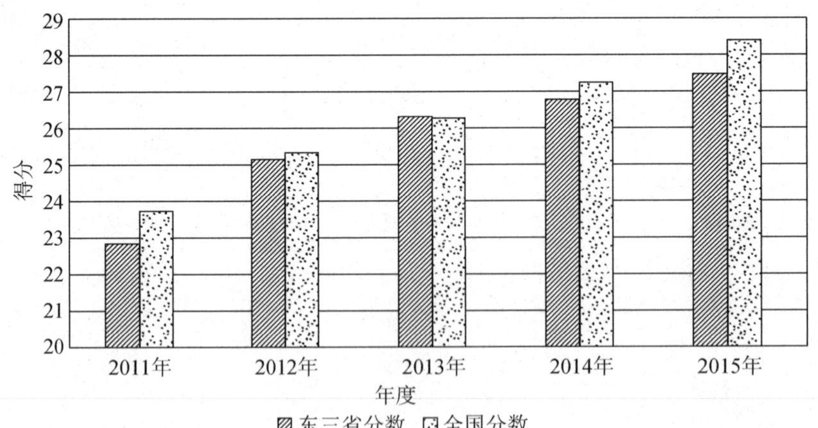

图 9.17　2011～2015 年东三省上市公司无形资产指数创新能力趋势变化

表9.49为辽宁、吉林、黑龙江三省上市公司无形资产指数创新能力评价结果。就2011～2015年评价结果而言，黑龙江以25.79分排名东三省第一位，吉林与辽宁以25.72分及25.63分分列第二位和第三位。就2011～2015年变动趋势分析，吉林上市公司无形

资产指数创新能力评价结果总体保持上升趋势，由 2011 年的 21.78 分增至 2015 年的 27.55 分，五年间累计增幅为 26.48%，为东三省最高值；辽宁上市公司无形资产指数创新能力评价结果五年间创新能力持续增长，由 2011 年的 23.19 分增至 2015 年的 27.82 分，五年间累计增幅达到 19.99%，排名东三省第二位；黑龙江上市公司无形资产指数创新能力评价结果得分呈波动式增长，由 2011 年的 23.53 分增至 2015 年的 27.03 分，增幅仅 14.87%，为东三省最低水平。

表 9.49　2011～2015 年东三省上市公司无形资产指数创新能力评价结果

单位：分

年度	辽宁	吉林	黑龙江
2011	23.19	21.78	23.53
2012	24.76	25.26	25.42
2013	25.76	26.50	26.75
2014	26.60	27.49	26.22
2015	27.82	27.55	27.03
平均值	25.63	25.72	25.79

研发投入率、技术型无形资产比重、技术人员密度与人均专利授权量共同构成了评价上市公司创新能力的二级指标。表 9.50 为东三省区域创新能力二级指标与全国对比情况，可看出四项二级指标五年间均值低于全国平均水平。研发投入率及人均专利授权量分别代表了企业创新活动上的投入意愿及产出水平，其中研发投入强度体现了企业研发投入的力度和企业对创新活动的重视程度，而专利是企业创新的直接产出，人均专利授权量一定程度上体现了企业创新产出的水平。2011～2015 年，东三省上市公司研发投入率评价结果呈稳定上升态势发展，增幅达到 23.97%，超过全国水平 2 个百分点。人均专利授权量评价结果在 2011～2015 年发展方式为持续上扬，增幅达 39.46%，高于全国 31.87%的增幅水平。可以看出东三省企业研发投入率及人均专利授权量的整体水平虽然处于全国下游，但在“十二五”期间发展态势较好。此外，人均专利授权量 5 年间增幅超过了研发投入率的增幅，这表明企业研发投入相对有效率地转化为研究成果，一定程度上体现了东三省企业的创新能力。而技术型无形资产是直接体现企业自主创新产出成果，其核心技术的价值决定了无形资产及企业市场价值的大小，技术型无形资产比重体现了企业的无形资产的质量。东三省技术型无形资产评价结果以 2013 年为界呈倒 U 形方式增长，增幅为 4.7%，发展趋势相对研发投入率较为缓慢，这表明有部分研发投入未能有效转化为技术型无形资产而被企业拥有。研发技术人员是企业创新活动的主体及创新成果的重要缔造者，技术人员密度体现了企业在技术人才方面的投入力度。东三省技术人员密度评价结果五年间总体走势上扬，2012 年与 2014 年均有小幅下降，分数由 2011 年的 3.63 分增至 2015 年的 3.96 分，总体增幅达 9.09%，低于全国平均水平，这从另一侧面表明了东三省人才流失情况严峻。

表 9.50　2011～2015 年东三省地区及全国上市公司无形资产指数创新能力评价结果

单位：分

年度	研发投入率		技术型无形资产比重		技术人员密度		人均专利授权量	
	东三省	全国	东三省	全国	东三省	全国	东三省	全国
2011	6.08	6.32	6.71	6.94	3.63	3.72	6.41	6.79
2012	6.25	6.36	7.35	7.32	4.16	4.14	7.39	7.54
2013	6.85	6.91	7.78	7.64	4.24	4.16	7.47	7.60
2014	7.27	7.48	7.73	7.69	4.13	4.17	7.64	7.93
2015	7.53	7.70	7.03	7.61	3.96	4.12	8.94	8.96

2）辽宁上市公司无形资产指数创新能力评价结果

“十二五”期间，辽宁坚持以科技创新作为经济增长新引擎，引领老工业基地开启全面振兴。2016 年中国科技统计年鉴数据显示，2015 年辽宁研发支出费用达到 363.4 亿元，远超过吉林 141.4 亿元及黑龙江 157.7 亿元；研发人员数量达到 85.4 万人，大幅领先黑龙江的 56.7 万人及吉林的 49.3 万人；2015 年专利受理量达 42 153 件，较 2014 年增长 11.34%。沈阳的汽车零部件、健康医疗、民用航空、现代建筑等重点产业始终保持正增长；大连大力发展“IT+”战略，推进软件和信息技术服务产业向高端化集群化发展，先进装备制造、新能源装备、新材料等 10 个战略性新兴产业发展势头良好，形成了以一重加氢、深蓝泵业等为代表的新一代核电装备制造企业群。此外，辽宁省政府颁布了《辽宁省人民政府关于进一步促进科技成果转化和技术转移的意见》，全面落实了创新驱动发展战略。

表 9.51 为 2011～2015 年辽宁上市公司无形资产指数创新能力评价结果，辽宁上市公司研发投入率评价结果呈逐年上升趋势发展，分数由 2011 年的 6.07 分增至 2015 年的 7.61 分，五年间累计增长率为 25.37%；技术型无形资产比重评价结果在 2011～2014 年持续增长，2015 年小幅回落，分值由 2011 年的 6.8 分增至 2015 年的 7.12 分，五年间累计增长率为 4.71%；技术人员密度评价结果在 2011～2014 年持续增长，2015 年出现回落，分数由 2011 年的 3.88 分达到 2015 年的 4.03 分，总体增幅仅为 3.89%；人均专利授权量评价结果持续上涨，由 2011 年的 6.44 分升至 2015 年的 9.07 分，表现强势，五年间增幅达 40.8%。可以看出，辽宁上市公司研发投入率评价结果与人均专利授权量评价结果涨幅较大，这表明辽宁上市公司对于创新活动有较强的投入意愿且创新产出水平较高。技术型无形资产比重的增长落后于研发投入率的增长，这表明上市公司的研发投入并没有完全转化为企业的无形资产。技术人员密度增长缓慢，上市公司对于研发人员团队的建设工作亟待加强。

表 9.51　2011～2015 年辽宁上市公司无形资产指数创新能力评价结果

单位：分

年度	研发投入率	技术型无形资产比重	技术人员密度	人均专利授权量
2011	6.07	6.80	3.88	6.44
2012	6.14	7.06	4.24	7.33
2013	6.83	7.36	4.27	7.31
2014	7.15	7.51	4.3	7.64
2015	7.61	7.12	4.03	9.07

3）吉林上市公司无形资产指数创新能力评价结果

东三省各省上市公司创新能力综合水平旗鼓相当，但吉林在发展趋势上呈现出较强发展活力，这与其产业结构有一定关联。有别于黑龙江、辽宁两省以机械制造、能源等重工行业为主的产业结构，医药业成为吉林除重工业之外的另一优势支柱产业，对推动吉林经济发展有重大贡献。2011～2014 年，全省医药健康产业经济规模连续迈入 1000 亿元、1500 亿元、2000 亿元和 3000 亿元大关，四年间始终保持 30%以上的增速，年均增幅 37%；2015 年，全省规模以上医药健康工业实现 533.78 亿元增加值，较 2014 年增长 12.2%。在经济下行压力增大背景下，吉林医药健康产业保持着持续、健康、快速的发展势头，成为吉林经济发展的一大亮点。作为国家“十二五”规划重点扶持的战略性新兴行业，医药行业科研实力雄厚，开发药品全产业链均需科技创新的引领与支撑，而这一特点使得吉林在创新能力方面有突出表现。此外，吉林省政府在 2011～2015 年先后出台了《吉林省人民政府关于印发吉林省科技成果转化促进计划（2011—2015 年）的通知》《吉林省人民政府办公厅关于加快发展高技术服务业的实施意见》等十几项文件，为企业创新提供了多元政策支持，切实从创新环境、创新方向、创新资本等多角度对企业进行了帮助与指引。

表 9.52 为 2011～2015 年吉林上市公司无形资产指数创新能力评价结果，吉林研发投入率评价结果发展趋势在 2011～2014 年持续增长，2015 年出现小幅回落，分值由 2011 年的 6.08 分增至 2015 年的 7.7 分，总体增幅达 26.64%；技术型无形资产评价结果呈倒 U 形方式上涨，2013 年达到五年间峰值，分值由 2011 年的 6.09 分增至 2015 年的 7.15 分，整体增幅 17.41%；技术人员密度评价结果整体走势以 2013 年为界呈现倒 U 形增长，分值由 2011 年的 3.4 分增至 2015 年的 3.99 分，增幅为 17.3%；人均专利授权量评价结果五年间呈波动式上升，分值由 2011 年的 6.21 分增至 2015 年的 8.72 分，增幅达到 40.43%。吉林上市公司无形资产指数研发投入率及人均专利授权量评价结果在 2011～2015 年发展势头强劲，表明吉林上市公司积极响应创新驱动战略并形成了优质创新成果。技术型无形资产比重评价结果在五年间涨幅较大，上市公司的研发投入较好的转化成为企业的无形资产。技术人员密度大幅增加，对企业的创新活动形成了良好的人才支撑。

表 9.52　2011～2015 年吉林上市公司无形资产指数创新能力评价结果

单位：分

年度	研发投入率	技术型无形资产比重	技术人员密度	人均专利授权量
2011	6.08	6.09	3.40	6.21
2012	6.27	7.48	4.00	7.52
2013	7.06	7.76	4.19	7.48
2014	8.01	7.73	4.13	7.63
2015	7.7	7.15	3.99	8.72

4）黑龙江上市公司无形资产指数创新能力评价结果

黑龙江在“十二五”开年之际提出了加快培育发展新能源、新材料、高端装备制造、生物、新一代信息技术、节能环保等战略性新兴产业的战略计划，坚持“机制创新与市场推动、重点突破与整体发展、自主创新带动和产业化跟进、龙头带动与集聚发展、立足当前与兼顾长远”五大基本原则，力争成为全国战略性新兴产业重要的研发制造中心和科技创新中心之一。“十二五”期间，战略性新兴产业增加值由2010年的308亿元提高到2015年的1638亿元，占吉林生产总值的比重由3%提高到8%。此外，吉林通过产学研合作实施了773个省级科技项目；推动科技成果省内落地转化2485项，签约额132.11亿元；全省专利申请量达到3.46万件；每万人口发明专利拥有量为3.38件①。

表9.53为2011～2015年黑龙江上市公司无形资产指数创新能力评价结果，研发投入率评价结果五年间呈逐年增长态势发展，由2011年的6.08分跃升至2015年的7.29分，增幅达到19.83%。技术型无形资产评价结果出现负增长发展，分数由2011年的7.25分跌至2015年的6.82分，跌幅达5.93%。技术人员密度评价结果以2013年为界呈现倒U形增长，五年间分数由3.62分增至3.87分，增幅达6.87%。人均专利授权量评价结果持续上扬，由2011年的6.59分升至2015年的9.05分，增幅达37.33%。黑龙江研发投入率与人均专利授权量在2011～2015年呈稳定趋势上涨，体现了黑龙江上市公司对于创新驱动发展战略的贯彻落实。但技术型无形资产比重评价结果自2013年起出现下滑趋势，上市公司研发投入并没有有效转化为无形资产为企业带来收益。技术类人员密度在2013年后出现回落，人才流失现象从一定程度上解释了上市公司研发投入未能有效转化为技术型无形资产这一现象。

表9.53　2011～2015年黑龙江上市公司无形资产指数创新能力评价结果

单位：分

年度	研发投入率	技术型无形资产比重	技术人员密度	人均专利授权量
2011	6.08	7.25	3.62	6.59
2012	6.33	7.52	4.25	7.32
2013	6.64	8.23	4.26	7.61
2014	6.65	7.97	3.95	7.65
2015	7.29	6.82	3.87	9.05

2. 市场竞争力评价

1）东三省上市公司无形资产指数市场竞争力评价结果

企业将提升市场竞争力作为永恒追求的价值目标。全球经济一体化背景下，随着我国经济进入新常态，市场竞争日益激烈。企业在激烈的市场竞争中保有并扩大市场份额已成为生存之本，立足之根。

从图9.18可看出东三省上市公司市场竞争力评价结果在2011～2014年由15.60分递增至18.50分，但在2015年大幅回落至16.96分，五年间增幅为8.7%。相比于全国上市公司整体而言，东三省上市公司市场竞争力在2012～2014三年间基本与其持平，但在2015年因大幅回落而导致其与全国平均水平出现一定程度的差距。

① 黑龙江省人民政府，2017. 黑龙江省人民政府关于印发黑龙江省“十三五”科技创新规划的通知[EB/OL]. (2017-06-12) [2017-06-25]. http://www.hlj.gov.cn/gkml/detail.html?t=2&d=358721.

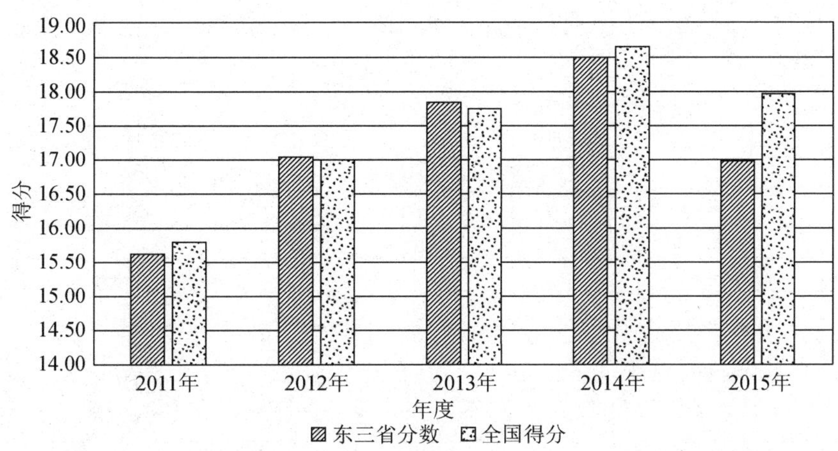

图 9.18 2011～2015 年东三省区域上市公司无形资产指数核心竞争力趋势变化

表 9.54 为辽宁、吉林、黑龙江三省上市公司无形资产指数市场竞争力与全国上市公司整体情况对比。就 2011～2015 年评价结果而言，辽宁上市公司无形资产指数市场竞争力评价结果以 17.23 分位列东三省第一位，吉林、黑龙江分别以 17.19 分及 17.14 分排名第二位和第三位。就发展变动趋势分析，黑龙江上市公司无形资产指数市场竞争力评价结果以 2013 年为界呈现倒 U 形方式增长，分值由 2011 年的 15.34 分升至 2015 年的 16.92 分，增幅为 10.34%，排名东三省第一名。吉林上市公司无形资产指数市场竞争力评价结果在 2011～2014 年呈持续上升状态，2015 年有所回落，分值由 2011 年的 15.55 分增至 2015 年的 16.84 分，增幅达 8.28%，位列东三省第二位。辽宁得分以 2013 年为轴呈倒 U 形方式增长，由 2011 年的 15.92 分增至 2015 年的 17.12 分，增幅达到 7.52%，排名东三省末位。

表 9.54 2011～2015 年东三省上市公司无形资产指数市场竞争力评价结果

单位：分

年度	辽宁	吉林	黑龙江
2011	15.92	15.55	15.34
2012	17.04	16.96	17.09
2013	17.55	17.70	18.27
2014	18.53	18.91	18.07
2015	17.12	16.84	16.92
平均值	17.23	17.19	17.14

评价上市公司竞争力的二级指标分别为品牌优势、市场占有率及超额收益率。其中品牌优势决定着顾客忠诚度及其愿意为喜欢的品牌产品贡献的价值，是企业保持核心竞争力的关键；市场占有率是反映企业市场竞争地位和经营业绩的重要指标；超额收益率能够体现无形资产的有效使用状况。表 9.55 为东三省与全国上市公司无形资产指数市场竞争力评价。

表 9.55　2011～2015 年东三省地区及全国上市公司无形资产指数市场竞争力评价结果

单位：分

年度	品牌优势		市场占有率		超额收益率	
	东三省	全国	东三省	全国	东三省	全国
2011	4.62	4.92	6.96	6.72	4.03	4.15
2012	5.15	5.13	7.80	7.74	4.08	4.14
2013	5.23	5.29	8.37	8.19	4.23	4.25
2014	5.40	5.57	8.75	8.66	4.35	4.4
2015	5.13	5.5	7.36	7.93	4.46	4.53

就东三省自身发展情况而言，2011～2015 年，东三省上市公司无形资产指数品牌优势评价结果以 2014 年为界呈倒 U 形发展，由 2011 年的 4.62 分增至 2015 年的 5.13 分，增幅为 11.16%。东三省上市公司无形资产指数市场占有率评价结果由 2011 年的 6.96 分升至 2015 年的 7.36 分，五年增幅仅 5.84%。东三省上市公司无形资产指数超额收益率五年间持续上升发展，由 2011 年的 4.03 分升至 2015 年的 4.46 分，增幅为 10.81%。

就东三省与全国对比情况而言，东三省上市公司无形资产指数品牌优势仅在 2012 年中以 0.02 分微弱优势领先全国上市公司整体水平，此后将差距由 2013 落后全国上市公司整体水平 0.06 分拉大至 2015 年落后全国整体水平 0.37 分。东三省上市公司无形资产指数市场占有率在 2011～2015 领先于全国上市公司整体水平。东三省上市公司无形资产指数超额收益率在 2011～2015 年始终落后于全国整体水平，但差距由 2011 年的 0.12 分缩小至 2015 年的 0.07 分。

品牌作为企业充分具备市场竞争力的外延，具有竞争对手难以模仿的特点和优势。品牌不仅反映了产品质量和服务能力，还能帮助企业吸引人才、降低进入成本并获得更高的议价能力。通过品牌构建获得市场认可，获取超额利润，是企业提高市场竞争力的有效途径。此外，东三省上市公司市场占有率在 2011～2014 年得到了迅速的发展，四年间涨幅达到 25.72%，但期间东三省超额收益率发展相对缓慢，在 2011～2014 年涨幅仅为 7.9%，市场份额的扩大并未带来超额收益的增加，这表明上市公司竞争力不是技术进步带来的产品异质性。东三省上市公司竞争力无论是在基础水平还是后期发展态势均表现平平，这与东三省产业结构发展有一定关系。产业结构单一趋同、产业链较短使得东三省只能在个别行业具有竞争优势，我国自 2015 年提出“三去一降一补”的改革方案后，对于高排污高耗能的工业企业进行整改，大力发展新兴产业，这使得以拥有重工业、能源业为主的东三省企业面临巨大的挑战。

2）辽宁上市公司无形资产指数市场竞争力评价结果

辽宁市场竞争力在三省中具有一定比较优势，基础相对较好。2011 年，辽宁启动了品牌建设工程，对产业商标集群进行重点培育，对获得中国驰名商标的企业给予奖励，并在大连与营口等地形成高端品牌集群基地（孟雷等，2014）。其中，大连市产业集群规模迅速提升，19 个省重点产业集群中有 18 个年销售收入超 100 亿元。产业集群的品牌化效果突出，大连湾临海装备、金普新区电子信息、高新区软件和信息技术服务、瓦房店轴承、金普新区智能装备五个集群先后被确定为国家新型工业化产业示范基地①。此外，辽宁加快了装备制造业的转型升级，沈阳机床、特变电工等上市企业依托国家重大工程，研发具有世界级水平的装备制造产品。

表 9.56 为辽宁上市公司各年度无形资产指数市场竞争力评价结果。辽宁上市公司无形资产指数品牌优势评价结果变动趋势以 2014 年为界呈倒 U 形发展，分值由 2011 年的 4.50 分升至 2015 年的 5.06 分，增幅为 12.49%。辽宁上市公司无形资产指数市场占有率评价结果在 2011～2014 年持续上升，2015 年出现回落，五年间得分由 7.37 分升至 7.61 分，增幅达到 3.21%。辽宁上市公司无形资产指数超额收益率评价结果五年间持续增长，由 2011 年的 4.05 分增至 2015 年的 4.45 分，增长率为 9.86%。可以看出，2015 年辽宁上市公司无形资产指数品牌优势与市场占有率均有所回落，上市公司品牌优势评价结果的变动在一定程度上影响了企业的市场占有率。

表 9.56 2011～2015 年辽宁上市公司各年度无形资产指数市场竞争力评价结果

单位：分

年度	品牌优势	市场占有率	超额收益率
2011	4.50	7.37	4.05
2012	4.83	8.09	4.12
2013	4.91	8.29	4.34
2014	5.21	8.94	4.37
2015	5.06	7.61	4.45

3）吉林上市公司无形资产指数市场竞争力评价结果

“十二五”期间，吉林省政府累计向企业发放了品牌发展专项基金 1.62 亿元，用以鼓励企业进行品牌的保护与发展工作。截至 2017 年第一季度末，全省共有有效注册商标达到 109 548 件，其中，中国驰名商标 151 件、省著名商标 1534 件、地理标志商标 58 件，较 2011 年分别上涨了 118%、129%、107%、132%②。吉林通过落实国家创新驱动发展战略，大力发展品牌经济，从而提升吉林商标品牌的综合竞争力。但不可忽视的是，吉林每万户市场主体拥有的商标只有 559 件，仅为长三角、珠三角等发达地区的 1/4，吉林品牌意识还需要进一步加强。此外，吉林产业集聚效应初步显现，医药健康、生物制造、先进装备制造、电子信息等优势产业迅速发展，初步建立起产业链条较为完整的产业集群，从而形成了区域品牌效应。

表 9.57 为吉林上市公司各年度无形资产指数市场竞争力评价结果，吉林上市公司无形资产指数品牌优势评价结果在 2011～2014 年持续增长，2015 年有小幅回落，五年间总体增幅仅为 2.86%。吉林上市公司无形资产指数市场占有率评价结果由 2011 年的 6.25 分增至 2015 年的 7.05 分，增幅达 12.71%。吉林上市公司无形资产指数超额收益率评价

① 大连市经济信息委员会，2016. 2015 年全市工业和信息化工作情况及 2016 年工作安排意见的报告[EB/OL]. (2016-03-03) [2017-06-20]. http://www.jxw.dl.gov.cn/Simplified/News_Show.aspx?id=12956.

② 吉林省人民政府，2017. 吉林省商标品牌建设及发展情况新闻发布会[EB/OL]. (2017-04-21) [2017-06-25]. http://www.jl.gov.cn/zw/xwfb/xwfbh/xwfbh2017/ 2016sejesschy_119756/.

结果由 2011 年的 4.21 分升至 2015 年的 4.55 分，增幅为 8.25%。可以看出，吉林上市公司无形资产指数品牌优势评价结果发展较为缓慢。同时，上市公司市场占有率的提升并没有为企业带来等幅度的超额收益。

表 9.57　2011～2015 年吉林上市公司各年度无形资产指数市场竞争力评价结果

单位：分

年度	品牌优势	市场占有率	超额收益率
2011	5.09	6.25	4.21
2012	5.60	7.24	4.13
2013	5.68	7.87	4.14
2014	5.99	8.60	4.32
2015	5.24	7.05	4.55

4）黑龙江上市公司无形资产指数市场竞争力评价结果

黑龙江上市公司市场竞争力在东三省中增速最快。黑龙江已形成较为成熟的品牌集群，并多集中于生物医药、农业、绿色食品及装备制造业，包括哈药六厂、三精制药、葵花药业、北大荒、完达山等众多著名品牌，在国内占据重要市场份额。此外，黑龙江对俄经贸合作正在成为驱动全省开放型经济发展的重要引擎，2015 年全省对俄进出口完成 108.5 亿美元，占全省进出口和全国对俄进出口总值的 51.7%和 15.9%。黑龙江对外贸易历经不断建设与发展，具有较强的比较优势，这对于省内上市公司品牌发展与市场份额扩大有一定助力作用。

表 9.58 为黑龙江上市公司各年度无形资产指数市场竞争力评价结果。2011～2015 年黑龙江上市公司无形资产指数品牌优势评价结果以 2013 年为界呈倒 U 形方式增长，增幅为 19.66%，为东三省增速最快。黑龙江上市公司无形资产指数市场占有率评价结果五年间以 2013 年为界呈倒 U 形方式增长，由 2011 年的 7.24 分增至 2015 年的 7.43 分，增幅为 2.58%。黑龙江上市公司无形资产指数超额收益率评价结果五年间呈持续增长态势，分数由 2011 年的 3.83 分增至 2015 年的 4.39 分，增幅达 14.64%，为东三省最高。

表 9.58　2011～2015 年黑龙江上市公司各年度无形资产指数市场竞争力评价结果

单位：分

年度	品牌优势	市场占有率	超额收益率
2011	4.27	7.24	3.83
2012	5.02	8.08	4.00
2013	5.10	8.95	4.22
2014	5.00	8.71	4.36
2015	5.11	7.43	4.39

3. 可持续发展能力评价

1）东三省上市公司无形资产指数可持续发展能力评价结果

图 9.19 为东三省上市公司无形资产指数可持续发展能力与全国整体情况对比图，东三省总体呈上升趋势发展，分数由 2011 年的 15 分增至 2015 年的 17.10 分，增幅达到

13.99%，超过全国平均水平增幅。此外，从图 9.19 中可以看出东三省上市公司无形资产指数可持续发展能力评价结果与全国上市公司整体差距较小，在 2012～2014 年基本持平，但自 2014 年开始，二者差距逐年增大。

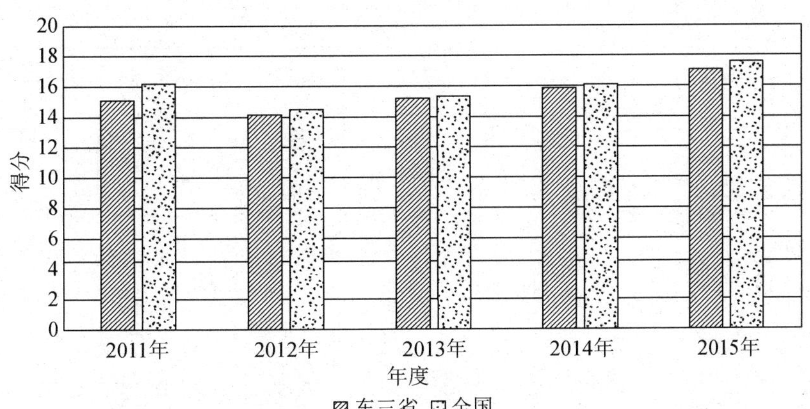

图 9.19　2011～2015 年东三省上市公司无形资产指数可持续发展能力与全国整体情况对比图

表 9.59 为东三省上市公司无形资产指数可持续发展能力评价结果。就 2011～2015 年上市公司无形资产指数评价结果而言，辽宁以 15.68 分排名东三省第一位，吉林与黑龙江以 15.46 分及 15.21 分位列第二位和第三位。辽宁上市公司无形资产指数可持续发展能力评价结果呈上扬式发展，得分由 2011 年的 15.83 分升至 2015 年的 17.01 分，增幅达 7.51%。吉林上市公司无形资产指数可持续发展能力得分由 2011 年的 15.80 分增至 2015 年的 17.12 分，增幅达到 8.3%。黑龙江上市公司无形资产指数可持续发展能力呈强势增长状态，由 2011 年的 13.37 分增至 2015 年的 17.17 分，增幅达到 28.39%。

表 9.59　2011～2015 年东三省上市公司无形资产指数可持续发展能力评价结果

单位：分

年度	辽宁	吉林	黑龙江
2011	15.83	15.80	13.37
2012	14.54	13.75	14.24
2013	14.95	15.15	15.37
2014	16.05	15.47	15.89
2015	17.01	17.12	17.17
平均值	15.68	15.46	15.21

资产增长率、无形资产收益率、员工素质与每股无形资产为评价上市公司可持续发展能力的二级指标。其中资产增长率这一指标表明了上市公司的资产扩张速度，是企业持续发展的基础；无形资产收益率作为单位无形资产的盈利能力，体现了对无形资产的利用和转化；每股无形资产进行考核符合上市公司的评价要求，体现了企业流通股中每股所蕴含创造异质性资源的能力；较高的员工素质意味着企业具有良好的创新氛围与能力。表 9.60 为东三省区域上市公司无形资产指数可持续发展能力二级指标评价结果。

表 9.60　2011～2015 年东三省区域上市公司无形资产指数可持续发展能力二级指标评价结果

单位：分

年度	资产增长率		无形资产收益率		员工素质		每股无形资产	
	东三省	全国	东三省	全国	东三省	全国	东三省	全国
2011	3.11	3.63	4.19	4.52	4.09	4.17	3.61	3.93
2012	2.29	2.35	3.13	3.38	4.40	4.32	4.36	4.37
2013	2.55	2.70	3.67	3.86	4.46	4.35	4.47	4.42
2014	2.80	2.80	3.86	3.96	4.49	4.51	4.66	4.85
2015	4.15	4.26	4.28	4.27	4.22	4.45	4.45	4.61

就发展趋势而言，东三省上市公司无形资产指数资产增长率、无形资产收益率与每股无形资产评价结果呈强势发展状态。东三省上市公司无形资产指数资产增长率评价结果由 2011 年的 3.11 分增至 2015 年的 4.15 分，增幅达到 33.49%，超过全国平均水平将近两倍，这表明东三省上市公司整体在快速发展中。东三省上市公司无形资产指数无形资产收益率评价结果由 2011 年的 4.19 分增至 2015 年的 4.28 分，增幅达到 2.15%。在全国无形资产收益率得分下滑幅度达 5.53%的情况下，东三省在这一指标上表现出健康增长态势，这表明东三省上市公司无形资产创造了相当可观的利润。东三省上市公司无形资产指数每股无形资产评价结果由 2011 年的 3.61 分增至 2015 年的 4.45 分，增幅达 23.27%，处于全国上游水平（全国平均增幅为 17.30%）。东三省上市公司无形资产指数员工素质评价结果在 2011～2014 年评价结果呈持续上升，2015 年有所回落，五年间增幅为 9.78%。

就与各年全国评价结果差距变动趋势分析，东三省上市公司无形资产指数可持续发展能力资产增长率评价结果与全国上市公司整体水平的差距逐渐由 0.52 分缩小至 0.11 分。东三省上市公司无形资产指数可持续发展能力无形资产收益率评价结果由 2011 年落后于全国整体上市公司水平 0.33 分发展为领先全国整体上市公司水平 0.01 分。东三省上市公司无形资产指数可持续发展能力员工素质评价结果与全国上市公司整体水平差距由 2011 年的 0.08 分拉大至的 0.23 分。东三省上市公司无形资产指数每股无形资产与全国上市公司整体水平的差距以 2013 年为界呈倒 U 形方式发展，由 2011 年的 0.32 分减少至 2015 年的 0.16 分。

2）辽宁上市公司无形资产指数可持续发展能力评价结果

“十二五”开年，辽宁提出了“到 2015 年，国家创新型试点省份建设取得较大进展，基本建成适应全省经济发展要求，科技进步和创新为加快转变经济发展方式提供重要支撑，辽宁成为国家重要的技术研发与创新基地，为 2020 年实现创新型辽宁的建设目标奠定更为坚实的基础”[①]计划，为辽宁“十二五”发展制定了具体的目标。2015 年，辽宁高新技术产业保持平稳发展，全省高新技术企业达 1539 家，是“十一五”末期的 2.8 倍；高新技术产品增加值年均增长 13.4%。技术合同成交额达 292 亿元，较“十一五”

① 辽宁省人民政府，2011. 辽宁省“十二五”科学和技术发展规划纲要[EB/OL]. (2011-10-04) [2017-06-20]. http://www.lninfo.gov.cn/index.php?m=content&c= index&a=show&catid=79&id=84060.

末翻了一番。辽宁拥有国家级科技产业化基地18个、国家火炬计划特色产业基地16个、国家新型工业化产业示范基地11个。可以看出，辽宁省政府对于高新技术产业的建设成就卓然。同时，新一轮的东北振兴与“一带一路”倡议充分激发了辽宁的经济发展活力。产业建设基础扎实，设施完备，对于完成辽宁产业转型升级有强大的推动作用，从而达到了企业可持续发展的目的。

表9.61为2011～2015年辽宁上市公司无形资产可持续发展能力评价结果。辽宁上市公司无形资产指数资产增长率评价结果五年间得分呈震荡方式增长，分数由2011年的3.25分增至2015年的4.03分，增幅达到24%。上市公司无形资产指数无形资产收益率评价结果五年间呈下行趋势发展，得分由2011年的4.49分降至2015年的4.39分，降幅为2.23%。辽宁上市公司无形资产指数员工素质评价结果五年间呈波动趋势上涨，由2011年的4.25分增至2015年的4.27分，增幅为0.47%。辽宁上市公司无形资产指数每股无形资产评价结果五年间呈上升趋势发展，分数由2011年的3.84分升至2015年的4.32分，增幅为12.50%。可以看出，辽宁上市公司资产规模在2011～2015年有较大的扩容，但辽宁上市公司无形资产收益率、员工素质与每股无形资产的发展并不容乐观，上市公司无形资产获利能力低下，流通于资本市场的无形资产不具有较强的异质性资源，高技术人才流失严重成了制约辽宁上市公司可持续发展的重要原因。

表9.61 2011～2015年辽宁上市公司无形资产可持续发展能力评价结果

单位：分

年度	资产增长率	无形资产收益率	员工素质	每股无形资产
2011	3.25	4.49	4.25	3.84
2012	2.33	3.54	4.47	4.20
2013	2.86	3.43	4.43	4.23
2014	2.82	3.94	4.66	4.63
2015	4.03	4.39	4.27	4.32

3）吉林上市公司无形资产指数可持续发展能力评价结果

“十二五”期间，吉林战略新兴产业发展势头猛烈。2015年，吉林战略性新兴产业产值规模达到5190亿元，同比增长10.5%，比2011年增长73%，年均增长14.7%，增幅明显高于传统产业①。战略新兴产业以重大技术突破为基础，引导了科技未来的发展方向，助推了吉林以创新驱动为导向的产业转型升级。通过大规模扩张发展战略新兴产业，吉林创新能力得到了大幅提升，由创新能力为企业带来的市场竞争力助推企业走上了可持续发展之路。

表9.62为2011～2015年吉林上市公司无形资产可持续发展能力评价结果。吉林上市公司无形资产指数资产增长率评价结果五年间以波动方式大幅上涨，由2011年的2.99分增至2015年的4.43分，累计增长率达到48.16%。吉林上市公司无形资产指数无形资产收益率评价结果五年间发展出现大幅下滑，由2011年的5.25分跌至2015年的3.84

① 吉林省发展和改革委员会，2017．吉林省战略性新兴产业“十三五”发展规划[EB/OL]. (2017-06-19) [2017-06-20]. http://xxgk.jl.gov.cn/szf/gkml/201704/ W020170426550697050258.pdf.

分，跌幅达 26.86%。2011～2015 年吉林上市公司无形资产指数员工素质评价结果以 2014 年为轴呈倒 U 形方式增长，增幅为 11.76%。吉林上市公司无形资产指数每股无形资产评价结果五年间以波动方式上扬发展，由 2011 年的 3.82 分增至 2015 年的 4.67 分，增幅达到 22.25%。可以看出，吉林上市公司规模在 2011～2015 年扩张迅速，但企业规模的增大并没有带来内部无形资产质量的提升，无形资产收益能力在 5 年内大幅下跌。吉林上市公司员工素质与每股无形资产在 2011～2015 年呈健康向上态势发展，战略新兴产业的大力发展优化了产业人才配置，同时提升了蕴含于流通股中的企业无形资产的异质性水平。

表 9.62　2011～2015 年吉林上市公司无形资产可持续发展能力评价结果

单位：分

年度	资产增长率	无形资产收益率	员工素质	每股无形资产
2011	2.99	5.25	3.74	3.82
2012	2.18	2.98	4.11	4.49
2013	2.46	4.16	4.14	4.39
2014	3.11	3.55	4.32	4.49
2015	4.43	3.84	4.18	4.67

4）黑龙江上市公司无形资产指数可持续发展能力评价结果

黑龙江在“十二五”期间大力提升区域创新能力，加速科技成果产业化进程，为创新活动创造了良好社会氛围，区域上市公司的核心竞争力通过技术创新得以提升，企业可持续发展能力不断增强。“十二五”期间，黑龙江累计登记科技成果 7418 项，其中有 79 项重大成果获国家科技奖励，有 1390 项成果获得省级科技奖励；全省技术合同比“十一五”期间增长 167%；成立了省科技服务业联盟，服务科技型企业超过 1 万户（次）[①]。在科技创新不断踊跃及成果产业化进程加速的引领作用下，黑龙江上市公司通过由技术进步带来的产品异质性不断扩大规模，从而获得了企业的可持续发展。

表 9.63 为 2011～2015 年黑龙江上市公司无形资产指数可持续发展能力评价结果。黑龙江上市公司无形资产指数资产增长率五年间增长方式呈波动发展，分数由 2011 年的 3.08 分增至 2015 年的 3.97 分，五年内增长率达到 28.90%。黑龙江上市公司无形资产指数无形资产收益率评价结果五年间出现大幅增长，由 2011 年的 2.83 分增至 2015 年的 4.61 分，增幅达到 62.90%，是东三省唯一出现增幅的省份。黑龙江上市公司无形资产指数员工素质评价结果均值在 2011～2015 年发展呈下行走势，五年间累计跌幅为 1.86%，是东三省唯一出现跌幅的省份。黑龙江上市公司无形资产指数每股无形资产评价结果五年间增速迅猛，得分由 2011 年的 3.18 分增至 2015 年的 4.38 分，增幅达到 37.74%，为东三省最高。可以看出，黑龙江上市公司在 2011～2015 年呈现健康态势发展。无形资产质量提升较高，盈利能力增强，蕴藏于流通股中的企业无形资产的异质性水平显著提升。但企业员工素质逐年降低，人才流失情况严重。

① 黑龙江省人民政府，2017. 黑龙江省人民政府关于印发黑龙江省“十三五”科技创新规划的通知[EB/OL]. (2017-06-12)[2017-06-24]. http://www.hlj.gov.cn/wjfg/system/2017/07/24/010839367.shtml.

表 9.63　2011～2015 年黑龙江上市公司无形资产可持续发展能力评价结果

单位：分

年度	资产增长率	无形资产收益率	员工素质	每股无形资产
2011	3.08	2.83	4.29	3.18
2012	2.36	2.86	4.61	4.40
2013	2.34	3.42	4.81	4.80
2014	2.45	4.08	4.50	4.86
2015	3.97	4.61	4.21	4.38

第十章 “十三五”相关政策给无形资产带来的机遇与挑战

第一节 “一带一路”倡议与我国无形资产发展

中国经济在历经改革开放的几十年发展后进入新常态，面临着产业的升级与转型。我国企业也在发展中积累了雄厚的资本与技术实力，拥有了向海外发展的巨大潜力。2013 年 9 月和 10 月，中国国家主席习近平先后提出共建“丝绸之路经济带”和“21 世纪海上丝绸之路”（以下简称“一带一路”）倡议，得到国际社会的高度关注和有关国家的积极响应①。“一带一路”倡议确认了三项新的使命：聚焦经济合作与人文交流、促进基础设施互联互通、实现沿线各国共同繁荣。根据规划②，“一带一路”将成为世界上跨度最长的经济大走廊，以中国为中心，辐射中亚、东南亚、南亚、西亚乃至欧洲部分地区的 60 多个国家。在国内“一带一路”圈定了新疆、重庆等 18 个地区，其中包括甘肃、宁夏、青海等西部欠发达地区 10 个。这些地区基于“一带一路”政策优势，发扬各自区域优势，充分利用知识产权的创造、使用与保护获得技术创新，提升本区域核心竞争力，实现跨越进步，从而得以持续发展。

一、“一带一路”倡议下我国无形资产的发展现状

1. 技术创新连接沿线国家

“一带一路”倡议大力促进了我国科学技术开辟新市场。以铁路等基础建设类项目为例，截至 2017 年，正在建设中的铁路有中国至老挝等铁路，正在推进中的项目有中国至泰国铁路等一批铁路项目。高速铁路凭借技术领先、质量上乘、价格合理已成为我国最具竞争力的产品之一，为“一带一路”建设保驾护航。以钢铁业等传统制造业为例，中国冶金科工集团有限公司（以下简称中冶集团）负责设计建设的越南河静钢铁项目成功投产，立足国际前沿和持续不断的创新驱动，中冶集团实现了国际千万吨级绿地钢铁系统设计和全产业链输出，打破了国外数十年技术壁垒。以现代信息服务等高新技术项目为例，国内顶级云计算与大数据服务商浪潮集团在越南的数字媒体项目、在巴基斯坦的数字媒体和安全城市项目、在俄罗斯的数据中心建设项目打破了我国与“一带一路”沿线国家的数据壁垒，充分显示了中国方案与理念的魅力，同时提升了当地信息化建设水平，带动了就业和经济发展。

---

① 推进“一带一路”建设工作领导小组办公室，2017. 共建“一带一路”：理念、实践与中国的贡献[EB/OL]. (2017-05-10) [2017-05-11]. https://www.yiolaiyilu. gov.cn/zchj/qwfb/12658.htm.

② 国家发展改革委，外交部，商务部，2016. 中国“一带一路”规划[EB/OL]. (2015-03-28) [2017-06-20]. http://www.scio. gov.cn/xwfbh/xwbfbh/wqfbh/33978/ 34499/xgbd34506/Document/1476358/1476358.htm.

此外，我国的科技创新在“一带一路”倡议中的发展逐渐由国内单一发展向国际合作发展迈进，实现了沿线国家的联动创新。截至 2017 年年底，我国已经与 86 个“一带一路”沿线国家和国际组织签署了政府间科技合作协议，并与沿线国家启动了一系列科技伙伴计划。在东盟、南亚、中亚、阿拉伯国家、中东欧等地区和国家的一系列区域，中国建立了多家双边技术转移中心及创新合作中心，初步形成了区域技术转移协同合作网络。技术转移中心的成立有助于科技创新信息的及时发布、科技政策的获知，为科技创新合作提供信息共享与支持，得到了沿线各国科技部门的积极响应。

2. 科研人才培养助力创新发展

复合型人才的培养对于“一带一路”倡议的发展至关重要，通晓当地语言、法律及经营的人才目前处于急缺状态。据统计，沿线国家中有上万名科学技术和管理人才依托于我国举办的技术培训班而接受到教育与指导；同时，在教育部的支持下，我国建立了首批 37 家国别和区域研究培育基地，分布在北京大学、南开大学、北京师范大学等多所高校，旨在为国家“走出去”战略提供智力支持。

中国国家自然科学基金委员会与“一带一路”沿线国家及国际组织联合组织、召开了 50 多次双边学术研讨会，共同资助了近 300 项合作研究项目，涵盖生命科学、生物医药、纳米技术、农业科学等诸多领域，投入经费超过 5.5 亿元。其中，仅 2016 年一年就共同资助 110 个项目，资助经费超过 2.3 亿元。科研经费的充裕为科技创新人才提供了保障。

对于未来的科技人才培养规划而言，中国将在未来 5 年内安排 2500 人次青年科学家来华从事短期科研工作，培训 5000 人次科学技术和管理人员，投入运行 50 家联合实验室。

3. 知识产权保护保障倡议实施

“一带一路”为中国企业“走出去”提供了一个重要的机遇，但是在走出去的过程中，中国企业也面临着知识产权保护的问题（张长立等，2015）。伴随着中国的崛起，中国企业与产品的世界地位不断提高，但同时也面临知识产权被侵犯的问题。

据国家知识产权局规划发展司发布的“一带一路”沿线国家专利统计快报数据，2016 年，中国在“一带一路”沿线国家公开申请专利 4834 件，较 2015 年增长 47%，有 18 个国家参与其中，相比 2015 年增加了 3 个国家。中国在“一带一路”沿线国家专利申请量大幅提升，专利布局呈紧密态势发展。国家知识产权局自 2016 年开始，对“一带一路”沿线国家专利活动进行统计检测。在“一带一路”沿线国家中，中国在印度申请的专利量高达 3017 件，占 2016 年总申请的 62.41%，以绝对优势遥遥领先于其他国家；俄罗斯、新加坡、越南、印度尼西亚分别以 789 件、425 件、285 件、120 件位列第二至第五位。就专利申请的产业偏好而言，计算机、通信和其他电子设备制造业申请数量最多，达 1400 件，占总申请量的 28.96%。通用设备制造业、软件和信息技术服务业、化学原料和化学制品制造业、仪器仪表制造业分别以 509 件、435 件、396 件、378 件位列第二至第五位。就技术领域而言，数字通信、计算机技术、电气机械设备及电能、电信及有机精细化学分别以1060件、676件、278件、245件及224件位居前五，占申请总量的51.4%，专利申请技术领域分布呈现高度集中态势。可以看出，中国企业对于知识产权的重视与日俱增，这一结果与企业自身努力与国家政策支持密不可分。

二、“一带一路”倡议与无形资产发展的协同创新

1. 合作模式协同创新

合作是“一带一路”倡议发展的重要特征，即通过沿线国家双方或是多方共同谋划，最终形成一套互利共赢的发展体系。中国与沿线国家通过创立产业园区的方式进行国际制造业合作，是“一带一路”主要的合作模式之一（邢晓玉等，2015）。据商务部统计，截至2017年3月，中国企业在“一带一路”沿线20个国家建有56个经贸合作产业园区，累计投资超过180亿美元。这些产业园区按照市场化模式建立与运作，结合东道主国家的资源禀赋、市场需求等因素，开展了对科技创新与科技人才培养的整合工作，促进了沿线国家的创新合作关系。通过创立产业园区参与“一带一路”建设，中国企业通过知识产权发展推动科技创新，从而不但为东道主国家带去了一大批先进产品与技术，也为当地输送了高科技人才，还向其介绍了先进的发展理念与经营模式，取得了“一举三得”的效果。

2. 金融融资协同创新

金融资本为“一带一路”倡议的发展提供了资金保障。随着“一带一路”倡议被越来越多的国家接受，沿线国家贸易往来日益密切，对于金融服务的需求日益密切。因此，我国须与沿线国家合作进行融资的协同创新，解决“一带一路”国家建设中的融资缺口。

中国出资400亿美元设立丝路基金，缓解“一带一路”沿线国家基础设施建设与资源开发利用等互联互通项目的融资约束问题。金砖国家新开发银行、上海合作组织开发银行、中国对非洲的信贷配套支持也为“一带一路”跨境基础设施建设提供了融资渠道和平台。

就企业层面，蚂蚁金融服务集团先后与印度、泰国、菲律宾、印度尼西亚等国家的合作伙伴展开战略合作，在当地复制支付宝模式；中国评级机构大公国际信用评级集团则推出了以信用评级信息为媒介的“一带一路”实体经济公共投融资服务平台——丝路互金网。无论是国家层面还是企业层面，金融融资的协同创新都为“一带一路”倡议带来了新的活力与生机。

3. 科学技术协同创新

“一带一路”倡议成功推进的根本与关键是科技创新。技术进步带动“一带一路”倡议深入推进已成为主要的发展模式。“一带一路”沿线的60多个国家资源禀赋、科技发展情况均有较大的差距，只有通过各国协同进行科技创新，才可以为倡议实施提供技术保障（余晓钟等，2016）。

就国内层面而言，中国先后成立了“一带一路”倡议相关的丝路科技研究院、科技

智库、“一带一路”研究中心、“一带一路”论坛，整合科研队伍，统筹科研开发中心，有针对性地解决“一带一路”倡议中所遇到的科技进步难题。

就国际层面而言，中国科技部、国家发展和改革委员会（以下简称国家发改委）、外交部、商务部联合发布了《推进“一带一路”建设科技创新合作专项规划》，为“一带一路”科技创新合作提供政策指引。此外，沿线国家也在积极协助打造共同创新的生态体系。其中泰国以“工业 4.0”作为与中国“一带一路”倡议的切合点，建造创新基地，发展研究机构、政府与大学之间的密切合作，协同创新发展；老挝在 2016 年设立了科技部，负责制定科技总体规划及相关法律法规，为创新活动提供了相关的政策依据及法律保障。

三、“一带一路”倡议下无形资产发展的机遇与挑战

1. 机遇

“一带一路”倡议为无形资产的发展所带来的机遇包括：由技术进步引发产业升级所带来的红利，科技人才培养的交互多元化及金融创新的蓬勃发展。

就产业转型与升级所带来的红利角度而言，国内优质资产通过“一带一路”输送至沿线国家，其价值将得到重新评估，企业得以向上发展。另外，由技术进步而产生的商品不再依靠低成本无差异的价格战获取市场地位，创新所带来的产品异质性会产生更多的生产者剩余，以此提升国内厂商的市场份额及未来发展潜力。

就科技人才培养的交互多元化而言，一方面，我国不断提高对中国学生到“一带一路”沿线国家留学，以及沿线国家学生来华留学的支持度。2012 年以来，我国共有 35 万多人赴“一带一路”沿线国家留学，沿线国家学生来华留学人数达 20 万人。截至 2017 年 4 月，我国已与“一带一路”沿线国家签署了 45 份教育双边多边合作协议，与 24 个沿线国家签署了学历学位互认协议。另一方面，卓越奖学金及“丝绸之路”中国政府奖学金等项目的设立，旨在鼓励与培养优秀的国内外优秀青年投身“一带一路”建设与发展。

就金融创新的蓬勃发展而言，“一带一路”倡议对于资本的需求总量巨大，仅仅依靠政府设立的“亚投行”及“丝路基金”不足以应对日趋扩张的资金需求。因此，为满足“一带一路”政策的资金需求量，我国资本市场的融资模式正在呈多元化趋势发展中，以拓宽企业融资渠道，缓解企业的融资约束。一方面，企业采取传统的债权、基金、股权等形式进行融资，“一带一路”概念股活跃于资本市场，以填补企业发展的资金缺口；另一方面，公私合营等多种创新融资模式应运而生，如政府与社会资本合作模式（public-private-partnership，PPP）、建设—移交模式（build-transfer，BT）、民间主动融资模式（private finance initiative，PFI）、资产证券化（asset backed securities，ABS）等融资模式均可成为资金募集的中坚力量（戴大双，2004）。

2. 挑战

在“一带一路”倡议健康稳定的发展过程中，我们也不应忽略其中存在的挑战。

沿线发展中国家政局不稳给倡议的实施带来困难。“一带一路”倡议中的基础建设耗时久、成本高、回收时间长，对沿线国家政局稳定性有较高的要求。

部分区域市场化程度低，呈不均衡态发展。“一带一路”联通亚欧非三大洲，既有发达国家也有发展中国家，不同国家的经济发展水平和市场发育程度极为不同。

第二节　“中国制造 2025”与我国无形资产发展

中华人民共和国成立以来，我国已形成了较为成熟的工业体系，对我国经济发展起到重要支撑作用。但不可否认的是，我国的制造业与发达国家相比，仍存在创新能力不足、产业结构发展失衡、资源浪费严重的情况。作为立国之本、兴邦之器，制造业转型升级已迫在眉睫。为应对我国工业“大而不强”的问题，2015 年政府工作报告中提出“中国制造 2025”计划，旨在推动制造业转型升级，化解制造业产能危机，以应对新工业革命和科技变革的挑战，将“市场主导、政府引导，立足当前、着眼长远，整体推进、重点突破，自主发展、开放合作”作为其基本原则。

“中国制造 2025”计划的战略任务和重点中，明确表明将提高国家制造业创新能力，推进信息化与工业化深度融合，加强质量品牌建设，主要包括新一代高档数控机床机器人、航空航天装备、海洋工程装备及高技术船舶、先进轨道交通装备、节能与新能源汽车、电力装备、农机装备、新材料、生物医药及高性能医疗器械等十大重点领域，这标志着我国在以提高企业创新能力和品牌建设能力为主要内容的无形资产方面将实现重大突破。

一、德国“工业 4.0”与“中国制造 2025”

1. 德国工业 4.0

在经历了“工业 1.0”机械制造时代、“工业 2.0”电气化与自动化时代及“工业 3.0”电子信息化时代，德国提出了实体物理世界与虚拟网络世界融合“工业 4.0”时代，是德国政府在《德国 2020 高技术战略》中所提出的十大未来项目之一，包括“智能工厂”“智能生产”“智能物流”三大主题，旨在提升德国工业的智能化水平。“中国制造 2025”亦被称为中国版的“工业 4.0”，研究德国工业对我国《中国制造 2025》行动纲领的部署具有重大意义。

德国“工业 4.0”是一场依托于科技创新的产业升级的革命，依托于大数据、云计算的发展，制造业将由智能化向信息化迈进。“工业 4.0”利用技术进步对工业产业进行全供应链整合，将物流配送、售后维修等环节纳入制造业企业价值链中，为终端客户提供“人性化”“定制化”服务。以“智能＋网络化”为核心，“工业 4.0”依托于虚拟实体系统（cyber-physical system，CPS）构建智能工厂，实现工厂内部生产的纵向集成、产品不同生命周期下工程数字化集成及德国整体制造业的横向集成等三大集成，最终达到生产与市场的整合目的（纪成君等，2016）。

实现“工业 4.0”需要政府、企业、研发机构的通力合作。德国通过整合相关部门与产业间的协同合作，严格把控从技术研发到转移最终形成产业化这一无形资产增值价值链，加强了工业化与信息化的深度融合，使得产学研链条无缝连接，这为“工业 4.0”成功实现提供了重要保障。

2. 中国制造 2025

“中国制造 2025”同样将技术进步作为计划发展的重中之重，从而达到将我国制造业做大做强的目的。“中国制造 2025”计划的基本方针是“创新驱动、质量为先、绿色发展、结构优化、人才为本”。

针对基本方针而制定的具体实施举措如下：创新驱动是制造业升级转型的核心要素，加快推动制造业与信息技术的融合，以及产学研紧密结合的制造业创新体系建成为其实施举措；质量为先是制造业发展的先决条件，统筹发展四基（基础零部件、基础工艺、基础材料和产业技术基础），提升质量和品牌确认为其实施举措；绿色发展是制造业转型过程中的重点要求，以建设节能环保技术，打造绿色制造工程为其实施举措；结构优化为发展方向，以推进高端创新装备研制、制造业服务化及现代企业建设行动计划为主要实施举措；人才为本是根本，以统筹人才规划发展，建立健全人才培养机制为实施措施。

“中国制造 2025”计划最终的战略目标将三个阶段部署而最终达成，通过“三步走”实现制造强国的战略目标：第一步，力争用十年时间，迈入制造强国行列；第二步，到 2035 年，我国制造业整体达到世界制造强国阵营中等水平；第三步，到 2045 年，制造业大国地位更加巩固，综合实力进入世界制造强国前列。

“中国制造 2025”计划在德国“工业 4.0”之后提出，被认为是中国版本的“工业 4.0”，因此，中国在发展中应加强与德国的沟通与交流，深入学习制造业转型升级中的管理控制流程，加强与拥有先进技术的研究团队的合作（贺正楚等，2015）。

二、“中国制造 2025”计划下无形资产发展路径

“中国制造 2025”计划的核心内容为发展智能制造，信息技术与物理实体的交叉与融合已成为贯穿整个制造业进步的核心环节。通过新一代信息技术的发展，创造智能化制造生产线，对生产过程进行智能把控，提升产品质量，企业最终达到由原来的生产制造型向服务制造型转变的目的。以下为“中国制造 2025”计划的主要技术突破点①。

1. 新一代信息技术

新一代信息技术产业作为国家七大战略新型产业之一，成为“中国制造 2025”行动纲领技术突破点中重要有机组成部分，包括新一代移动通信、下一代互联网、三网（电信网络、有线电视网络、计算机网络）融合、物联网、云计算、集成电路、新型显示、

① 国务院，2015. 关于印发《中国制造 2025》的通知[EB/OL]. (2015-05-08) [2017-06-20]. http://www.gov.cn/zhengce/content/2015-05/19/content_9784.htm.

高端软件、高端服务器和信息服务[①]。其中，物联网、集成电路、信息服务及高端软件将成为“中国制造2025”计划重点的研究对象。其中物联网的建设与发展促进了物理世界的联系，并以此形成额外客户价值；集成电路研发技术的提升将助推我国芯片行业的核心竞争力，为打造“中国品牌”保驾护航；信息服务行业的技术进步将带来信息传输载体的跨越式发展，为物联网、工业互联网的发展打下坚实的基础；高端软件的开发与利用将为“人、机、网”一体化的工业互联网进程提供技术上的支持，并完善我国制造业系统化发展体系。

2. 新能源技术

可再生能源技术、储能技术、智能电网技术和新能源汽车技术等是新能源技术重要组成部分。作为中国加快培育和发展的战略性新兴产业之一，新能源技术进步为发展新能源提供了技术保障及发展动力。例如，太阳能技术的大力推广使得光伏发电市场得以开拓；风能技术的有序推进助力风力发电的快速发展；新能源汽车通过着力解决动力电池、驱动电机和电子控制领域关键核心技术推动高效能、低污染的新型汽车发展。

3. 新材料技术

新材料是指通过人为干预，运用现代研发生产的材料，其特点为具有传统材料所不具备的超群性能和特殊功能，主要包括高性能陶瓷材料以及纳米、表面技术等新型结构材料等。新材料技术是发展我国信息技术、航天飞行、能源科技、生物化工的重要原材料基础，对口属性专业度高、耐极端温度能力强、抗压力强度大等特征助推了我国在以上领域科技发展的进度。此外，随着我国自主研发的新型半导体材料、太阳能电池材料、先进碳纤维等新材料市场化与产业化逐步落地，不但为企业带来了新型异质性产品，增强了企业的市场竞争力；同时打破了此前由国外厂商设置的市场壁垒，降低了关联价值链企业的成本，从而有助于企业长期发展。

4. 工业互联网

工业互联网的核心内容体现在信息网络方面，利用传感器将制造业不同环节产生的数据进行实时监控与收集，以有效控制制造业各个生产环节，从而促进生产力发展，降低由于生产环节无效而造成的成本浪费。工业互联网注重人（工作人员）、机（工业智能机器）及网（大数据分析整合）三大要素的集成。其中，人的要素主要体现在构建不同环节工作人员的实时连通，以高质有效确保其对制造生产的控制；机的要素体现在利用传感器等科技创新产品连通机器设备，确保大数据信息在生产过程中的流通；网的要素体现在对由带有传感器的机器设备所上传的大数据进行高级分析与统筹规划，从而达到数据集成。通过设备操作人员、现代化机器设备及互联网大数据高级分析三者的联动配合，工业互联网得以实现。

① 出自《中华人民共和国国民经济和社会发展第十二个五年规划》。

5. 智能制造技术

将网络化与智能化融入制造业生产环节是“中国制造 2025”发展的重要组成部分，也是产业转型升级的制高点。数字化制造技术包括以规划设计、操作控制与运营管理三个不同维度为中心的制造技术，运用计算机软件、新材料、机器人等现代科技力量来推动其进程。推动数字化进程与制造业的紧密结合，将成为“中国制造 2025”的加速器与主导力量。

三、《中国制造 2025》行动纲领与无形资产发展的机遇与挑战

1. 机遇

《中国制造 2025》行动纲领为中国制造业发展带来新的活力与生机，信息化世界与物理世界的有效融合，激发了企业的创新能力，推进了产业的升级转型，同时通过与“一带一路”倡议相融合，提升了我国企业在全球的市场竞争力。

就激发企业的创新能力角度分析，《中国制造 2025》行动纲领通过全面推广先进设计技术、加速推进产学研一体平台、大力投入建设国家级重点科技项目、积极创建科技成果共享平台、完善科技成果转化相关指导意见等方式，分别从资金投入、政策支持等方面推动了企业的研发活动、加速了科研成果产业化的进程。

就推进产业升级转型的角度分析，《中国制造 2025》行动纲领着力于将信息世界与物理世界的融合应用于制造业的转型升级中，依托科学技术的大力发展，蕴藏了高水准异质性的“中国制造”产品不再以低价获取市场份额，从而推动我国制造业由全球价值链的低端位置向高端位置迁移。

从与“一带一路”倡议相融合角度分析，截至 2017 年 12 月，我国已经与 86 个“一带一路”沿线国家与机构签订了科技合作文件，无论是基础设施建设还是高新技术产业在沿线国家的立足都需要科技创新支撑。《中国制造 2025》行动纲领大力促进战略新兴产业的发展，而这一发展将为智能制造奠定基础。我国智能制造工作的推进有助于我国企业在海外的可持续发展。

2. 挑战

德国工业发展水平先进，拥有强大的科技创新能力，从而步入了“信息交互物理世界”的“工业 4.0”时代。不同于德国发达的工业基础，我国目前并不具备完全向“工业 4.0”迈进的条件，一些区域和行业仍处于落后状态，《中国制造 2025》行动纲领的实施目前还有一些挑战。具体表现为工业化进程落后，智能制造高端产业市场竞争力较低、科研人员素质亟待提高等问题。

从工业化进程落后这一角度分析，我国部分产业的工业进程仍停留在“工业 2.0”时代，即电气化与自动化时代，核心技术的缺失、劳动生产效率低下，这阻碍了我国直接迈入“工业 4.0”时代。因此，在我们大力提倡发展智能制造的同时，我们还需要对某些落后的传统行业进行转型升级。同时，对于新兴行业，应注重行业战略布局，力争

在优势产业实现技术与管控的双重领先，完善研发体系与相关配套措施，为创新活动提供保障。

就智能制造高端产业市场竞争力较差这一角度分析，我国制造业在改革开放后得到了迅猛的发展，早期通过低成本无差异化发展模式在全球制造业价值链底端获得了一定市场份额。伴随着发达国家技术创新能力不断提升，我国企业产品在全球制造业价值链低端的红利逐渐消失，同时，也未能占据制造业价值链高端的市场份额。以机器人产业为例，2015 年，我国机器人市场成交额达 109 亿元，其中，进口机器人达 92.5 亿元，占我国机器人市场整体份额的 85%[①]。国产机器人在我国市场的困境一定程度上反映出我国智能制造产业市场竞争力较弱。

从科研人员素质亟待提高角度分析，2016 中国科技统计年鉴数据显示，2015 年，我国研发人员为 5 482 528 人，其中博士 357 146 人、硕士 804 867 人、本科生 1 605 228 人，三者共计 2 767 241 人，仅占我国研发人员总数的 50.74%。研发人员未接受过高等教育的情况在一定程度上限制了其与国外先进技术相关人员进行交流，这对我国科技创新发展有一定负向影响。此外，先进的数控机床对操作工人素质与能力有一定要求，目前我国一线工人普遍受教育程度低，因此，对于高级蓝领的培养也迫在眉睫。

第三节 “大众创业、万众创新”与我国无形资产发展

国务院总理李克强 2014 年 9 月在夏季达沃斯论坛上首次提出“大众创业、万众创新”（简称“双创”），要在 960 万平方公里土地上掀起“大众创业”“草根创业”的新浪潮，形成“万众创新”“人人创新”的新态势。2015 年的政府工作报告中提出“大众创业、万众创新”对于经济结构调整、发展新的驱动力、推进创新具有重要意义，是保持经济稳定增长、培养创新人才、激发创新力、转变经济和产业升级的重要举措。随着“双创”在全国的开展，创新意识不断加强，我国正在从以前的制造大国向创造大国转变。在这一转变过程中，企业将面临产业升级、人才紧缺和激烈的市场竞争等问题。无形资产的创新可以通过提升企业创新人才素质、改变经营理念，提升创新能力和品牌竞争力等方式加强企业的核心竞争力，在当今激烈的竞争中获得优势地位。

一、“双创”与我国无形资产的发展现状

为贯彻落实创新驱动发展战略，国家发展和改革委员会经国务院同意，建立“大众创业”“万众创新”部际联席会议制度，包括国务院科技部、财政部等 24 个部门和单位，以需求为导向，尽可能地激发各个市场的创新创业活力，创建有利于“双创”的政策制度环境和公共服务平台，为创新提供发展空间和制度保障。根据国家知识产权局数据显示：我国 2015 年全年共受理专利申请 279.9 万件，其中发明专利申请量突破 100 万件，达到 110.2 万件，同比增长 18.7%；2016 年全年共受理专利申请 346.5 万件，同比增长

---

① 中国机器人网，2016. 国产机器人份额仅 15%，2020 年能达到 50%目标吗[EB/OL]. (2016-02-04) [2017-06-20]. 2016.http://www.robot-china.com/ news/201602/17/31341.html.

23.8%，其中发明专利申请受理量为 133.9 万件，同比增长 21.5%；2017 年上半年，我国发明专利申请量共 56.5 万件，同比增长 6.1%。由此可见“双创”激励了我国创新，而由逐年增长的趋势可看出我国无形资产创新潜力巨大。

二、“双创”与我国无形资产的发展路径

“大众创业、万众创新”，在激发全社会创业活力和创新潜能方面发挥了重要作用。在应对中国经济下行压力和结构转型的形势下，无形资产的创新又成为促进科技与经济深度融合，提高实体经济的整体素质和把握发展趋势的关键要素，也是我国企业的共同愿景与目标。无形资产应通过提升企业内部研发投入与创新效率，加强企业自身的核心竞争力；更需要依托城市高新技术企业集群，发挥自身优势，实现资源的共享；由无形资产带动企业，由企业带动企业联盟和共享平台，通过互联网技术共享信息，打破行政区域限制，实现区域之间的协同创新，进而促进创新型国家的构建。

1. 凭借“双创”增加无形资产研发投入

研发活动是无形资产在整个创新过程中最为关键的环节，企业研发投入的力度和强度能够从侧面反映其对自主创新的重视程度。在创新驱动发展战略的背景下，大量的市场主体会将越来越多的资金投向创新活动中。《全国科技经费投入统计公报》数据显示，2014 年我国研发经费投入总量为 13 015.6 亿元，比上年增加 1169 亿元，增长 9.9%，研发经费投入强度为 2.05%(研发经费与 GDP 的比值)，比 2013 年提高 0.04 个百分点；2015 年，全国研究与试验发展（R&D）经费支出 14 169.9 亿元，比 2014 年增加 1154.3 亿元，增长 8.9%；2015 年，研究与试验发展（R&D）经费投入强度（与国内生产总值之比）为 2.07%，比 2014 年提高 0.05 个百分点，按研究与试验发展（R&D）人员（全时工作量）计算的人均经费支出为 37.7 万元，比 2014 年增加 2.6 万元；2016 年全社会研发投入达到 15 440 亿元，占 GDP 比重的 2.1%，全国技术合同成交额达 11 407 亿元，科技进步贡献率增至 56.2%①。研发投入占 GDP 的比重大，并且技术贡献率占比高，可见在“双创”政策出台后，研发投入在经济发展资金投入中呈现上升趋势，对经济发展的促进作用逐渐显著。

2. 依托城市“双创”平台发展无形资产

自“双创”推出以来，各地政府结合自己的地域和企业特点建立创业创新基地，截至 2017 年上半年，全国批准两批共计 120 个双创示范基地，落户由地方政府，大型央企、高校共建、产学研有机结合的城市高新区。无形资产依托城市“双创”平台提升企业自身的创新能力，与当地实体经济结合，把握行业脉络，实现科技成果转化。据“中关村指数 2017”显示，截至 2016 年年底，中关村拥有外籍人才和留学归国人才约 4 万人，拥有中央“千人计划”人才 1188 人，占全国的 1/5；中关村开展“双创债”和绿色

① 余慧敏，2017．2016 年我国研发投入超过 1.5 万亿元[EB/OL]. (2017-01-11) [2017-07-20]. http://www.gov.cn/xinwen/2017-01/11/content_5158676.htm.

债发行试点，科技金融环境进一步优化；同期，中关村的创新创业服务机构达 1000 余家，涌现出航天云网等 30 余家大企业“双创”平台[①]。另一值得关注的是武汉岱家山科技城，它是全国首个质量技术基础“一站式”服务“双创”示范点，2013～2016 年全园销售收入从 4 亿元增长到 5.5 亿元，增长 37.5%；企业数从 127 家增长到 206 家，增长 62.2%；就业人数从 1300 人增长到 3000 人，增长 131%。培育国家高新技术企业 45 家，5 年累计吸纳大学生创业团队近 100 支。通过城市为“双创”提供平台，企业之间实现共享资源、互通信息、相互联盟共同发展，这使无形资产创新发展呈现多元化态势。

3. 大企业“双创”助推无形资产创新

2016 年，工业和信息化部提出打造大企业为主体、大中小企业协同共生的“双创”新格局。在当今科技革命、经济转型、产业升级的大背景下，大企业“双创”的过程，就是工业化与信息化不断深度融合的过程。大企业发展“双创”优势显著，在无形资产创新能力方面拥有较强实力，在资源拥有和调动上，具有中小企业无法比拟的优势，充分利用大企业自身优势进行创新活动，将带来巨大的创新成效。根据中国企业联合会、中国企业家协会发布的《2016 中国制造业企业 500 强排行榜》，2016 年，我国制造业 500 强企业研究与试验发展经费支出占到规模以上企业的 53.66%，2016 年这 500 家企业共投入研发费用 5 373.46 亿元，每家企业平均 11.24 亿元，较 2015 年增长 11.6%；平均研发强度为 2.1%，较 2015 年提升了 0.24 个百分点。在 2016 年国务院公布的首批 28 个双创示范基地中，就有中国电信、航天科工、招商局集团、海尔、中信重工、阿里巴巴等 7 家大型企业上榜，其中超过半数为央企。大企业创新的先天优势，加上政策的指导，使得创新成果显著，并且能够相互促进，大企业促进无形资产的创新发展，无形资产促使大企业转型升级。

三、“双创”背景下我国无形资产的机遇与挑战

1. 机遇

“双创”的实施包括加速科技成果转化、加大财税支持力度、降低高新企业认定门槛等，这将直接影响无形资产的创新能力、市场竞争力和可持续发展能力，为无形资产的发展提供了机遇，为企业创新提供了政策环境。

2015 年，第十二届全国人民代表大会常务委员会第十六次会议对《中华人民共和国促进科技成果转化法》进行了修改，明确对科研人员奖励和报酬的最低标准进行提升，目的是增加科研人员的待遇，以及激励科研人员创新。科研人员是创新的主力，创新是无形资产的核心，无形资产的发展归根结底是需要创新型人才。无形资产创新最终要服务社会，企业创新成果终究要转化为商品，用有价值的产品来反馈社会。对科研人员的激励是为了促进创新，创新的提升也促进了无形资产的发展，《中华人民共和国促进科技成果转化法》的修改在很大程度上可以促进无形资产的发展。

① 佚名，2017-09-19. “中关村指数 2017”正式发布[N]. 成都商报，A06.

我国财税政策对高新技术企业的支持力度不断加大，高新企业税收优惠政策中研发费用加计扣除受益范围拓宽。这一规定，减少了高新技术企业的纳税负担，变相增加了高新技术企业的收入。“双创”企业多以创新型企业为主，创新型企业多以高新技术企业为主，加大对高新技术企业的财政支持也就激发了“双创”企业的积极性，从而促进其发展。无形资产需要创新，创新需要资金上的支持，这一政策减少高新技术企业支出，增加企业在创新上的资金投入，为企业无形资产创新提供了资金上的支持。

2016 年 1 月，科技部、财政部和税务总局对《高新技术企业认定管理方法》进行了修订完善，适当放宽了高新技术企业的认定条件。截至 2017 年 3 月，国家针对创业创新的主要环节和关键领域陆续推出了 77 项税收优惠政策，在“双创”企业中，中小企业占有大多数，这一系列政策使得“双创”中的大部分企业享受到高新技术企业政策优惠，之前没有享受到政策优惠的创新型企业在享受到政策优惠后，激励了企业的创新意识，带来更多的创新成果。据统计，2015 年、2016 年小微企业优惠政策减税额都超过了 1000 亿元。与此同时，税收优惠政策对科技创新的激励作用同样明显，2016 年促进创新的优惠政策新增减税约 800 亿元，为企业转型升级提供“加速度”，全年高新技术企业新增 2.5 万家，高技术制造业增加值增长 10.8%①。高新技术企业是无形资产的主体，对高新技术企业认定的放宽，使更多的企业享受到优惠政策，这就激励了企业创新，促进了无形资产的发展。

2. 挑战

(1)“双创”要求提高企业创新质量。各省市在贯彻国家“双创”战略过程中，存在非理性的发展态势。2015 年，我国众创空间还不足 70 家，到 2016 年 6 月各类众创空间已超过 2300 家。例如，江苏省海门市出台《推进大众创业、万众创新工作实施方案》，提出区镇也要实现“众创空间”全覆盖。一些高校“双创”实践，具有只注重数量，而轻视质量的现象。很多“双创”基地产出的为重复单一项目，真正具有革命性创新的不多。这使有限的资源没有得到合理的配置，而真正的高新技术企业在创新上却缺乏资金支持和政策支持，这成为无形资产有效创新发展的“拦路虎”。

(2)“双创”要求提升企业国际竞争力。国务院于 2016 年 5 月公布的《国务院关于深化制造业与互联网融合发展的指导意见》②提出了这样的目标：到 2018 年底，制造业重点行业骨干企业互联网“双创”平台普及率达到 80%。创新驱动发展从一开始中小企业到现在的大型制造业企业加入，可见不仅仅是提升企业国内竞争力，更要提升企业的国际竞争力；在国际竞争中，要成长起一批世界领先的创新型企业和品牌，若干企业进入世界创新百强，形成一批具有强大辐射带动作用的区域创新增长极。这就要求企业在无形资产市场竞争力中发挥品牌优势，创建国际知名企业，占领国际市场份额，力保中国制造业竞争力排名第一（《2016 全球制造业竞争力指数》），还要保证超额收益能力，

---

① 国家税务总局，2017. 打造政策“一本通”拓展优惠覆盖面[EB/OL]（2017-04-26）[2017-06-20]. http://www.chinatax.gov.cn/ n810219/n810724/c257673/content.html.

② 中华人民共和国国务院，2016. 国务院关于深化制造业与互联网融合发展的指导意见[EB/OL]. (2016-05-20) [2017-09-24]. http://www.gov.cn/zhengce/content/2016-05/20/content_5075099.htm.

提升产品的附加值。

（3）“双创”要求增强企业创新人才素质。创新人才是企业可持续发展的不竭原动力，提升创新人才素质在企业可持续发展中至关重要。《“十三五”国家科技创新规划》[①]目标中明确提出：每年每万名就业人员中研发人员达到 60 人。据腾讯研究院和腾讯开放平台发布的《2016 创新创业白皮书》[②]显示，在腾讯开放平台上，高学历移动开发者占比达到 7 成，以本科学历最多，占比达到 64.5%。由此可以看出，“双创”需要一支规模宏大、结构合理、素质优良的创新型科技人才队伍，同时还要完善人才评价、流动、激励机制，充分激发各类人才的创新活动。

① 中华人民共和国国务院，2016．“十三五”国家科技创新规划[EB/OL]. (2016-08-10) [2017-09-24]. http://www.most.gov.cn/mostinfo/xinxifenlei/ gjkjgh/201608/t20160810_127174.htm.

② 腾讯研究院，腾讯开放平台．2016．腾讯 2016 双创白皮书：年底中国众创空间或超 4000 家[EB/OL]. (2016-09-22) [2017-09-24]. http://games.qq.com/a/20160922/027670.htm.

第十一章 研究结论与发展对策及展望

第一节 研究结论

中国经济正处于结构调整与转型升级的关键时期，新常态下的企业发展要以创新形成核心竞争力并创造持续价值，无形资产将逐步取代有形资产成为企业价值创造的新动力。能否及时发现隐藏在企业中的无形资源，并对其所蕴含的综合实力进行客观评价，既关系到我国上市公司整体价值与发展潜力，又关系到国家发展战略与经济实力。通过对2011～2015年中国上市公司的无形资产综合实力进行评价与分析，得出如下主要结论。

（1）从整体来看，上市公司无形资产信息披露质量显著提升，这是政府监管力度和企业关注度双重提升的结果；无形资产综合实力五年来呈现出逐年递增趋势；上市公司间无形资产发展能力差距不断缩小，但个别企业存在严重恶化的现象。

（2）从单项能力来看，上市公司创新能力表现较为突出，研发投入率和人均专利数量均有所提升，表明我国的政策激励和创新环境建设取得了一定成效；上市公司整体尚不具备良好的市场竞争力，尽管规模经济与优势初步形成，但绝大多数企业难以获得超额收益，创新成果转化效果与品牌建设亟待完善；可持续发展能力整体较弱，集中表现在无形资产收益能力的水平较低，以及资产增长率的震荡变化。

（3）板块分析显示，创业板上市公司作为高技术、高成长型企业的代表，不仅无形资产综合实力方面优于中小板与主板企业，在分项能力评价中仍具有绝对优势，体现了较强的自主创新能力。主板企业由于在无形资产的投入、产出和转化方面的相对劣势，各项排名均不理想。

（4）行业分析显示，信息传输、软件信息技术业体现出了在无形资产方面的绝对优势，特别是创新能力与可持续发展能力，使其明显优于其他行业居于首位；表现较好的既包括科学研究和技术服务业等新兴行业，以及生物医药和电子器件制造业等高技术行业，还包括批发零售等伴随着“互联网+”时代迎来新发展的传统行业；这些将成为带动我国新一轮经济增长的朝阳行业。无形资产实力较弱的行业主要涉及金属非金属、造纸印刷、采矿业等产能过剩的传统制造业，对于资源的过度依赖及垄断的天然属性制约了其在创新和竞争方面的发展，这些将成为我国未来深化改革的重点领域。

（5）区域分析结果显示，东南部和沿海地区的无形资产的整体实力较强，其中北京、上海和江苏整体表现最佳，这三个地区在创新能力和可持续发展能力方面同样体现出了绝对优势。西部经济欠发达地区的上市公司数量和无形资产质量均较为落后，排在后三位的依次为甘肃、贵州和宁夏。

（6）从不同产权性质的企业来看，民营和外资上市公司在“十二五”期间信息披露质量整体优于国企；但随着改革的逐步深入，国有上市公司在评价阶段后期体现了较强的“追赶”能力。总分与分项能力评价中，民营上市公司在市场竞争力与可持续发展能力方面处于绝对领先地位，尽管外资上市公司的创新能力暂时领先，但随着创新驱动等战略的不断推进，其前期优势正逐渐耗尽，国企已实现赶超。

（7）从京津冀上市公司无形资产评价结果来看，“十二五”期间，京津冀上市公司建立了较为完善的无形资产信息披露机制，无形资产综合实力不断增强，整体速度优于全国平均水平。首先，京津冀上市公司创新能力不断提升。其中，北京创新能力最强，天津创新能力较强，呈稳步增长趋势；河北创新能力虽稍显不足，但上升较快，有望赶超天津。京津冀上市公司在研发投入和创新产出方面取得了积极的效果，无形资产愈加具有含金量，但应该加强对创新型人才的培养和引进。其次，京津冀上市公司市场竞争力强于全国上市公司平均水平。其中，北京市场竞争力保持领先地位，天津市场竞争力高于河北，但增速较其他两地有所放缓，河北市场竞争力较弱但提升较快。京津冀上市公司已初显规模优势，协同优势逐渐明朗，但品牌仍然是京津冀发展的薄弱之处。市场份额与品牌优势并未转化为较高的超额收益，市场竞争力尚有进一步提升的空间。再次，京津冀上市公司具备较强可持续发展能力。北京可持续发展能力最为强劲，但受“大城市病”的困扰，部分年度得分出现下滑；天津在可持续发展方面存在短板；河北可持续发展能力虽上升较快，与天津的差距在逐步缩小，但与北京相比还有很大的差距。京津冀上市公司经营状况不稳定，抗风险能力较弱，无形资产利用效率不高，流通股中无形资产暂不具备优势，但企业的智力水平整体得到提升，获取异质性资源的能力逐渐增强。

（8）从长三角上市公司无形资产评价结果来看，“十二五”期间，长三角上市公司对无形资产的重视程度不断提高，无形资产信息披露数量和质量愈发良好。长三角上市公司无形资产综合实力位居国内首位，以上海为龙头，带动江苏浙江两省无形资产协同发展。首先，长三角上市公司创新能力不断提升，其中，上海创新能力最强，江苏、浙江两省次之，两省一市呈现同步增长态势。长三角上市公司在研发投入和人均专利授权量方面取得了积极的成效，同时应增加技术型无形资产比重，并且加强对创新型人才的培养和引进。其次，长三角上市公司市场竞争力强于全国上市公司平均水平，其中，江苏市场竞争力增长较快，在 2015 年超过上海在长三角地区居首位，上海和浙江市场竞争力都有所下降。在确保长三角上市公司市场竞争力整体高于全国上市公司平均水平的同时，应加强长三角上市公司无形资产的市场占有率，进一步提升长三角上市公司整体市场竞争力。再次，长三角上市公司整体可持续发展能力较强。江苏可持续发展能力最为强劲，其次是浙江，该两省在 2015 年可持续发展能力均超过上海，主要得益于无形资产收益率的提高和科技人员素质的提升。长三角上市公司可持续发展能力在确保高于全国上市公司平均水平的同时，应进一步提升每股无形资产所占比重，增强长三角上市公司可持续发展能力。

（9）从东三省上市公司无形资产评价结果来看，“十二五”期间，东三省上市公司无形资产披露质量显著提升，但整体居于我国下游水平。首先，东三省上市公司创新能力整体水平与变动发展趋势落后于全国整体水平，但创新能力中研发投入率及人均专利授权量发展情况有较突出表现，这表明东三省关于创新政策投入及创新环境建设有一定效果。其次，东三省上市公司市场竞争力先天不足，后天发展不良，市场占有率发展波动，企业较难获得超额收益，这表明创新活动转化为市场价值效率较低，但品牌建设卓有成效，五年间增速迅猛。再次，东三省上市公司“十二五”期间可持续发展能力整体水平较低，但在 2011～2015 年整体发展势头较为稳健，其中资产增长率、无形资产收益率及每股无形资产发展表现出一定活力，增幅均处于我国中上游水平，但员工素质提高速度较为缓慢，一定程度上影响了东三省上市公司无形资产指数可持续发展能力的评价结果。

第二节　发 展 对 策

新常态下的无形资产发展是一个系统化的改进过程，需要从制度政策、区域协同及创新合作等多个方面进行改进。针对上述评价结果，为进一步提升我国上市公司无形资产创新能力、市场竞争力和可持续发展能力，未来应关注以下几个方面。

1. 顶层设计是前提

顶层设计是运用系统论的方法，从全局的角度对某项任务或者某个项目的各方面、各层次、各要素统筹规划，以集中有效资源，高效、快捷地实现目标。在当前“新常态”下，区域之间的合作，资源的共享是经济的发展主流，无形资产发展涉及研发投入、创新产出、商业化、未来持续发展等多个阶段，这需要国家政策支持和区域之间协同发展、统筹规划。并且需要从要素之间的相互合作，转向区域之间的制度合作，在更深层次上打破区域行政限制，建立无形资产在区域之间的互动，形成体制创新，推动无形资产的深化发展。

目前评价结果显示，不同地区无形资产综合实力存在较大差异；整体看来，东部沿海地区和经济较发达地区的无形资产发展情况要优于西部经济欠发达地区。因此需要政府针对产业协同发展、市场一体化和公共服务一体化等区域性重大问题进行共同研讨，修改完善相关规划，以实现无形资产长远规划与各省市规划之间的有效衔接。同时进一步借鉴京津冀协同创新一体化的经验，成立更高层次的上市公司无形资产区域协调机构，加强统筹协调，完善上市公司无形资产价值评估、市场交易及产权保护等制度保障，切实推动上市公司无形资产的深度发展。

2. 政策支持是基础

政策协调是体制变革的基础，为创造与提升区域创新提供良好的政策支持，对体制环境优化具有重要意义。不同地区和行业受政策差异影响，上市公司无形资产综合实力方面差距悬殊。一方面，政策能够克服创新带来的正外部性，缓解企业的创新压力；另一方面，能够帮助投资者识别新企业，承担资本引导的重要作用。发达地区与新兴行业得益于政策福利，在资源配置、人才聚集等方面要领先于欠发达地区与传统行业，上市公司无形资产的综合优势更为明显。因此，在上市公司无形资产协同创新过程之中，不同区域间与行业之间政策协调是重要内容。

从人才培养政策、金融支持政策、产业创新政策、财政税收减免政策等方面，全方位构建保护与激励创新的政策体系，促进创新人才流动，加大财税支持力度，加速科技成果转化及强化知识产权保护，以降低区域及行业间的发展差距。

3. 共享资源平台是保障

研发活动是创新价值链上的起始环节，对创新资源的投入、利用与转化体现了企业的自主创新实力，是影响无形资产质量的关键。上市公司无形资产指数评价结果表明，创新投入强度的不足与创新效率的差异，是导致不同地区、行业、板块及产权性质上市公司无形资产综合实力悬殊的重要原因之一。上市公司之间为解决地区差异和资源配置的不平衡，通过建立企业联盟为无形资产建立高度共享的资源平台，构建共享服务平台，包括技术共享、信息交易、人才交流、经营理念、管理制度等共享服务及若干行业共性技术服务，制定具体管理办法，以保障共享平台的有效运行。在建立的共享资源平台基础上，进一步开放无形资产数据库，对无形资产的投入、产出及商业化收益进行有效管理，及时发现、解决在无形资产价值链形成过程中的问题，有助于资源的合理配置与运用，是提高企业创新效率和无形资产质量的有效保障。

4. 产学研合作机制是辅助

产学研合作即高校、研究机构、研究人员与技术需求企业间进行协商合作，这一合作机制对企业创新能力的提升、市场竞争力的获得及可持续发展能力的延续起到了辅助性作用。一方面，处于萌芽阶段的高校研究成果需大量资金支持，以完成其产业化进程，这一进程中伴随着道德风险及逆向选择等风险，这些风险可能导致创新成果转化停滞或失败，而企业的商业资源与资本可有效缓解这一困境；另一方面，由于研发能力不足、研发人员缺失等原因，部分企业难以开展自主创新活动，而高校及研究机构的专业研究团队为企业提供了丰富的智力资本。因此，高校及研究机构与企业之间的交互合作，社会资本与人力资源的有效配置，开辟了企业技术进步的新渠道。产学研合作需要高校的技术、企业的资金支持和政府的政策引导三方通力配合，开展高校及研究机构与企业的双边治理为主导、政府政策引导为辅助的多维治理方式。就高校及研究机构与企业的双边治理来讲，信任的建立与契约的签订将推进合作的进程，并约束双方的投机行为，为产学研机制形成的必要条件；就政府政策引导角度来看，完善的政策支持包括相关法律法规的制定、有效信息披露平台的建立及产学研网络社会关系的形成，将为产学研合作提供强有力的外部发展环境。

5. 高新技术产业集聚是理想形式

以高新技术园区形式推动实现高新技术产业集聚，是当前经济条件下企业间协同创新的理想形式。高新技术园区为产业集群的形成，以及企业间上下游价值链的延伸提供了地缘性便利条件。首先，关联企业间地理距离的缩短降低了企业间采购、运输及库存的成本，由此增加的盈利将为企业再生产提供良好的资金保障；其次，园区为创新人才提供了相对集中的就业岗位及交互平台，这为知识资本的快速流通打下了坚实基础；最后，以产业园区的形式进行资源整合，将更加高效能地实现创新成果转移与产业化，区域性品牌优势从而快速形成，产业集群的市场竞争力得以展现。构建功能完善的高新技术产业园区，不仅需要政府部门的引导力量，还需要企业间协同创新的合作力量。一方面，依托于政策的规划统筹，可实现科学、完善的产业布局，有效形成上、中、下游关联交易企业间的整合；另一方面，相关企业需形成协同创新关系，使企业内部具有比较优势的异质性产出融入产业集群链条中，从一定程度上缓解了技术创新所带来的风险，同时助推了区域品牌效应的形成。

6. 智力资本开发是原动力

智力资本是无形资产的不竭原动力，研发人员作为智力资本的载体，是衡量企业创新能力的关键。评价结果表明，创业板上市公司在人才投入方面的领先优势较为突出；知识密集型行业在创新人才方面的投入，要领先于劳动密集型传统行业；相对于国企和外资企业，民营企业对人才引进更为关注；人才投入强度的不同已经成为不同企业间无形资产综合实力差异的又一重要原因。因此，人才引进、成长和发展的区域环境，政策福利及企业制度，是促进智力资本开发的必要条件。一方面，集聚人才需要良好的文化氛围，形成求新、开放与包容的创新氛围，以激发人们之间的交流和新思想的迸发；其次，各级政府部门协同合作，以提供便捷的交通、便利的生活和工作环境，以及营造良好的文化氛围吸引创新型人才，借助高校人才培养，形成强大的人才竞争优势；最后，上市公司应着力构建创新人才的发现机制、培养机会、交流机遇、激励措施，形成以人为本的企业文化，将员工个人发展与企业发展联系在一起，使员工个体价值得到充分体现，主观能动性得到调动，以进一步提高企业的创新能力与无形资产质量。

第三节　展　望

本书基于无形资产价值链的形成机理构建企业无形资产指数，对“十二五”期间中国上市公司无形资产的综合实力进行评价；基于评价结果，从上市板块、行业类型、地理区位及产权性质等多个视角进行深入对比与分析；并结合区域协同发展与国家战略特点，形成专题研究，将无形资产理论与实际发展情况相结合，可为政府监管与科学判定、企业经营者改善与提升管理决策和投资者投资决策提供有价值的参考，对丰富和完善高校研究机构的理论和实践起到重要的作用。

“十二五”时期是我国发展不平凡的五年，这期间我国积极应对国际金融危机、国内经济转型等一系列重大风险挑战，同时不断适应经济发展新常态。新常态中经济结构的优化与发展动力的转换，需要将创新作为基点，使创新成为引领发展的第一动力。我国上市公司受宏观经济、政府政策及企业管理机制等内外部因素的影响，使得上市公司在创新能力、市场竞争力及可持续发展能力方面存在较大差异。尽管各地区政府积极响应国家创新驱动发展战略，在财政税收、人才引进、产权保护等方面政策力度不断加强，为企业无形资产的质量提升奠定了良好的基础。但当前经济发展方式粗放，创新能力不足的问题依然突出，无形资产的发展既有上升空间，也面临诸多挑战。未来上市公司无形资产需要结合区域协同、政策扶持、合作机制等多方面进一步发展完善，以缩短不同类型企业间的发展差距，来提高我国上市公司无形资产的整体质量。

“十三五”时期是我国全面建成小康社会和进入创新型国家行列的决胜阶段，是深入实施创新驱动发展战略、全面深化科技体制改革的关键时期。无形资产在这一关键时期起到了至关重要的作用：在创新能力方面，企业应把握世界科技前沿发展态势，超前规划布局，强化原始创新，加强产学研相结合，在独创独有上下功夫，加强关键核心技术开发和科技成果转化；在市场竞争力方面，企业应着眼世界，实行“走出去”的战略，借助“一带一路”倡议提升我国企业品牌优势，增强世界市场占有率，以先进的技术获取超额收益，促进经济提质、增效、升级；在可持续发展能力方面，企业应落实人才优先发展战略，将人才作为无形资产创新的不竭原动力，要在创新实践中发现人才，在创新活动中培养人才，在创新事业中凝聚人才，培育素质优良的人才队伍。

在今后的无形资产研究中，课题组将进一步扩大研究范围，从中国境内上市公司无形资产扩大到中国境外上市公司无形资产；还将进一步扩充指标数量，修正指标系数，这样模型的适用性和准确性会更佳；与此同时，还要坚持理论与实践相结合，对模型的应用作进一步研究。在未来的无形资产发展中，信息披露的数量和质量至关重要，建议监管部门应要求上市公司对无形资产进行评价并披露，同时建议监管部门应对所披露的信息进行规范和监督；企业自身应积极配合监管部门的要求，真实、及时、准确地对自身的无形资产进行评价并披露。

主要参考文献

白彦锋，张维霞，2015．立足“新常态”，促进京津冀地区协同发展[J]．经济与管理评论，191(06)：120-127．

步淑段，宁金辉，2016．改革户籍附加福利是京津冀协同发展的关键[J]．经济与管理，248(01)：9-11．

曹洪军，赵翔，黄少坚，2009．企业自主创新能力评价体系研究[J]．中国工业经济，(9)：105-114．

陈柳，2012．文化认同、跨国文化竞争与中国品牌国际化[J]．学习与实践，(3)：12-17．

崔也光，陈乐巩，2016．我国经济区域上市公司无形资产现状研究：基于京津冀、长三角、珠三角三大区域的比较[J]．会计之友，544(16)：48-53．

戴大双，2004．项目融资[M]．北京：机械工业出版社．

方征，2008．中国企业声誉测评指标体系构建研究[J]．山西财经大学学报，30(2)：67-72．

费雪，2013．利息理论[M]．陈彪如，译．北京：商务印书馆．

冯根福，张玉超，温军，2013．我国主板、中小板、创业板上市公司的技术创新能力比较分析[J]．当代经济科学，35(6)：109-114．

顾民达，2008．中国造纸工业现状与展望[J]．造纸信息，(6)：2-5．

官建成，高霞徐，念龙，2008．运用 *h*-指数评价专利质量与国际比较[J]．科学学研究，26(5)：932-937．

韩福荣，赵红，赵宇，2008．品牌竞争力测评指标体系研究[J]．北京工业大学学报，34(6)：666-672．

韩润娥，赵峰，2008．中国发展加工贸易中要素的优劣势分析[J]．黑龙江对外经贸，(1)：50-51．

贺正楚，潘红玉，2015．德国“工业 4.0”与“中国制造 2025”［J]．长沙理工大学学报（社会科学版），30(3)：103-110．

黄晓红，余珊萍，2006．无形资产的自愿信息披露和公司治理的实证研究：以中国高科技上市公司为例[J]．东南大学学报（哲学社会科学版），8(06)：73-77，127．

纪成君，陈迪，2016．“中国制造 2025”深入推进的路径设计研究：基于德国工业 4.0 和美国工业互联网的启示[J]．当代经济管理，38（2)：50-55．

鞠晓生，卢荻，虞义华，2013．融资约束、营运资本管理与企业创新可持续性[J]．经济研究，(1)：4-16．

孔鹏莒，2016．新常态下我国采矿业的机遇与挑战[J]．新丝路旬刊，(4)：35-36．

孔晓春，刘红霞，2014．基于利益相关者理论的品牌价值影响因素研究[J]．科技管理研究，34(17)：123-126．

蓝庆新，关小瑜，2016．京津冀产业一体化水平测度与发展对策[J]．经济与管理，249(02)：17-22．

黎文靖，郑曼妮，2016．实质性创新还是策略性创新：宏观产业政策对微观企业创新的影响[J]．经济研究，(4)：60-73．

李更明，2007．探析广东文化、体育和娱乐业发展之道[J]．广东经济，(4)：34-38．

李坚飞，2010．社会资本理论视角下品牌形象影响机制研究：基于一项服装品牌认知调查数据的实证[J]．湖南商学院学报，17(6)：70-76．

李寿喜，谌瑜，2005．中国上市公司无形资产投资与企业价值相关性研究[J]．上海金融，(5)：37-39．

林锐，2004．OEM 企业成功之路[J]．商业研究，(7)：41-42．

刘凤朝，施定国，2009．我国部分城市 R&D 投入效率及其影响因素分析[J]．改革与战略，25(9)：44-47．

刘红霞，韩嫄，2009．中国企业品牌指数构建及其调查数据分析[J]．江西财经大学学报，(6)：10-14．

刘俊婉，赵良伟，冯秀珍，2015．面向可持续发展的科技成果转化研究[J]．科技进步与对策，32(7)：12-17.

刘振宇，魏凤，2011．农、林、牧、渔类上市公司无形资产与盈利能力相关性研究[J]．安徽农业科学，39(22)：13841-13842，13867．

刘志彪，2005．全球化背景下中国制造业升级的路径与品牌战略[J]．财经问题研究，(5)：25-31．

马尔萨斯，2008．人口理论[M]．郭大力，译．北京：北京大学出版社．

马克思，2004．资本论[M]．中共中央马克思恩格斯列宁斯大林著作编译局，译．北京：人民出版社．

马歇尔，2012．经济学原理[M]．宇琦，译．长沙：湖南文艺出版社．

孟雷，王冯，2014．辽宁沿海经济带区域品牌发展研究[J]．经济研究参考，(28)：81-84．

上海市统计局，国家统计局上海调查总队，2014．上海统计年鉴 2014[M]．北京：中国统计出版社．

盛晓娟，王哲．企业技术创新投入的影响因素及创新绩效研究综述[A]//中国管理现代化研究会，复旦管理学奖励基金会．第九届（2014）中国管理学年会：技术与创新管理、国际商务谈判分会场论文集[C]．中国管理现代化研究会、复旦管理学奖励基金会：8-9．

孙德升，2017．“十二五”期间天津市科技创新政策评价研究[J]．环渤海经济瞭望，273(6)：3-5．

汤湘希，2004．基于企业核心竞争力理论的无形资产经营问题研究[J]．中国工业经济，(1)：87-92．

王朝辉，陈洁光，黄霆，等，2013．企业创建自主品牌关键影响因素动态演化的实地研究：基于广州 12 家企业个案现场访谈数据的质性分析[J]．管理世界，(6)：111-127．

王化成，卢闯，李春玲，2005．企业无形资产与未来业绩相关性研究基于中国资本市场的经验证据[J]．中国软科学，(10)：120-124．

王庆五，2015．2015 年新常态下深化一体化的长三角[M]．北京：社会科学文献出版社．

王笑梅，2007．行业分析：深化公司投资价值分析的前提和基础[J]．现代企业，(5)：29-30．

王学定，万永坤，王琳，等，2008.论甘肃科技创新能力的现状与发展[J]．甘肃社会科学，(01)：189-191．

王一平，2010．无形资产与公司治理结构相关性的实证研究[J]．财会通讯，(33)：135-137．

王正志，2014．中国知识产权指数报告(2014) [M]．北京：中国财政经济出版社．

文魁，祝尔娟，2016．京津冀发展报告(2016) [M]．北京：社会科学文献出版社．

吴菲菲，张广安，张辉，等，2014．专利质量综合评价指数：以我国生物医药行业为例[J]．科技进步与对策，31(13)：124-129．

吴应宇，路云，2003．企业可持续竞争能力及其影响因素分析[J]．中国软科学，(9)：88-91．

熊彼特，2015．经济发展理论[M]．郭武军，吕阳，译．北京：华夏出版社．

谢晖，雷井生，2010．知识型企业智力资本结构维度研究：基于知识创造过程的实证分析[J]．科学学研究，28(7)：1067-1076．

谢小宇，徐奇梁，2011．自主品牌企业的国际营销战略研究[J]．福建论坛：社科教育版，(2)：64-65．

邢晓玉，郝索，2015．基于“一带一路”科技产业园区模式构建与选择研究[J]．科学管理研究，33(5)：1-4．

宣烨，孔群喜，李思慧，2011．加工配套企业升级模式及行动特征：基于企业动态能力的分析视角[J]．管理世界，(8)：102-114．

薛云奎，王志台，2001．无形资产信息披露及其价值相关性研究：来自上海股市的经验[J]．会计研究，(11)：40-48．

杨汝梅，2009．无形资产论[M]．施仁夫，译．上海：立信会计出版社．

杨洋，魏江，罗来军，2015．谁在利用政府补贴进行创新：所有制和要素市场扭曲的联合调节效应[J]．管理世界，(1)：75-86．

余晓钟，高庆欣，2016．“一带一路”战略实施过程中的协同创新[J]．科学管理研究，34(3)：16-19．

苑泽明，金宇，2017．资源约束、创新驱动与企业无形资产[J]．财经问题研究，(4)：98-106．

苑泽明，金宇，王天培，2015．上市公司无形资产评价指数研究：基于创业板上市公司的实证检验[J]．会计研究，(5)：72-79．

张长立，高煜雄，曹惠民，2015．“一带一路”背景下中国海外知识产权保护路径研究[J]．科学管理研究，33(5)：5-9．

张道根，2016-08-29．迈向创新驱动转型发展的上海经济[N]．解放日报，005．

张炜，王重鸣，2007．高技术企业创业智力资本结构验证性因素分析[J]．科学学研究，25(6)：1173-1177．

赵弘，2015．破解首都“大城市病”[J]．前线，(4)：84-87．

赵骅，李德玉，陈晓慧，2004．企业持续竞争优势动态模型[J]．中国软科学，(1)：85-87．

朱宇，张新颖，2015．中国东北地区发展报告(2015) [J]．北京：社会科学文献出版社．

ABOODY D，LEV B，1998．The value relevance of intangibles：the case of software capitalization[J]．Journal of accounting research，36：161-191．

ALCANIZ L，GOMEZ B F，ROSLENDER R，2011．Theoretical perspectives on intellectual capital：a backward look and a proposal for going forward[J]．Accounting forum，35(2)：104-117．

ARRIGHETTI A，LANDINI F，LASAGNI A，2014．Intangible assets and firm heterogeneity：evidence from Italy[J]．Research policy，43(1)：202-213．

BARNEY J，1991．Firm resources and sustained competitive advantage[J]．Journal of management，17(1)：99-120．

BARTON L，1992．Violations of intellectual property rights：an examination of pacific region abuses and responses[J]．International journal of physical distribution & logistics management，22(6)：20-23．

BENJAMIN B，2014．Do intangible assets explain high U.S．foreign direct investment returns[J]．Journal of macroeconomics，40(7)：159-171．

CAMPI M，NUVOLARI A，2015．Intellectual property protection in plant varieties：a worldwide index (1961—2011) [J]．Research policy，44 (4)：951-964．

CAROL C，CHARLES H，DANIEL S，2009. Intangible capital and US economic growth[J]. Review of income and wealth，55 (3)：717-736.

CHAN L K C，LAKONISHOK J，SOUGIANNIS T，2001. The stock market valuation of research and development expenditures[J]. Journal of finance，56(6)：2431-2456.

CHAVA S，OETTL A，SUBRAMANIAN A，et al.，2013. Banking deregulation and innovation[J]. Journal of financial economics，109(3)：759-774.

CHEN Y，PUTTITANUN T，2005. Intellectual property rights and innovation in developing countries[J]. Journal of development economics，78 (2)：474-493.

CORVELLO V，IAZZOLINO G，RITROVATO V，2013. Evaluating technological innovations：a method based on comparable transactions[J]. European journal of economics finance and administrative sciences，(56)：37-50.

CRICELLI L，GRECO M，GRIMALDI M，2014. An overall index of intellectual capital[J]. Management research review，37(10)：880-901.

DAVID A，BARUCH L，1998. The value relevance of intangibles：the case of software capitalization[J]. Journal of accounting research，(36)：161-191.

DOROTHY L B，1992. Core capabilities and core rigidities：a paradox in managing new product development[J]. Strategic management Journal，(13)：111-125.

EDVINSSON L，MALONE M S，BOOKS P，1997. Intellectual capital：the proven way to establish your company's real value by finding its hidden brainpower[M]. New York：HarperBusiness Press.

ENGSTRÖM T E J，WESTNES P，WESTNES S F，2003. Evaluating intellectual capital in the hotel industry[J]. Journal of intellectual capital，4(3)：287-303.

FUKAO K，MIYAGAWA T，MUKAI K，et al.，2009. Intangible investment in Japan：measurement and contribution to economic growth[J]. Review of income and wealth，55(3)：717-736.

GALBRAITH J K，1969. How to control the military intellectual capital[J]. Doubleday，34 (1)：26.

GATIGNON H，WEITZ B，BANSAL P，1990. Brand introduction strategies and competitive environments[J]. Journal of marketing research，27 (4)：390-401.

GENNADY I，ELENA M，2015. Intangible assets and competitive advantage in retail：case study from Russia[J]. Asian social science，11(12)：38-45.

GEUS D A，1997. The Living organization[J]. Harvard business review，(3)：52-59.

GHOSH D，WU A，2007. Intellectual capital and capital markets：additional evidence[J]. Journal of Intellectual capital，8(2)：216 -235.

GOLEC J，GUPTA N J，2014. Do investments in intangible customer assets affect firm value[J]. Quarterly review of Economics and Finance，54(4)：513-520.

GRANT R M，1991. The resource-based theory of competitive advantage：implications for strategy formulation[J]. California management review，33(3)：114-135.

GUAN J，MA N，2003. Innovative capability and export performance of Chinese firms[J]. Technovation，23 (9)：737-747.

HALL R. 1993. A framework linking intangible resources and capabilities to sustainable competitive advantage[J]. Strategic management journal，4(8)：607-618.

HAMBRICK D C，MASON P A，1984. Upper echelons：the organization as a reflection of its top managers[J]. Academy of management review，9(2)：193-206.

HAROLD G A，1942. Accounting for intangible assets[J]. The accounting review，17(4)：354-363.

HEENE A，SANCHEZ R，1997. Competence-based strategic management[M]. Chichester：Wiley Publishing.

HOFER C W，SCHENDEL D，1978. Strategy formulation：analytical concepts[J]. West pub.co，51(4)：AB238.

HOLSAPPLE C W，JOSHI K D，2001. Organizational knowledge resources[J]. Decision support systems，31(1)：39-54.

HYMER S H，1960. The international operations of national firms[J]. Quarterly journal of economics，(80)：190-207.

IVANOV H，Ivanova M，2015. Social security small and medium enterprises[J]. Journal of public and municipal administration，4(3)：64-71.

KAMIEN M I，SCHWARTZ N L，1982. Market structure and innovation[M]. Cambridge：Cambridge University Press.

KAPFERER J N，1997．Managing luxury brands[J]．Journal of brand management，4(4)：251-259．

KOROVNIKOV I，SENNIKOV N，OBUT O，et al.．2013．Research note：business value of information technology：testing the interaction effect of IT and R&D on Tobin's *Q*[J]．Information systems research，24(4)：1147-1161．

KYOJI F，TSUTOMU M，KENTARO M，et al，2009．Intangible investment in japan：measurement and contribution to economic growth[J]．Review of income and wealth，55(3)：717-736．

LEV B，2001．Intangibles：management，measurement，and reporting[M]．Washington, DC: Brookings Institution Press．

MANSFIELD E，1985．How rapidly does new industrial technology leak out[J]．The journal of industrial economics，34(2)：217-223．

MARTIN P，OTTAVIANO I P，1999．Growing locations：industry in a model of endogenous growth[J]．European economic review，（43）：281-302．

MERTON S R，1957．Technical change and the aggregate production function[J]．Review of economics and statistics，39 (3)：554-562．

PATEL P，PAVITT K，1997．The technological competencies of the world's largest firms：complex and path-dependent，but not much variety[J]．Research policy，26(2)：141-156．

PATON W A，1922．Accounting theory-with special reference to the corporate enterprise[M]. New York: The Ronald Press Company．

PENROSE E，1959．The theory of the growth of the firm[J]．Journal of the operational research society，23 (2)：240-241．

PEW T H，PLOWMAN D，HANCOCK P，2008．The evolving research on intellectual capital[J]．Journal of Intellectual capital，9(4)：585-608．

PORTER M，1980．Competitive strategy：techniques for analyzing industries and competition[J]．Social science electronic publishing，(2) :86-87．

PRAHALAD C，HAMEL G，1990．The core competency of the corporation[J]．Harvard business review，(5)：79-90．

PREINREICH G，1937．Valuation and amortization[J]．Accounting review，12(3)：209-226．

RENKO Y H，AUTIO E，SAPIENZA H J，2001．Social capital，knowledge acquisition，and knowledge exploitation in young technology-based firms[J]．Strategic management journal，22(67)：587-613．

ROBB A M，COLEMAN S，2010．Financing strategies of new technology based firms：a comparison of women and men owned firms[J]．Journal of technology management and innovation，5(1)：30-50．

ROMER P M，1986．Increasing returns and long-run growth[J]．Journal of political economy，94(5)：1002-1037．

SARSTEDT M，WILCZYNSKI P，MELEWAR T C，2013．Measuring reputation in global markets：a comparison of reputation measures' convergent and criterion validities[J]．Journal of world business，48(3)：329-339．

SCHUMPETER J A，1912．Theorie der wirtschaftlichen entwicklung[M]．Leipzig：Duncker & Humblot．

SCHUMPETER J A，1939．Business cycles[M]．New York：McGraw-Hill．

SCHUMPETER J A，SALIN E，PREISWERK S，1950．Kapitalismus，sozialismus and demokratie[M]．Bern：Francke．

SCHWAIGER M，RAITHEL S，SCHLODERER M，2009．Recognition or rejection－how a company's reputation influences stakeholder behaviour[J]．Reputation capital，(9)：39-55．

STÅHLE P，STÅHLE S，LIN C Y Y，2015．Intangibles and national economic wealth - a new perspective on how they are linked[J]．Journal of intellectual capital，16 (1)：20-57．

TEECE D J，PISANO G，SHUEN A，1997．Dynamic capabilities and strategic management[J]．Strategic management journal，18(7)：509-533．

WALSH G，MITCHELL V W，JACKSON P R，et al，2009．Examining the antecedents and consequences of corporate reputation：a customer perspective[J]．British journal of management，20(2)：187-203．

WERNERFELT B，1984．A resource－based view of the firm[J]．Strategic management journal，5(2)：171-180．

ZÉGHAL D，MAALOUL A，2011．The accounting treatment of intangibles－a critical review of the literature[J]．Accounting forum，35(4)：262-274．

ZEINALPOUR H，SHAHBAZI N，EZZATIRAD H，2013．A review on city and country brand index[J]．Australian journal of basic and applied sciences，7(7)：317-324．

RJ